U0935159

未讀 | 文艺家

UNREAD

PAULINA BREN

巴比松大饭店

[美] 保利娜 · 布伦——著
何雨珈——译

THE BARBIZON

北京联合出版公司
Beijing United Publishing Co.,Ltd.

巴比松大饭店

[美] 保利娜·布伦 著
何雨珈 译

图书在版编目（CIP）数据

巴比松大饭店 /（美）保利娜·布伦著；何雨珈译
.--北京：北京联合出版公司，2024.3
ISBN 978-7-5596-7296-4

Ⅰ.①巴… Ⅱ.①保… ②何… Ⅲ.①女性－传记－美国－现代 Ⅳ.① K837.128.5

中国国家版本馆 CIP 数据核字 (2024) 第 020603 号

THE BARBIZON

by Paulina Bren

北京市版权局著作权合同登记号 图字：01-2023-2974 号

出品人 赵红仕
选题策划 联合天际·文艺生活工作室
责任编辑 周 杨
特约编辑 张雅洁 宫 璇
封面设计 孙晓彤
美术编辑 夏 天

出 版 北京联合出版公司
北京市西城区德外大街 83 号楼 9 层 100088
发 行 未读（天津）文化传媒有限公司
印 刷 北京联兴盛业印刷股份有限公司
经 销 新华书店
字 数 194 千字
开 本 889 毫米 ×1194 毫米 1/32 13.5 印张
版 次 2024 年 3 月第 1 版 2024 年 3 月第 1 次印刷
ISBN 978-7-5596-7296-4
定 价 88.00 元

关注未读好书

客服咨询

本书若有质量问题，请与本公司图书销售中心联系调换
电话：(010) 52435752

献给佐尔坦（Zoltán）和若菲（Zsofi）

目　录

引 言

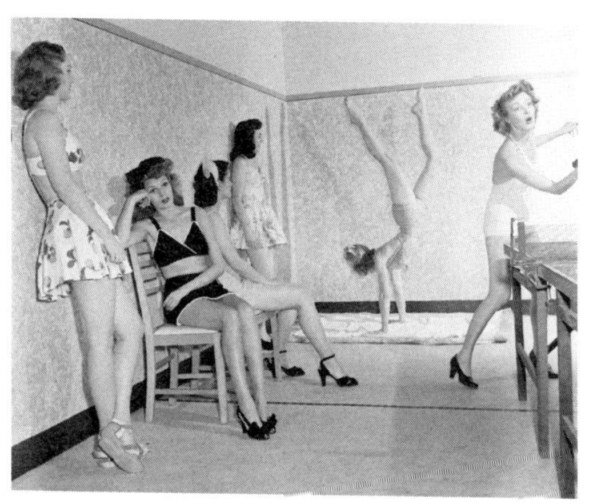

迷人的电影明星丽塔·海华丝（Rita Hayworth，左二）在巴比松的健身房为《生活》（*Life*）杂志进行拍摄，场景是为1943年电影《封面女郎》（*Cover Girl*）中的模特角色进行练习，她假装一整天下来累得气喘吁吁。与她一同拍摄的是真正的职业模特们

下榻纽约著名巴比松大饭店的那个女人是谁？她可能来自任何地方，可能来自美国的小镇，也可能就来自乔治·华盛顿大桥[1]对面，但通常情况下，她都坐着一辆车

[1] 乔治·华盛顿大桥（George Washington Bridge，GWB），是连接曼哈顿与新泽西州李堡的悬索桥。——译者注

身有棋盘图案的黄色出租车款款而来，因为她还不知道该如何搭乘纽约地铁。她手里攥着一张纸条，上面写着酒店的地址，然后认真地大声念给出租车司机：“巴比松大饭店，东 63 街 140 号。”但很有可能，甚至在她开口之前，司机就已经明了她的目的地。也许他是注意到她挥手叫车时怯生生的样子，或是紧紧抓住那棕色手提箱的把手，或是穿着自己最好的行头，这便是初来乍到曼哈顿的外地姑娘了。

那张纸条攥到现在，很可能是皱巴巴的了，反正肯定看不得了，因为它已经跟着她坐过火车，上过巴士；要是她幸运或有钱的话，或者像西尔维娅·普拉斯（Sylvia Plath）和琼·狄迪恩（Joan Didion），是《少女》（*Mademoiselle*）杂志比赛的优胜者，那这张纸条甚至可能还上过飞机。这位年轻女子穿过巴比松大饭店的大门，内心涌起一阵激动，这种情绪在今后的人生中再也无法复制，因为那一刻意味着，她已经成功逃离家乡，所有对未来的期许（或不抱期许的心情）都随之而来。她已经毅然决然地将过去的一切抛诸脑后，在这之前经历了数月的恳求、储蓄、节衣缩食与精心谋划。现在，她终于来到这里，来到纽约，准备重塑自己，展开全新的生活。她已经把命运掌握在了自己手中。

多年来，刊登在杂志上的巴比松大饭店的广告总是赞叹："哦！来到纽约真好啊……尤其是住在巴比松大饭店。"宣传语始终如一，以笃定的语气叫人安心：纽约最独特的年轻女性酒店。但杂志文章也会警告女性，小心防"狼"，也就是那些在纽约街头游荡、搜寻漂亮天真"小东西"们的男人，而巴比松则保证提供保护，让女性安然容身。不过，这并非美国的年轻女子想要住在该酒店的唯一原因。人人都知道，酒店里济济一堂的，是充满抱负的演员、模特、歌手、艺术家和作家，而且有些已经从"充满抱负"升级到"声名鹊起"。演员丽塔·海华丝在酒店的健身房里为《生活》杂志摆姿势拍照，看上去既性感又傲慢，她放射的信号，就象征着名利场的种种可能。

但首先，"准新住客"必须通过梅·西布莉夫人（Mrs. Mae Sibley）的审核。她是助理经理兼前台总负责人，会仔细打量新人，并问对方要推荐信。这个女孩相貌漂亮（富有吸引力更佳），还得有信件证明她品性良好、道德无瑕。西布莉夫人会迅速给她打出 A、B、C 的等级。A 指 28 岁以下，B 则是 28 到 38 岁之间，而 C 嘛，好吧，C 类女士们可都上了年纪了。很多时候，那种还戴着主日学校帽，紧张微笑着的外地姑娘都是 A。不过，这第一关还是挺好过的。一旦西布莉夫人认可了她，就会递给她一把钥匙，告诉她一个房间号，还有一张"提倡与不提倡行为"的清单；这位巴比松大饭店的新住客就会乘电梯上到相应的楼层，那里有她的房间，她的新家，严禁男性进入；她将认真盘算接下来该做什么。对有些人来说，这样一个房间是生活上了一个台阶；对有些人则是走了下坡路。但对巴比松的所有年轻女性来说，一个铺着花布床单，挂了配套窗帘的小小房间，还有里面窄小的床、梳妆台、扶手椅、落地灯和小桌子，都在某种意义上代表着自由解放。至少最开始时是这样。

✦

《巴比松大饭店》（*The Barbizon*）讲述的是纽约最著名的女子酒店从 1927 年建成到最终在 2007 年变成价值数百万美元公寓期间的故事。这既是那些入住酒店的非凡女性的历史，也是曼哈顿的 20 世纪史，还记述了女性被遗忘的雄心壮志。在“咆哮的二十年代”（Roaring Twenties），大批女性突然蜂拥至纽约，到那些看得人眼花缭乱的新摩天大楼中工作，而巴比松大饭店就是这个时期为她们修建的。这些初来乍到的女性，不愿意住在不舒服的寄宿公寓内，而希望享受到男人们已经拥有的东西——专属的“俱乐部住处”，即公寓式酒店，可按周收费，提供每日客房服务，有餐厅让她们不再承受下厨负担。

在 20 世纪 20 年代涌现的，还有其他的女子酒店，但真正让全美国浮想联翩的，只有巴比松大饭店。它比大多数同类酒店都活得长，部分原因是巴比松与年轻女性密不可分，到后来的 20 世纪 50 年代，又和美丽而备受追捧的年轻女性联系在一起。酒店严格规定只允许女性入住，男人最多只能出现在大堂。周末的夜晚，大堂被称为“情人巷”，情侣们影影绰绰地留在此处，恋恋不舍，在摆放位置颇具战略性的盆栽植物叶子的掩映下拥抱在一起。深居简出的作家 J.D. 塞林格（J. D. Salinger）绝不是该防的“狼”，却也喜欢光顾巴比松咖啡馆，假称自己是加拿大冰球运动员。还有的男人，穿过列克星敦大道与第 63 街交会处，就会刚好在那一刻累得不行，需要休息，巴比松大饭店的大堂似乎是个喘口气的完美场所。著名自传式小说《安琪拉的灰烬》（*Angela's Ashes*）作者的兄弟马拉奇·迈考特（Malachy McCourt），还有另外几个男人，声称曾经成功上了楼梯，来到巡查严密的卧房楼层；而其他人努力过，有的装成水管工，有的装成被叫上门的妇产科医生，但都失败了，惹得西布莉夫人好笑（又好气）不已。

看巴比松大饭店的住客名单，就像在看“名人录”：“泰坦尼克号”的幸存者莫莉·布朗（Molly Brown）；演员格蕾丝·凯利（Grace Kelly）、蒂比·海德莉（Tippi Hedren）、丽莎·明内利（Liza Minnelli）、艾丽·麦古奥（Ali MacGraw）、坎迪斯·伯根（Candice Bergen）、菲利西亚·拉沙德（Phylicia Rashad）、杰奎琳·史密斯（Jaclyn Smith）和斯碧尔·谢波德（Cybill Shepherd）；作家西尔维娅·普拉斯、琼·狄迪恩、戴安·约翰逊（Diane Johnson）、盖尔·格林（Gael Greene）、安·比蒂（Ann Beattie）、莫娜·辛普森（Mona Simpson）和梅格·沃利策（Meg Wolitzer）；设计师贝齐·约翰逊（Betsey Johnson）；记者佩姬·努南（Peggy Noonan）和林恩·谢尔（Lynn Sherr）；除此之外还有很多很多。不过，在她们成为家喻户晓的名人之前，都只不过是手提行李箱，带着推荐信与希望来到巴比松的年轻女性。有些人梦想成真，更多人却没有。有些又返回了家乡，有些则一直躲在巴比松的房间里，想着究竟出了什么问题。每个女子都觉得这只是个暂住之地，是在功成名就，能大胆发声表达野心与抱负之前的一个“软着陆”的过渡。但年复一年，很多人发现自己依然停留在那里。这些长久的住客后来被更年轻的住客们称为“那些女人”，如果她们不赶紧向前进，尽快搬出去，“那些女人”就是她们的将来。

20 世纪 70 年代，光鲜亮丽的曼哈顿经历着暂时的荒废颓唐，“那些女人”每晚都聚集在大堂，对那些年轻住客评头品足，对她们的裙子长度和发型的狂野与否给出不请自来的建议。到了20世纪80年代，她们要说的甚至更多了，因为酒店再也无法坚持当时“希望建立一个只允许女性进入的庇护所”的愿景，管理层决定酒店也对男性开放。“那些女人”尽管言之凿凿地威胁要离开，却还是留了下来。等曼哈顿东山再起，重新成为一个火爆的房地产市场后，巴比松也经历了自身的最后一次重塑，从酒店转型为豪华公寓楼，于是“那些女人”拥有了翻修一新的属于自己的楼层。如今，她们中还剩下几个人，依然住在现名“巴比松 / 63”（Barbizon/63）的建筑里。她们拥有自己的邮箱，旁边的那个邮箱属于另一位现住客，英国喜剧演员瑞奇·热维斯（Ricky Gervais）。

1928年，巴比松大饭店开业时，经营者并不需要明说这是一个为白人、中产与上流社会年轻女性服务的地方：位于上东区的选址、那些描绘典型住客的广告以及特别要求的推荐信，都让这一点不言自明。但在1956年，天普大学（Temple University）的学生，才华横溢的艺术家兼舞蹈家芭芭拉·蔡斯（Barbara Chase）出现在了巴比松。她很可能是入住酒店的第一位非裔美国人。她入住期间，一切正常，平静无波，虽然她有着“双保险”：自己的美貌和已然成功的履历，以及《少女》杂志的背书。杂志的主编贝茜·塔尔伯特·布莱克维尔（Betsy Talbot Blackwell）——纽约出版界的重要人物——在当年6月将芭芭拉邀请到纽约，因为她是该杂志著名客座编辑项目的获奖者之一。没人确定巴比松的管理层是否会同意芭芭拉·蔡斯入住；但她们同意了，尽管没有告诉她地下室游泳池的存在。而在麦迪逊大道上的《少女》杂志编辑部，支持奴隶制的南方客户来见当年那些入选的年轻客座编辑时，贝茜·塔尔伯特·布莱克维尔会把芭芭拉赶出房间。

巴比松大饭店与《少女》杂志在很多方面都有共生关系——她们都为同一类女性提供服务，都站在变革的最前沿，而且往往都很激进彻底，最终却发现自己被不断变化的利益与优先事项所裹挟，这些影响因素也恰恰来自她们所服务的女性。因此，要讲述巴比松的故事，也必须要在《少女》编辑部的走廊上漫步一遭。1944年，贝茜·塔尔伯特·布莱克维尔决定，客座编辑项目的优胜者必须住在巴比松大饭店——她们被召集到曼哈顿度过6月，白天跟随杂志的编辑们工作，晚上则沉浸在华丽的晚宴、衣香鬓影的舞会与觥筹交错的鸡尾酒会中。比赛吸引了最有才华的年轻女大学生，巴比松的大门为琼·狄迪恩、梅格·沃利策和贝齐·约翰逊这样的女性敞开了。不过，给酒店闹出最大恶名的，恰恰也是《少女》最著名的客座编辑——西尔维娅·普拉斯。在入住十年后，也是她最后一次尝试自杀并终于成功前不久，普拉斯给巴比松取了个化名“亚马孙”（Amazon），在她著名的小说《钟形罩》（*The Bell Jar*）中尽情吐露了该酒店的隐秘。

酒店里住着这些聪慧的客座编辑，也就是《少女》杂志的比赛优胜者，与她们同住的还有来自顶尖秘书学校凯瑟琳·吉布斯（Katharine Gibbs Secretarial School）的学生。她们占据了酒店的第 3 层，有专属的宿管、宵禁和茶水。这些年轻姑娘戴着白手套，高高的帽子戴得一丝不苟，这是“吉布斯女孩”的规定着装。她们代表了很多小镇女孩全新的机会：也许不能靠表演、唱歌或跳舞跻身纽约，却一定能靠打字从家乡走出来，领略麦迪逊大道的浮华与魅惑。但真正让巴比松大饭店确凿无疑地被称为“玩偶之家”的，是住在这里的模特们。她们先是为鲍尔斯经纪公司（Powers Agency）效力，后来很多跳槽去了新成立的福特经纪公司（Ford Agency）。该公司由两名大胆的女性在一栋简陋的赤褐色砂石建筑中经营起来。这些女人看上去美丽迷人，穿着猫跟鞋，总有赶不完的约会。然而，在关起门来的酒店中，也有很多伤心失望。作家盖尔·格林初次入住巴比松，就是以客座编辑的身份，同住的还有琼·狄迪恩。两年后，格林回到巴比松，这次是希望记录每一个不被认为是“玩偶”的女人：她将这些被忽视的住客称为“孤独女人”。有些人孤独到企图自杀：通常是在周日早晨，因为用“那些女人”中某一个的话说，周六晚上是“约会之夜”……或“没有约会之夜”。周日就是悲伤之日。巴比松的管理层——西布莉夫人和经理休·J. 康纳（Hugh J. Connor）会掩盖自杀事件，确保外人不知，相关新闻很少出现在报纸上。他们明白，面子是最重要的。将巴比松最有魅力的住客格蕾丝·凯利广而告之，当然好过宣传那些绝望凄凉的客人。

✦

等到巴比松为男性敞开大门，建立该酒店的最重要前提——最能支持女性志向抱负（无论大小）的单一性别住处，有每日客房服务，没有厨房，所以绝不可能有人被强迫回归厨房——似乎已经很过时了。那么，为什么我大学毕业来到纽约后，会希望有这样一个地方存在呢？为什么支持女性抱负，只允许女性进入的空间，还在不断涌现呢？女性们来到巴比松，不是为了建立人脉，但反正还是建立了。她们互相帮扶着找工作，彼此倾诉遇到的难题，为同伴的成功鼓掌喝彩，也为那些失望与心碎的人提供安慰。光是身在巴比松这一点，就足以让她们充满力量。[1]1958 年夏天的住客——演员艾丽·麦古奥回忆起早晨在那里喝咖啡的时光，咖啡被装在蓝白相间的希腊风纸杯里，当时她觉得自己只要身在那家酒店，就能“去到某个地方”。

巴比松大饭店，建于“咆哮的二十年代”，1928 年敞开大门迎接那些到曼哈顿追求独立生活的女性

《巴比松大饭店》这本书所讲述的故事，直到现在还只是被人们零零星星地听说。刚刚着手写这家独特的酒店和走进酒店大门的那些杰出女性时，我并未意识到，在自己之前，也曾有人想讲述巴比松的故事，只是放弃了。起初，我和他们一样，也在研究中遇到了困难：关于这家酒店的资料实在太少。在纽约历史协会档案馆（New-York Historical Society Archive），我本以为能找到一摞厚厚的文件，结果只拿到一个标有“巴比松”字样的文件夹，很薄，里面也就几篇报纸文章。至于那些住在巴比松的女性，关于她们的资料，也是

少得过分了。也许有人会称她们为“中间女性”，既不属于教养良好的上流社会，也不属于要靠工会的蓝领阶级。当然，我遇到的这种档案与史料的缺失，也能说明问题：我们由此得知，关于女性人生的记忆是多么容易被遗忘；这种寂寂无声会让我们相信，整个 20 世纪，女性都没有充分参与日常社会生活。

但她们参与了，参与得很充分，参与方式充满创意，也有着雄心勃勃的计划。我了解到这一点，是在作为一个史学家、采访者和互联网侦探慢慢去揭开巴比松那些不为人知的隐秘故事之后。我找到了从前的住客，那些如今已经八九十岁的女士依然活泼、有趣、思维敏捷。我找到了剪贴簿、信件和照片。我甚至在怀俄明州发现了一份档案。所有这些，共同揭示了某群单身女性的一段历史；揭示了在纽约，在这座梦想之城，终于拥有属于自己的房间和可以自由呼吸的空气，摆脱了家庭与家人期望的负担，对她们意味着什么。巴比松大饭店的意义就是“重塑自我”，前无古人、后无来者。

第一章　建立巴比松

——永不沉没的莫莉·布朗与新潮女郎

“永不沉没的莫莉·布朗”，风华正茂，已经成为妇女参政论者和社会活动家，但拍这张照片时，她还没有成为“泰坦尼克号”最著名的幸存者和巴比松的早期住客之一

“新女性”（The New Woman）是在19世纪的最后十年姗姗而来的。这位女士不愿意只做女儿、妻子与母亲。她想要走出家门，探索外面的世界；她想要独立；她想要从压在自己身上的一切重担中解放出来。人们会看到她在街上骑脚踏车，身穿灯笼裤，衬衫袖子鼓着风，正在去往某地的路上。

作家亨利·詹姆斯（Henry James）用“新女性”来描述在欧洲独立生活，不受故乡种种条框约束的美国富裕女性侨民，并将这个词推而广之。不过这个概念有了进一步的发展：做一名“新女性”意味着要掌控自己的人生。

首先出现的是“吉布森女郎”[1]，算是“新女性”的“小妹妹”。她们阶层中上，拥有飘逸的秀发，该丰满的地方都很丰满，但腰部紧紧裹着天鹅嘴束身衣[2]，令身体不由自主地朝前倾斜，仿佛永远在行动当中，永远在做着向前的打算。接着是第一次世界大战、妇女赢得投票权、“咆哮的二十年

---

[1]　吉布森女郎（Gibson Girl），插画家查尔斯·吉布森（Charlie Gibson）创造的时髦女郎形象，被奉为新时代女性吸引力的化身。——译者注

[2]　法国医生伊内·加什-苏萨特（Inès Gaches-Sarraute）发明的一种更安全的束身衣。——编者注

代”，吉布森女郎离场，让位给了更狂野版的自己：新潮女郎（the flapper）。这位“小妹妹”扔掉了紧身衣，会喝酒、抽烟、调情，还能做出更出格的事情。她们笑得放肆，热情四射，着装暴露得过分。但不管你愿不愿意听，新潮女郎们都在向所有人清晰地表达着：新女性已经平民化了。蔑视对女性的传统期望，不再是那些有钱有闲阶级的特权。如今，女性，一切的女性，都在勇敢走出去探索世界。早先，有人据理力争，列出女人需要待在家里的种种理由，战争和女性选举权在这些论点上戳出了漏洞。现在该轮到全世界调整适应了。正是在这种精神的指引下，1927 年，巴比松女子俱乐部公寓式酒店（Barbizon Club-Residence for Women）建成。

巴比松的第一批住客中，有一位是“永不沉没的莫莉·布朗”。她因为在“泰坦尼克号”海难中幸存而闻名。男人们没有担当的时候，是这位女士鼓起勇气，拼命划船。现在她坐在自己巴比松大饭店房间里的小书桌前，手里握着笔。那是 1931 年，莫莉·布朗［真名叫玛格丽特·托宾·布朗（Margaret Tobin Brown）］已经 63 岁，年轻貌美成为过去时，体重超标，各种细节都不怎么经看了，古怪和浮夸的时尚感也略微显得有些滑稽。但莫莉·布朗根本毫不在乎。她身上仍然带着第一代新女性的自信昂扬，她也很清楚，不管别人怎么说，她已经把自己的旗帜牢牢地插在了这个新世纪。

眼前这封信写给在丹佛的朋友，她暂时停笔，从巴比松的窗口望出去，2 月的天空阴冷凄凉，让她想起那天晚上的天空，当时“泰坦尼克号”开始侧翻，速度远超过她的想象。那还是 1912 年，第一次世界大战前的两年，现在看来已经完全是另一个时代了。当时莫莉·布朗与她的朋友们，著名的阿斯特（Astors）夫妇，一起去埃及和北非旅行。她的女儿当时在巴黎索邦大学（Sorbonne）念书，与她在开罗会面。母女俩一起穿着英王爱德华时代繁复的服装，一人坐一头骆驼，摆出姿势，拍下“到此一游”的纪念照，狮身人面像和金字塔在她们身后影影绰绰。莫莉同女儿返回巴黎，但听闻家中的孙子生了病，她迅速在阿斯特夫妇乘坐的同一条船上订了个舱位。那条船叫作“泰坦尼克”。

这不过是在船上的第六夜[1]而已。她吃了一顿丰盛的晚餐，正舒舒服服地躺在自己的头等舱里看书，突然听到一声巨响。她被震下了床。但作为一个经历过很多状况的旅行者，即便在注意到引擎已经停止工作时，她也没多想。直到来自费城的金贝尔百货（Gimbels）采购员詹姆斯·麦高夫[1]（James McGough）如地狱使者一般出现在她窗前，挥舞着双臂大吼大叫“带上你的救生衣！”，她才把衣服一层层穿好，

[1] 原文如此。资料显示，“泰坦尼克号”1912 年 4 月 10 日启程，4 月 14 日夜间撞上冰山，4 月 15 日凌晨沉没。——编者注

走了出去。尽管已经有人如此警告，莫莉还是在甲板上遇到很多不愿意登上救生艇的天真人士。她努力劝说和自己同在头等舱的女乘客们登艇，直到自己也被“泰坦尼克号”上的一名船员毫不客气地扔到了其中一艘上面。救生艇驶离巨轮时，她听到了枪响：那是军官们在朝下层甲板上的人们开枪，后者正不顾一切地跳上为富人准备的救生艇，有些小船不过半满，便已开始驶离。

黑暗之中，6 号救生艇在海浪中上下起伏，莫莉惊恐地看着眼前的一切。她周围的人都在朝仍在“泰坦尼克号”上的亲人、爱人们哭喊，而海水逐渐吞噬了那艘巨轮，直到它完全不见，消失，整个沉没。其他一切都已彻底沉寂，但尖叫声仍四下响起。正值夜晚，海上一片漆黑，6 号救生艇上有两位先生，但他们完全不中用，这让大家的无助变得更为强烈。对他们无比鄙视厌恶的莫莉·布朗挺身而出。她指挥大家划船，激发他们的求生意志，把自己的衣服一层层脱下来，让给那些当时反应没她那么快的人。大约在黎明时分，救生艇被“卡尔帕西亚号”（the Carpathia）救起；数日后，她和同船的幸存者们驶入纽约港。那时，一向热衷于社会活动的莫莉，已经建立起幸存者委员会，并担任主席，还为委员会中的贫困人士募集到了一万美元。她给自己的丹佛代理律师发去电报[2]：“水况良好，行驶顺利。海神对我实在仁慈，如今我高枕无忧。”海神对她的朋友，约翰·雅各布·阿斯特四世（John Jacob Astor Ⅳ）就没那么仁慈了，这位“泰坦尼克号”上最富有的男人不幸罹难。

一直到将近二十年之后，“永不沉没的莫莉·布朗”才入住了巴比松的客房，夜空仿佛还是那个夜空，但世界已经是日月换新天。“一战”是很多剧变的催化剂，但对莫莉个人来说，与世界变化同样巨大的，是她与丈夫詹姆斯·约瑟夫·布朗（James Joseph Brown）的分居。两人已经分道扬镳：他是个好色之徒，她则是个社会活动家。她是个女权主义者，一个儿童保护倡导者，一个工会支持者，那时候这些身份都还没有成为被人追捧的时尚。詹姆斯·约瑟夫有爱尔兰血统，白手起家，靠淘金成为百万富翁。他和莫莉共同摆脱了贫困，获得了巨大的财富，在丹佛的上流社会赢得了一席之地。夫妻俩分居后，1922 年詹姆斯·约瑟夫去世，没有给家人留下遗嘱，致使大家为此争吵不休长达五年；丹佛的上流社会和莫莉的孩子们都对莫莉置之不理。但这种情况只不过激起她早前对舞台的梦想。莫莉·布朗迷上了法国传奇演员莎拉·伯恩哈特（Sarah Bernhardt），移居到巴黎学习表演，参演了《威尼斯商人》（*The Merchant of Venice*）和《安东尼与克里奥佩特拉》（*Antony and Cleopatra*）。她智慧与活力兼而有之[3]，即便已经年近花甲，在那里却依然能得到欣赏与崇拜。很快，她获得了“智慧巴黎之无冕女王”的美誉。

无论莫莉·布朗的神话被传得多么夸张，她的魄力都无比真实。她曾经这样描述自己[4]：“我是冒险之女。这就意味着，我从未经历过哪怕一刻沉闷，也随时为任何不测做好心理准备。我从不知道登上一架飞机，它是否会坠毁掉落；去开车，爬电线杆，在黄昏时分散步……会不会一身狼狈地躺在救护车里回来。我是宁可选择断然离世，也不愿悄然偷生的人。”莫莉·布朗绝非“新潮女郎”，远非其类，即便她如果再年轻一些，那种冒险精神可能会让她跻身“新潮女郎”之列。但她并非年青一代，她对“新潮女郎”抱有反感，这些爵士时代[1]的年轻女性似乎只用一个方面来定义自己，而那正是莫莉·布朗与她的同代女性努力争取的来之不易的胜利：性解放。即便如此，莫莉·布朗从巴黎回到纽约时，还是决定住在巴比松大饭店，和那些她公开表达过反对，却很可能十分理解其精神内核的年轻女性分享同一个屋檐。她选择住在这里，是因为她和她们一样，想要测试一下不同版本的自己，而巴比松正是做这种事情的好地方。

---

[1] 爵士时代（The Jazz Age），即“咆哮的二十年代”，始于第一次世界大战后，结束于 1929 年大萧条的爆发。——编者注

1927 年的巴比松街景，当时这座酒店快要完工了

莫莉对这里的住宿条件很满意。她把巴比松的宣传册寄给丹佛的一位朋友。宣传册上做了很多标记，甚至还有污损之处，她以此来描述自己在纽约的新生活。“每个房间甚至都有一台收音机呢！”她写道。这里，浓黑墨水圈出的是西北面角楼，里面嵌了个砖砌的露台，能俯瞰列克星敦大道和第 63 街交会的拐角。里面是她的套房，巴比松最好的房间之

一。但即便如此，这里也很朴素，和酒店里其他的普通房间差不多，有一张窄小的单人床、一张小书桌、一个五斗橱和一把小小的扶手椅。躺在床上就能伸手开关门，要把东西放进梳妆台，你几乎也不用起身。这也许只是一个陋室[5]，但在莫莉·布朗写给朋友的信中，她说自己把这个房间当成“工坊”，“各种东西一直堆到天花板”。

她还圈出了更远处的一扇哥特式窗户，在巴比松塔楼的第19楼，那里就像是“长发公主”的城堡，里面有很多新晋艺术家的工作室：在这个有着挑高天花板的隔音室里，莫莉会唱起她的咏叹调，一练就是几个小时。她写道，这是演奏室，寄宿在此的艺术家与未来艺术家们会在这里举行音乐会。酒店意大利风格的大堂和夹层是她和朋友们打牌的地方。而她参加的读书俱乐部聚会则在铺了橡木板的图书室举行。（她最可能参加的是飞马团的读书会[6]，这个文学合作社的成员聚集在巴比松，“通过为作家提供公开展示作品的机会，并在理智、公平与建设性批判的氛围中进行相关讨论，达到鼓励表达精神成就的目的”。）除了上门看诊的注册医生、水管工和电工，所有男人都严禁进入任何地方，只有大堂与18楼的会客室并非禁地。只要和约会对象一起，男人便可获得去往18楼的通行证。

酒店的正门[7]位于第63街，一楼底商共有八家，都在这个位于街道交会处的建筑偏列克星敦大道的那边，包括干洗店、理发店、杂货店、袜子店、女帽店和一家道布尔戴出版社（Doubleday）的书店——某个阶层的女性可能需要的一切都囊括其中了。每一家店在酒店内部都设有专门的入口，就在一条小走廊边上。因此，莫莉·布朗如果不愿意，就不用费神到街上去。巴比松在三年前才开业，那时的纽约正处于转型中期。建筑热潮正如火如荼，人们在有目的地除旧布新。舆论宣称，多年来，曼哈顿的扩张是草率的、无意识的、不合逻辑的，但这一切仍然有机会拨乱反正。属于过去几个世纪的建筑将被夷为平地，来烘托雄心勃勃走在机械化道路上的新的 20 世纪；公寓与低矮的建筑将让位给精心规划的塔楼，它们高耸入云，展现着装饰风艺术 [1] 的轮廓。

20 世纪初的建筑，新得就像挣脱了传统约束的新女性。针对 19 世纪的纽约，批评家们谴责 [8] 在整个曼哈顿“蔓延开来的褐色‘罩子’”，由此形成了一片“单调乏味的褐石建筑”的海洋。今天备受珍视的褐石建筑，看上去那样古色古香，富有历史积淀，在那时却被视为城市瘟疫。城市规划者们指出，他们不能再重现“新阿姆斯特丹的旧荷兰时代”那

[1]　一种视觉艺术、建筑和产品设计的风格，最早出现在 1910 年之后的法国。——编者注

种欢快与色彩冲击，不能再重现那些“红瓦屋顶，有着花毯风格图案的砖墙和令人心情愉悦的上漆木工作品”，却可以创造出一个新的世纪和其标志性的外观地标：摩天大厦。

建筑热潮一浪高过一浪。[9] 1926 年，罗德夫 · 肖洛姆犹太会堂（Temple Rodeph Sholom）将曼哈顿第 63 街和列克星敦大道交会处的产业以 80 万美元的价格出售。这里是美国历史最悠久的犹太会堂之一，很快就被最早的女子公寓式酒店取代，犹太会堂则要迁往纽约上西区。肖洛姆会堂已经在此地矗立了五十五年，那时，犹太移民会众从下东区的公寓房迁出，搬进曼哈顿中心区和上东区的新家，会堂也跟随他们一起迁址。现在，它又一次跟随会众，离开了这个正在迅速发展建设的地区——此前规模最大的工程是 1918 年铺设列克星敦大道线的地铁，从第 42 街的中央车站一直延伸到第 125 街。会堂结束了自己在纽约上东区长达半个世纪的驻扎历史[10]，年长的信徒们登上舞台，纪念这一变迁时刻。97 岁的内森 · 布克曼夫人（Mrs. Nathan Bookman）和 91 岁的伊萨多 · 福斯（Isador Foos）从 13 岁行入教礼以来就一直是该会堂的会众，她们庄严地登上舞台，看着台下的教众——这些正直的纽约人，他们的父母辈与祖父母辈曾是下东区的德国犹太移民。他们向 19 世纪告别了。而巴比松将迎接 20 世纪，说“你好”。

在第63街和列克星敦大道交会处修建犹太会堂，是为了满足会众不断增长的需求。而如今计划用其他空间将其取代，也正是在适应全新的需求。“一战”解放了女性，1920年，《美利坚合众国宪法》第十九条修正案[1]通过，把她们送上了获得政治权力的道路。同样重要的是，“一战”还促使职业女性变成更引人注目和更被接受的人群。申请上大学的女性人数创下历史新高；尽管婚姻仍然是很多人的终极目标，但文职工作已经开始将“新潮女郎”生活的多彩魅力——如充斥着消费主义的城市生活［去布鲁明戴尔百货公司（Bloomingdale’s）购物！在德尔莫尼科（Delmonico’s）军官俱乐部的餐厅吃饭！］——与一种尚可接受的婚前培训相结合。曾经，文书工作是年轻男人职业晋升之路上的垫脚石，但现在，成千上万的女性涌向曼哈顿，进入那里每年都会新建的摩天大楼，到大楼的办公室中去工作。于是秘书工作不再有晋升希望；相反，它经历了重塑，成为年轻女性的一个机会，能锤炼“办公室妻子”[2]的技能，同时挣一份薪水，在

[1] 这条修正案将“妇女有权投票参与政治”写入了宪法，是美国妇女运动取得的一大成功。——译者注

[2] 这种说法在20世纪30年代很常见，因费思·鲍德温（Faith Baldwin）的小说及同名改编电影《办公室妻子》（*The Office Wife*）而流行。这种说法带有从属意味，“办公室妻子”经常被要求做诸如为老板支付个人账单或打扫办公室等杂务。——编者注

婚前过一段短暂的独立生活。这个新世界的新秘书们[11]，要为她们的老板“尽力做到像他父亲那一辈早已成为历史烟云的妻子一样”，《财富》（*Fortune*）杂志如此宣称。她们要把老板的信件转录成打印格式，为他们做会计出纳，带他们的女儿去看牙医，还要在必要的时候为他们加油打气，让他们自信满满。

但新女性也因此得到了一些回报：得到公众认可的独立生活的权利，以（一定程度的）性感展现自己，尽情消费，体验城市生活的兴奋刺激，独立自主地进入公共空间。要做到以上这些，她就需要有个住处。老式女子寄宿公寓[12]——早期在纽约生活与工作的单身女性的选择——已经是旧时代的东西了，现在被人嗤之以鼻。用《纽约时报》的话说，一想起这种地方，就会想起“马鬃沙发”和“总是挥之不去的炖牛肉味儿”。这样的地方还和工人阶级联系在一起，而新一代的中上阶层职业女性们想要住得更好。同时，她们也不想被住处的清规戒律束缚，或接受纡尊降贵的慈善（很多为寡妇、女工与被社会遗弃的女性提供服务的老式寄宿公寓，背后的动机都是善意的，但也暗含着贬低意味），不想这些也成为居住体验的一部分。而且住宿地址是重要的——非常重要。

不过，即便她们能对不符合标准的简陋房间、让人浑身发痒的马鬃和又干又柴的牛肉视而不见，这些寄宿公寓也根本不足以容纳涌入纽约城的大量年轻女性。解决问题的办法，必须是矗立云霄的高层公寓式酒店。

19 世纪末以来，无论是对于家庭还是单身人士，长住酒店一直是流行的生活方式。“在城市里，无论你有多少钱，修建大理石宫殿也已经不再符合人们的品位，”[13] 当时的一位社会评论家写道，“相反，人们会选择住在酒店里。”公寓式酒店的房间规格不一，有为镀金时代[1] 富得流油的富人们准备的宫殿般的豪华套房，也有为奋斗时期的单身人士准备的实用性很强的房间。对这种公寓式酒店的舒适度，人们可谓吹毛求疵，十分关注。较为朴素的公寓式酒店会有定制家具，故意比标准尺寸小一些，更容易安置在小空间，让酒店房间显得大一点。房间内的单人床没有床尾板，床头板的高度也被降低，制造一种空间较大的错觉。出于同样的原因，家具还被磨成圆角。而比较富丽堂皇的那一类公寓式酒店，房间里的家具都是昂贵的 18 世纪古董复制品，壁炉也是常见配置。华尔道夫酒店（Waldorf Astoria）在建设过程中，曾在建筑工地外的一个仓库里搭建过展示样板间和走廊，供大家从

[1]　这个说法出自马克・吐温（Mark Twain）与查尔斯・杜德利・华纳（Charles Dudley Warner）合著的长篇小说《镀金时代》。在美国历史上，镀金时代大致从 1877 年延伸到 1896 年，夹在重建时代和进步时代之间。这是一个经济快速增长的时代，特别是在美国北部和西部。——编者注

里到外地了解酒店的一切，从墙面颜色到水龙头，更不用说地毯、窗帘和橱柜等配置。负责整体搭建的华尔道夫酒店室内设计顾问查尔斯·萨比斯夫人（Mrs. Charles Sabis）会对样板间进行研究，表示接受或拒绝：只要她一声令下，就会拆掉一个样板间，建起另外一个。萨比斯夫人给有些套房[14]配置了从约克郡庄园淘来的珍贵英格兰木制品，也在思考一个永恒无解的问题："漆面屏风或明朝的罐子是否正好适合一个具有安妮女王风格的房间？"有一点很重要，这些高端公寓式酒店房间的风格必须彼此不同——这些可不是一个模子里印出来的连锁酒店。

公寓式酒店的迅速崛起，在很大程度上要归结于房地产行业的一个漏洞：《1901年公寓住宅法案》（*Tenement House Act of 1901*）免除了对纽约市无厨房公寓建筑的高度与防火限制。无论原因有多么不合理，法案带来的效应都带有绝对的吸引力，因为谁不愿意住在一个能提供全面服务的酒店里呢？而且，即便你没有住在里面，至少也可以在每周日上午的"那些影片"中想象这种生活，在让大众疯狂的"瘦子"（The Thin Man）系列电影的最新一部中，威廉·鲍威尔（William Powell）潇洒地游荡于地下酒吧与公寓式酒店之间——这个醉醺醺的人快乐地穿越城市，手上拿了一杯鸡尾酒。1903年，纽约酒店经营者希米恩·福特[15]（Simeon Ford）

曾针对其中的差异发表过一个精辟的声明："我们有适合优秀人士的优秀酒店，适合良好人士的良好酒店，适合普通人士的普通酒店，和一些适合流浪人士的流浪酒店。"因此，一个新酒店类别的出现只是时间问题：适合女性的女性酒店。

巴比松将是其中最富有魅力的一家，但不会是第一家。第一家是玛莎·华盛顿酒店[1]，与巴比松选址不同，建立初衷也不一样，却算是为巴比松打下了基础。玛莎·华盛顿酒店于 1903 年开业，是一栋 12 层的"低矮"建筑，沿着麦迪逊大道，从第 29 街延伸了一个街区，直到第 30 街。这家酒店远远领先于其所处的时代，致力于解决自食其力的白领女性的住宿需求。那时候纽约的酒店还有规定，傍晚六点以后，凡独自一人的女性，除非能拖着沉重的旅行箱以证明自己不是妓女，否则无法得到酒店提供的房间。有时候那场面会非常尴尬[16]，所以有两位上流社会的女士承认说，因为不愿意冒被酒店拒绝入住的风险，最终选择在费城的宽街车站（Broad Street Station）过夜。即便在"一战"以前，也有这样的女性独自一人前来纽约——是来工作的。那些经济条件比较好、具有创新精神的女性[17]找到了这样或那样的解决方案，比如一个女性艺术家社区，她们把小巷里的马厩改建成整洁

[1] 玛莎·华盛顿酒店（Martha Washington），以美国首任"第一夫人"的名字命名。——译者注

干净的住处，里面还有方便工作的空间。其他的职业女性则租住公寓，对内部进行修缮改造，从它们肮脏污秽的外部，简直无法想象内部是如此美妙。但具有变革意义的玛莎·华盛顿酒店，不仅成为这类女性的住处，也成为支持妇女参政论者们的避难所，其中就有玛丽·沃克尔博士（Dr. Mary Walker），医生兼著名女权主义者，她挑战女性的着装限制，远在"新潮女郎"们之前。在自己的婚礼上，她拒绝在誓言中使用"服从"一词[18]，同时保留了自己的姓氏，穿了一条短裙，里面搭配长裤。

尽管确实需要这个地方，1903年玛莎·华盛顿酒店开业时，仍然遭遇了全方位的不解，这还是比较好的情况。最糟糕的情况是，有些人对其严加谴责。酒店门口会有"观察车"缓缓驶过，满载着目瞪口呆的人们[19]，好像在观看"畸形秀"。酒店管理层似乎也不太确定该怎么持续经营：一开始他们认定有必要雇用男人到酒店里来搬运重物——行李箱肯定会有的！但一年后，男性工作人员就为女性取代，因为她们被认为是更可靠的。《纽约先驱报》（*New York Herald*）对这种性别转换表示讥讽[20]：服务员"穿着她的黑色长袍，配上洁白的领子和袖口，看起来还算端庄"。此外，似乎没人能理解：这么多女人聚在一个屋檐下，怎能没有男人的保护？玛莎·华盛顿酒店早期的一本宣传册[21]中也承认，人们一再怀疑，“在一个屋檐下容纳多达四五百之数的女性是否可行”。同时，酒店的住客们得到保证，玛莎·华盛顿酒店的目标是盈利，而不像工人酒店的寄宿公寓那样，基于任何“父权主义或慈善理念”。换句话说，这家公寓式酒店，旨在提供条件一流的独立生活的环境（而非做慈善），提供一系列的房间与套房，而且摈弃了从前与女性住宿有关的种种清规戒律——那些女性住宿处通常是由宗教组织资助的，规定包括宵禁、不能接待客人等。玛莎·华盛顿酒店的住客，无论住的是单间还是宽敞的套房，都能享用每层楼的接待室、屋顶漫步走廊、餐厅、现代蒸汽房和滑槽邮筒。

入住玛莎·华盛顿酒店的女性[22]，尽管一开始遭到了嘲笑，却很快就开始进入主流：1908 年，《时尚芭莎》（*Harper's Bazaar*）杂志发表了一系列文章，总标题是“来到城市的姑娘”；三年后，《女士家庭杂志》（*Ladies' Home Journal*）也追随这个选题，出了一个“她在乡下的姐妹，想来城市闯荡”系列。1914 年，纽约有了为富裕职业妇女开设的第二家公寓式酒店[23]，名字恰如其分，就叫“商务女性酒店”（Business Woman's Hotel），选址离玛莎·华盛顿酒店仅两个街区，距离奥尔特曼百货商店（Altman's）也就六个街区（正如后来巴比松选址距离布鲁明戴尔百货公司很近）。随后，“一战”爆发，对女子酒店的需求似乎不那么迫切了。但战争的结束引发了建筑热潮，更多的女性获得新的独立，这意味着酒店拥有了新的客户群和更多的利润。

20世纪20年代，正是属于女子公寓式酒店的十年。1920年，位于中央公园（Central Park）附近东57街的阿勒顿酒店（The Allerton hotel）开业。该酒店的建造者是威廉·H. 希尔克（William H. Silk），他很快就会开发巴比松。他和搭档詹姆斯·S. 库什曼[24]（James S. Cushman）于1912年建造了第一栋单身公寓；1919年，又建了一家男子俱乐部酒店。阿勒顿女性之家（The Allerton House for Women）是他们明显要走的下一步，它将人们对某种住宿方式日益增长的兴趣、"一战"后的现实以及女性要独立于男性主导的家庭保护的新主张联系起来。希尔克希望把房间提供给女性"医生、装潢师、讲师、政治家、作家、买手、商店主管"[25]。（这些公寓式酒店只为白人特权阶级提供服务，这样的事实从来都是不言自明的，不必宣之于口。）希尔克设想的是个像家一样的环境，这样就有别于标准酒店；要配备缝纫室、舞厅、"严格按照分钟计时的洗衣房"，以及不许男人进入的休息室。阿勒顿的客人可以自由地"做自己的女主人"。酒店的承载量是五百名女性住客，房间在还没完工前就被预订一空。

这样的盈利潜力是很难被忽视的。其他人也纷纷效仿，美国妇女协会（American Women's Association，AWA）一时间成为同类型酒店中最大的一家。该酒店被《纽约时报》誉为“解放妇女精神之殿堂”[26]。AWA 理事会会长史密斯小姐，对任何胆敢称其为酒店的人加以斥责。她说，这根本就不是酒店，而是一次“运动”。她说得对。这些女性俱乐部酒店[27]，是一种女性各种权利的“实体表现”。这些权利包括在没有父兄叔伯的保护下生活，随心所欲地社交，随心所欲地购物，随心所欲地工作。就 AWA 本身而言，酒店长期的筹资活动和建设时间也吸引了纽约城最富有的女性。她们借此“试水”，进行严肃的风险商业投资。领头人是著名的摩根家族的安妮·摩根（Anne Morgan），还有其他属于纽约城社会精英阶层的女性，她们一起发动了一场很具有现代性的股票销售活动——在广场酒店（Plaza Hotel）举行了启动仪式，向股票销售大军发放销售资料和名片。她们围绕名为“鲁滨孙·克鲁索[1]小姐”的吉祥物，设计了一个全面的广告宣传活动，整体概念是“单身女性在纽约的孤独感，如同被困在热带的岛屿上”。“鲁滨孙·克鲁索小姐”拥有一本宣传册、一首主题歌，以及位于第五大道的展示橱窗。该活动的理念是，她必然会被 AWA 俱乐部拯救，那里有和她一样的女性，她们有着共同的精神与雄心；她会在那里找到属于自

[1] 鲁滨孙·克鲁索（Robinson Crusoe）是著名小说《鲁滨孙漂流记》（*The adventures of Robinson Crusoe*）的主人公。——译者注

己的社群，也能体验奢侈的享受。两年后，销售团队进行了重组，她们已经筹集到 350 万美元，可以开工了。香槟入杯，开胃小菜在盘[28]，安妮·摩根和与她并肩奋斗的社会名流女商人们，向业绩最好的股票销售员颁发了毛皮大衣和火蜥蜴胸针作为奖品。

AWA 酒店的选址[29]在西 57 街上，在那里，职业女性可以“像男人一样自由”。女性独立在 AWA 酒店是昭然而坚定的：整整 28 层楼，家具陈设由威廉·K. 范德比尔特夫人（Mrs. William K. Vanderbilt）全权负责，她也来自全美最富有的家族之一。酒店还配备了一个铺有“旱金莲色瓷砖”的游泳池和一方天井，其中有“四个喷泉，随着悠扬的琵音，泉水飞溅”。那些“超摩登女郎”可以在一系列的主题房间里“订购咖啡和香烟”。配有壁画的装饰风艺术的餐厅使用的粉蓝色餐具，和法国火车餐车中的是同款，因为范德比尔特夫人认为，如果这餐具能够经受住欧洲铁轨的考验，就能赢得纽约女性的青眼。她订购了数箱这样的餐具。作为一个可供餐饮与抽烟的所在，AWA 酒店还配备了 1 250 个带浴室的房间，由此成为全纽约第五大公寓式酒店。

✦

但真正让全美国浮想联翩的，还是巴比松大饭店。全国各地决心给自己的纽约梦一个机会的年轻女子，都会把这里作为首选。阿勒顿酒店和AWA酒店的目标客户群都是职业女性，巴比松则瞄准了另一类客人。她是不能告诉父母自己想要画画的名媛；她是梦想登上百老汇舞台的俄克拉何马售货员；她是那个18岁的女孩，告诉未婚夫自己很快就回来，但先要去上打字课。这家酒店将呈现出与其他同类酒店完全不同的个性，成为一个充满魅力、欲望与年轻女性雄心壮志的地方。

阿勒顿酒店即将完工，威廉·希尔克的目标已经变成要把女性气质与她们新赢得的独立结合起来。[30] 他宣称，正如现代女性的服饰已经摆脱了维多利亚时代繁复笨重的荷叶边，追求一种“极致彻底”的简约，她们在巴比松的生活空间也需要“反映向女性展开的更宏大的生活”，同时要牢记，女人“绝没有失去其女性特质”。希尔克设想中的巴比松是这样的：23层楼，720个房间。他宣称，酒店的外观将具有阳刚之气，体现在具有北意大利学派风格的建筑中，男人为了锻炼智识与体魄所要求的一切，都要在其中配备齐全——游泳池、健身房、屋顶花园、教学室与图书馆。但在室内，巴比松的内核，那些男人看不见的房间将是“高度女性化的闺房”，色彩“雅致清新”，家具陈设是法国当代风格。和之前的同类酒店一样，巴比松的设计也将围绕着后妇女参政时代对家庭生活的再思考，以及开发商对最大化生活空间的基础渴望展开。这种设想的结果，是狭长的走廊上一排排的私人房间，其中穿插着共享会客室、图书馆与洗衣房。

酒店最初的名字是“巴比松女子俱乐部公寓”。希尔克承诺，开业时间将在1927年“10月15日当天或前后”。的确，印刷好的广告在9月就开始出现，宣布自9月15日起客人可申请入住。巴比松的特色之一，是每间房都配了一台收音机——莫莉·布朗入住时，这将让她非常高兴。最低房价是一周10美元。[31] 巴比松由专业的穆奥建筑事务所（Murgatroyd & Ogden）设计，完工于1928年2月，比原计划推迟了几个月。无论远看还是近看，巴比松都是一栋宏伟的建筑：高耸的大楼，四个角上分别有一座巨大的角楼，像渐进的台阶，逐渐延伸至最高处。外墙砖块的选择有色彩与光影的渐变感，从鲑鱼红慢慢过渡到浅红色，排列成多种多样的图案，点缀了中性的石灰石，充满艺术考量。第19层的西侧有间很大的阳光房，功能是休息室，家具陈设颇具品位，其上为各种大学俱乐部保留了专属房间。阳光房正下方的第18层是个视野开阔的凉廊。酒店完工以后，《建筑论坛》（*Architectural Forum*）立刻指出，巴比松的大部分细节虽然都具有哥特式风格，却是一种“罗马式的哥特”。拱形大窗赋予了巴比松一种浪漫与神圣的感觉，避免了一些新摩天大楼的"机械感"。住客们在云端漫游屋顶花园，透过拱形游廊窥视，能看到建在不同角度上的一扇又一扇的圆顶窗，有嵌入的退台[1]，也有陶土色的阳台。这很容易让人联想起哥特式的城堡，飞一般的箭矢从那一个个拱形的开口处射出。

酒店的外观低调简约，甚至含有俏皮戏作的成分，然而，大堂和夹层却可以用"繁复的意大利风格"来形容。客人进入巴比松大饭店，会迎面看到一个内嵌的中庭，奢华的当代风，其设计灵感来自意大利文艺复兴和宏伟的意大利乡村别墅。[32]这个空间色彩丰富，纹理多样，图案精巧。彩绘天花板、花纹地板、纹饰艺术风格的栏杆柱和扶手，以及古典主义风格的软垫家具，都给人带来完全的沉浸式体验。在这个两层楼高的空间内，多株盆栽、一盏枝形吊灯和微妙的灯光把氛围烘托到了一个新的高度，让人觉得置身某个宏伟意大利别墅的露天庭院之中。大堂之上那个夹层，可供巴比松的年轻女士们从高处俯瞰，寻找约会对象。她们也可能借此审视彼此的约会对象，偷偷打分，或暗生爱慕。这个夹层是否专为这两种可能有意为之，很难说分明。但此处所在就像一个超大的"罗（密欧）朱（丽叶）阳台"，在大堂顶上自成围城，如同一个相框，厚重的石头质地，加上精致繁

[1] 建筑外墙上的阶梯状后退。——编者注

复的雕栏。夹层的西北角延伸出两个台阶，通向一个铺着橡木板的图书馆，餐厅则连通了大堂的主楼，陈设布置走的是新古典主义“亚当风”，讲究的是亲切舒适，而非宏伟堂皇。《建筑论坛》杂志宣称：“巴比松似乎显示了对文明的一种新理解，完全令人信服。”[33] 在这里，形式与使命融为一体。

开业伊始，在外界的想象当中，巴比松大饭店就是有艺术气质的人倾向于选择的落脚地。酒店的名字也恰恰是为了强调这一点：此名来自 19 世纪法国艺术运动的流派——巴比松画派。该画派的中心是巴黎东南部的巴比松村，位于枫丹白露森林（Fontainebleau Forest）之中。村里狭窄的主干道名为“大路”（Grande Rue），沿路的小旅店是饥饿艺术家们的避风港。乐善好施的旅店主人们会为画家们提供一顿丰盛的晚餐，一张过夜的小床，第二天再打包一份午餐让他们带进林子里去吃，这一切只需要支付微不足道的费用。[34] 在纽约的巴比松大饭店[35]，艺术生们会一起住在名为“四艺”的侧翼（Four Arts Wing），那里有 100 个房间，是专门留给她们住的。同样留给她们的，还有 18 层之上高耸塔楼中的工作室，也正是莫莉·布朗找到的精神庇护所。最大的工作室面积[36] 有 50 英尺 × 17 英尺[1]，两层高的天花板让日光倾泻而下，

---

[1] 1 英尺约为 30.48 厘米，50 英尺 × 17 英尺大概相当于 15 米 × 5 米。——编者注

比较小的音乐家工作室则经过了精心的隔音处理。但并非每个人都需要成为艺术家，只要能张开双臂迎接纽约所能给予的一切，有这样一颗渴望的心就足够了。

如果说巴比松大饭店的自身定位是为抱负满满的年轻艺术家、演员、音乐家和时装模特提供栖身之所，那么其内部则提供了所有必要的空间，让这些年轻女性来进行自我表达——她们既是艺术的生产者，也是消费者。一楼的休息厅[37]有舞台和管风琴，能容纳300人舒适地欣赏一场表演。赢得选举权之后的新女性要求身与心都得到满足，巴比松的图书馆、讲座室、健身房和标准尺寸的游泳池正是应这 要求而设。20世纪初的吉布森女郎，穿着上下分离的短裙和衬衫，获得了身体自由，喜欢晨间来一套伸展运动或单车骑行；而20世纪20年代的新潮女郎则开始挑战更为严苛的锻炼，巴比松的地下室里满是叫人眼花缭乱的健身设施，任君选择。《纽约时报》用色情得有些怪异的口吻赞叹道[38]："一整天，女孩们的欢笑一刻不停，与壁球场上有节奏的击球声以及游泳池里水花的喷溅声交织在一起。成长中的现代亚马孙女战士们正在学习击剑，未来的游泳健儿正在巴比松的地下室接受自由泳教学。"

✦

"泰坦尼克号"的幸存者莫莉·布朗如今身在纽约，被一群新潮女郎环绕，而她曾与这些女人起过龃龉。作为进步时代的妇女参政论者、跟“轻浮”二字最不搭边的新女性，莫莉·布朗和许多同辈人一样，实在无法忍受新潮女性。她自视为真正的女权先锋，而新潮女郎不过是拾人牙慧，为女权运动收个尾，而且华而不实。来纽约之前，莫莉·布朗出逃巴黎学习表演时，就已经立场鲜明地表达过对这个“新种类”年轻女性的看法。她向提问的记者表示：“这种美国女孩酒量不行，她们马上就显露出醉态，瘫软成一团，要么就争强好斗……如今，社会上那些女孩子，在去参加聚会之前，都要喝工业酒精来热个身。”[39]

但在她的故土，有个“社会上的女孩子”，对此不以为然，并进行了回击，而且明确表达了对“莫莉·布朗迷思”的讽刺：“我认为布朗夫人划自己的独木舟就够她忙的了，别想着去帮更年轻的人群划船啦”，因为“说到女性外表，几杯酒下肚，任谁也不会是最漂亮的状态。但一个年轻女性和一个年纪大一点的女性，没有可比性。年轻点的女人无论怎样，看上去都更清新、漂亮，能更好地掌控自己。而年老些的女人呢，就很恶心”。很难想象莫莉除了耸耸肩还会做出别的什么事情——比这更难听的话她也听过。

她可能对新潮女郎们的各种兴风作浪没什么耐心，但不管她好恶与否，新潮女郎们都无处不在，不仅限于巴比松的房间里。新潮女郎出现在纽约百老汇的舞台上，更出现在全美国的主流聚光灯下。全新杂志《纽约客》的创始人哈罗德·罗斯（Harold Ross），正不顾一切地实现新潮女郎们的资本价值。当时杂志初创，还未站稳脚跟，就已经在破产的边缘摇摇欲坠，哈罗德·罗斯必须干点出格的事儿，抓住特定读者的眼球，拥有一群稳定的拥趸。他听说了刚从瓦萨学院（Vassar College）毕业的洛伊丝·朗（Lois Long），可以指望她搞出点风波噱头，于是雇用了她。当年的朗23岁，是康涅狄格州出生的姑娘，父亲是个牧师——她的家庭背景平淡无奇，很难出得了什么离经叛道的名人。但恰恰是这个背景，让洛伊丝成为20世纪20年代新潮女郎中的典型。作为白人中产家庭出身的女孩，她代表了大多数的新潮女郎，因为这一称号并非城市里那些见惯大世面的女性的专利，而有可能（甚至更有可能）属于来自堪萨斯州威奇塔（Wichita）这类小城的十几岁少女。但这个怀着热切渴望的威奇塔女孩需要学习如何成为新潮女郎，这时候，绰号“口红”的洛伊丝·朗就要一展身手了。

一开始，洛伊丝并未用真名写作，只简单地署名“口红”。她在曼哈顿街头轻快活泼、毫无掩饰地自由行走。此女高挑、漂亮，留着深棕色的波波头，穿着具有代表性的新潮女郎裙——垂直线条剪裁，从胸部一直延伸到膝盖下面一点——朱唇永远微笑上翘着。她顽皮精怪，随时可以找乐子，而且，正应了莫莉·布朗不以为然的话，她正处在会烂醉如泥的时候（她建议自己的读者们，要是在出租车上吐了，最好多付给司机两美元，这样才懂礼貌，有风度）。洛伊丝·朗是个例子，表明20世纪20年代对所有原本在暗影之下的东西进行了重新塑造，使其成为白人专属、中产专属、美国专属，又放纵又有趣：爵士起源于黑人贫民窟[40]，性尝试来自格林威治村[1]，而口红、脂粉与眼影，则取自妓女的“工具箱”。如今，新潮女郎，20世纪20年代的“新女性”最著名的化身，正处于这一切的中心。

✦

1920年1月16日午夜时分，美国正式施行禁酒令。其目的是阻止犯罪和不良行为的发生，但结果适得其反。派头十足的纽约市市长吉米·沃克（Jimmy Walker），一个拥有矮胖妻子和一众歌舞团女演员情人的男人，并不认为饮酒是一桩罪，于是曼哈顿变成了一场盛大派对的会场。被称为“小声点儿”（speakeasy）的地下酒吧——禁酒令时期被禁止

[1] 格林威治村（Greenwich Village），1910年前后在纽约西区形成的一个地区，聚居着各类艺术工作者和理想主义者，有着与世俗格格不入的氛围。——译者注

的、非法却又浸淫在豪饮狂欢气氛中的俱乐部开始在全城涌现，让那些铤而走险的年轻创业者迅速成为百万富翁。一个还不到30岁的私酒商[41]率先租了个船队，满载进口酒，突破了政府设在长岛的警戒线。他几乎是一夜暴富，但很快又认定，一定还有更简单的发财之道。他召集了相关方面的专家，搜集了材料，得到了一种著名的英国金酒的配方。接着，他在纽约的街面之下，建立了一个全新的地下酒场，把所谓的“英国金酒”卖给“小声点儿”们。这些地下酒吧的酒保宣称，他们在伦敦也没有喝到过这么好的金酒。伦敦的酒类制造商聘请了一名侦探，想探查为何自己在纽约非法销售的金酒数量如此急刷下降。很快，他们就发现了那位酒商的密谋，但束手无策：他们不可能理直气壮地给警察打电话，投诉纽约的非法地下酒品制造商破坏了自家英国金酒在美国的非法销售。

禁酒令催生了这些聪明的新型创业者，其中也不乏女性的身影。其中最出名的当数贝尔·利文斯通（Belle Livingstone），演员兼歌舞女郎。她声称自己是被遗弃在堪萨斯州恩波利亚（Emporia）一个后院的弃婴。她想做演员，但她的养父，恩波利亚当地报纸的出版商，拒绝让身为单身女子的她登台。

“行吧。”她说，然后马上逮着一个衣着光鲜的男人求了婚。[42]奇怪的是，对方竟然同意了。虽然两人很快分道扬镳，但更奇怪的是，他竟然在去世时留给她 15 万美元的巨款。她带着这笔钱去了大西洋彼岸。她在回忆录里写道，在那里，她获得了一个称号——“欧洲敬酒女王”（the toast of Europe）——并维持了三十多年之久。1927 年，她回到美国，那时巴比松正在建设之中，禁酒令也在执行。已经五十多岁，变得肥胖矮壮的贝尔看到了商机。她把自己的非法酒吧称为“沙龙”，仿佛是巴黎那些高知名流的聚会场所。她还和联邦特工玩起了猫鼠游戏，后者经常乔装打扮出现在她的沙龙，然后把她扭送至法庭。在那里，她用丰富多彩的语言尽情宣泄自己的愤怒，很多记者与群众都聚集到现场，急切地记下她说的每一个字。她的地下酒吧之一叫作“乡村俱乐部”（Country Club），上流社会与百老汇的那群人都经常光顾，他们支付的五美元入场费堪称昂贵。[43]但只要进去了，主顾们就能在如同凡尔赛宫花园一样的大厅中漫步，还能上楼打乒乓球或迷你高尔夫球。唯一的必要消费，是持续购买单价一美元的饮品。

还有一人，是“法国珍妮特”（Janet of France）。[44]这位是个彻头彻尾的法国女郎，在纽约以表演歌舞杂耍和音乐喜剧为生。后来，无活可干的她名下只剩 29 美元，在西 52 街上散步，思考着自己无望的未来时，却注意到一栋“被挤在车库之间的古老房子”。房子正在寻租，她用借来的 100 美元盘了下来，安装了个简陋的木制吧台，挂上廉价的窗帘，再放上几套桌椅。开业的第一周，餐酒单上只有洋葱汤与私酿的苏格兰威士忌、白兰地和黑麦酒。酒倒是无甚出彩之处，洋葱汤却是人间至味，为她赢得了很多关注。她很快就在这栋古旧大楼里又租下了两层。她往菜单上加了一些便宜的餐品，来搭配镇店之宝洋葱汤，并提供法国产的红葡萄酒。很快便有玛琳·黛德丽、道格拉斯·范朋克和莱昂纳尔·巴里摩尔[1]这样的名流来敲门。法国珍妮特曾吹嘘，爱尔兰剧作家萧伯纳（George Bernard Shaw）光顾的地下酒吧唯她这一家——她手上总会拿一本签名簿来证明此事。

做过歌舞女郎的得克萨斯·吉南（Texas Guinan）也是禁酒令时期纽约舞台上的一位明星。就是她，创造了当时最著名的一句流行语：“好啊，酒鬼！”（“Hello, sucker!”她这句流行语还要接下一句，是喊给进门的客人听的：“快进来，钱包放吧台上。”）那时的她已经是著名的舞台剧与电影演员——反正她是如此自称的——然后才因在地下酒吧出演歌舞有大利可图而进入这些场所，也就在那里摸清了该行业

[1] 玛琳·黛德丽（Marlene Dietrich）、道格拉斯·范朋克（Douglas Fairbanks）和莱昂纳尔·巴里摩尔（Lionel Barrymore）均是演员，玛琳还兼歌手，后两者也是导演和剧作家。——译者注

的门道。最终她自立门户，创建了“300 俱乐部”，曾得威尔士亲王（后来的爱德华八世）大驾光临。酒吧开业当晚的各种节目中，有位著名的美国女演员和她的情人——一名举止俏皮轻浮的阿根廷舞者喜结连理。

巴比松的住客们倒不是地下酒吧的创办者，可她们也像《纽约客》的“口红”洛伊丝·朗和 20 世纪 20 年代的其他纽约年轻女子一样，成为这些地方的常客。纽约历史上头一遭，有人请女性在吧台前自己拉个凳子坐下。西 52 街“莱昂和艾迪”（Leon and Eddie）酒吧的入口处挂着一块有壁画装饰的招牌[45]，上书：“这一扇扇门，世界上最美丽的女孩都是晕过去的。”[1] 大家尤其鼓励纽约那些热衷社交的女孩在吧台就座，喝从长岛海岸的朗姆酒贩子那里采购的进口酒——不过洛伊丝得知白兰地是最难伪造的，最不可能掺有杂质，所以就更爱喝白兰地了。她把纽约地下酒厂酿造的酒留给了别人。

最豪华的地下酒吧[46]是位于东 61 街 15 号的马尔伯勒宫（Marlborough House），就在第五大道附近。纽约的社会名流们简单地称这里为“莫里亚蒂之家”（Moriarty’s），来自开创

---

[1] 原文是“Through These Portals, the Most Beautiful Girls in the World Pass OUT”，有双关的含义，既指女孩们从门出去，又指她们喝得晕了过去。——译者注

此处的兄弟之姓。前门任人进入，因为当街盘问别人的姓名身份也太粗鲁了。因此，这里的“进入”只是进到一个前厅，里面铺满了珍贵的木材。接着客人按下一个珍珠按钮，出示自己的入场凭证。如果他们被允许进入，真正的进入，就会沿着狭窄的楼梯往上走，进入一个豪华的房间，鲜红的墙漆一直涂到与椅子平行的高度，墙壁剩下的部分都是银色的，一直延伸到天花板。法式靠墙长边椅和墙的长度持平，铺上了银色的皮面，壁画上白色的鹳鸟有着猩红的喙，在银色墙面上显得格外出挑。门也是鲜红色的，珐琅材质，灯光故意弄得很昏暗，好突出门上银色的闪光。但真正吸引人驻足的，是上面的歌舞表演厅，宝蓝色的主色，陈设突出黄铜材质，还有很多镜子。这个厅的墙壁全部铺满了镜子，所以不管人坐在哪里，都能看到同在一室的其他人。娱乐方面，莫里亚蒂兄弟选择舍名气而求新奇，让那些已经厌倦老招数的社会名流惊喜不已：他们请来了埃及魔术师、手举燃烧火炬的歌手、来自异域的舞者。莫里亚蒂三兄弟——莫特、丹和吉姆——都开过酒吧，后来迷上了地下酒吧产业。他们头脑睿智，知道如何避开黑帮分子，让这些人与马尔伯勒宫毫无瓜葛。1933 年 12 月 5 日，禁酒令最终废除，三兄弟中唯一还在世的吉姆也跻身社会名流之列，拥有了一座乡村庄园，马厩里养着用于打马球的小马。

有些人尽管早早拥有了马匹，却仍然无法抵挡诱惑，希望能通过经营地下酒吧而赢得名人地位。金融家兼铁路大亨奥托·卡恩（Otto Kahn）之子罗杰·沃尔夫·卡恩（Roger Wolfe Kahn）就开了一家。[47]汽车大王之子小沃尔特·克莱斯勒（Walter Chrysler Jr.）也差点儿买下一家，但遭到了家族掣肘。《纽约先驱报》御用剧评家之子经营着格林威治村的艺术家俱乐部（Artists' Club）。该店聘请的女招待伊冯·谢尔顿（Yvonne Shelton），是位特立独行、爱穿长裤的女士，她和一位纽约市前市长也是朋友；还有个出生于布鲁克林的俄裔犹太人，真名贝莎·莱文（Bertha Levine），艺名斯皮维（Spivy），她在俱乐部里登台唱的小曲，可谓一点也不委婉，相当露骨。那时候，纽约的百老汇[48]到处都是"简餐吧、电动擦鞋摊、坚果店、身体艺术表演和五美分舞厅"，而在20世纪50年代，它们全都让位于从第五大道一直延伸到公园大道的地下酒吧，这些"看不见的天堂"。最好的那些地下酒吧开始整栋整栋地盘租楼房，租赁和改造工业大亨与富足世家的宅子。一次，有位名媛喝完第四杯鸡尾酒后，情绪崩溃了，因为她突然意识到自己正身处度过了大部分童年时光的房子。

曼哈顿有数百家地下酒吧，能满足各个阶层的需求。被大家昵称为"弗洛"（Flo）的歌舞大王弗洛伦茨·齐格飞

（Florenz Ziegfeld）会带着一群美女驾临五点俱乐部（Five O’Clock Club），届时管弦乐队便开始奏乐。拿破仑俱乐部（Napoleon Club）总是顾客盈门，吧台边的站立之地能容纳三至四人排成一列。这家俱乐部的常客有特许经营品牌“信不信由你”[1]的创立者罗伯特·里普利（Robert Ripley），以及名声在外的“全世界最伟大艺人”艾尔·乔森（Al Jolson）。玛琳·黛德丽常去大使馆俱乐部（Embassy Club），百老汇歌星兼演员埃塞尔·默尔曼（Ethel Merman）是那里的常驻歌手。哈莱姆黑人文艺复兴运动（Harlem Renaissance）的明星格拉迪丝·本特利（Gladys Bentley）在国王露台（King’s Terrace）演出，现场座无虚席。[49]格拉迪丝是一位非裔美国女性，爱穿戴男士服饰，尤其是闪亮的白色燕尾服和高高的礼帽。表演时，她的声音能自如地在女高音与男低音之间转换，既歌咏伤感情怀，也演唱露骨危险的歌曲，叫人惊叹不已。她皮肤黝黑，一身“男子气概”，身材臃肿，是当时圈子里为数不多公开且大胆承认自己为同性恋的女性之一。她用近乎咆哮的唱法表演当代流行歌曲，把里面那些经过“净化”的歌词替换成属于自己的词，淫秽大胆，而且常常惹人

[1] 该品牌以一些离奇事件或物品为经营内容，最开始只是报纸上的一个专题，后来被改编成多种形式，包括电视节目、广播节目、漫画等。——编者注

发笑。她通过这种方式充分展现了自己的倾向。为她疯狂的不仅仅是那些社交达人：黑人作家兰斯顿·休斯（Langston Hughes）说她“展示了惊人的音乐能量”。纽约的社交界是在哈莱姆区的哈利·汉斯伯里蛤蜊之家（Harry Hansberry Clam House）“发现”的她[50]，这是全区同性恋地下酒吧中尽人皆知的一家。

为了在各个现场混个脸熟，晚上的娱乐节目开始之前，最好是先在地下酒吧吃个晚餐。黄油龙虾这样的精致美食价格十分低廉，甚至连原材料的成本都不够，但非法销售酒类的获益足以补贴。美味佳肴由法国大厨们呈现，他们都从纽约的高端餐厅跳槽过来，因为随着禁酒令的颁布，他们的“每日一瓶酒”喝不成了，这原本是薪资合同中明确规定的福利。遵纪守法的餐厅无法再兑现这个承诺，一年以后，欧洲的大厨们纷纷离职，回到法国、瑞士和意大利。各家地下酒吧承诺免费提供喝不完的美酒，又把大厨们引诱了回来。“公园大道”（Park Avenue）地下酒吧就像个现代主义的幻梦，融合了黑色、绿色、玫瑰色、黄色与银色，光设计费就高达 85 000 美元，还不包括装饰及陈设。在那里，法国大厨拉马兹先生（Monsieur Lamaze）在一间餐室为大家准备晚餐，餐室有着绿色拱顶与两面遥遥相对的巨型无框圆镜，这让幽暗的房间仿佛延伸到无限远方。大厨菜单上的羔羊肉[51]专供自俄亥俄州的一个农场。每天早上，从佛罗里达州开来的快车都会卸下30磅[1]滑溜溜的鲳鲹鱼，以便让这位大厨做他的“家常鲳鲹鱼”，配芥末酱上桌——剩下的鱼会被当作员工餐分吃。他的“拉马兹招牌龙虾”在纽约城相当有名，当然，还有勃艮第（Burgundy）蜗牛与来自孚日省（Vosges）的鲜美野猪肉以飨酒客。他没有固定的菜单，只在一块板子上写着当天的食材。午餐定价1美元，晚餐2.5美元——连鲳鲹鱼的火车运输费用都不够。

非法饮酒，婚前性行为，摆脱维多利亚式的对衣着、礼仪与生活方式的限制，这些都是对20世纪20年代的关键阐释，因为在这十年中，女性逐渐成长，开始追求独立和自我。对于莫莉·布朗这种老一辈的新女性来说，各种变化都是惊人的。“一战”以前，在酒吧里喝酒的单身女性会十分醒目，被自动贴上“应召女郎”的标签。[52]1904年，一名女性外出，在第五大道上点燃了一支香烟，结果被立即逮捕——就因为她作为女性在公共场合吸烟了。但到了20世纪20年代，这种行为不仅在曼哈顿的大街小巷被普遍接受，还被全美女性争相仿效。“口红”洛伊丝·朗对这种情况有特殊的贡献。她吹捧那种肆意洒脱的生活，说任何地方的年轻女性都可以随

[1]　1磅约为450克。——编者注

性而为。而来自俄亥俄州坎顿（Canton）的16岁女孩莉莉安·卡拉克·雷德[53]（Lillian Clark Red）也正是这么做的。厌倦了高中生活的她，拿了本支票簿，搭上火车来到了辛辛那提（Cincinnati），在那里的胡桃街（Walnut Street）租了一个酒店房间，从多家店铺买了很多华丽的衣袍，接着径直去找了一个房产经纪人，自称富贵家族的女继承人。她看中了一栋能俯瞰俄亥俄河的精致小别墅，签了25 000美元的支票，全款买下。当然，房子是需要装修布置的，所以她也这么做了，花了6 000美元。最后一步是买辆车，她发现了一辆自己喜欢的，出2 600美元买了下来。最终，她被前来寻找的人发现，被送回去过单调乏味的生活。但这位来自俄亥俄州坎顿的莉莉安·卡拉克·雷德，遵循的正是典型的“新潮女郎手册”，而且把那种生活推向了极端。她并非莫莉·布朗那种妇女参政论者所设想的“新女性”，但要论“摩登”，她可是彻头彻尾地做到了。

那么，对于摩登女郎的种种变化，存在普遍的指摘非难，也就不足为奇了。对于这样的“她”，人人都有话要说。巴黎索邦大学某位名叫塞斯特（Cestre）的教授，整个1926年都在美国做巡回演讲，并在那里有点令人毛骨悚然地“研究美国女孩”[54]。被“借”到瓦萨学院（“口红”洛伊丝·朗的母校）两个星期的时间里，他以人类学家的细致与热切观察了学院里的女孩们，下结论说：尽管人人都认为是法国女孩比较随便，容易“得手”，事实却“恰恰相反”。“法国女孩接受了小心细致的养育，只有到婚后，她们才有自由可言。而美国的‘密斯’们比巴黎小姐随便多了。”《纽约时报》冷嘲热讽地提道，塞斯特教授“对于美国女孩的陈述，从这个方面来讲并没有夸大”。他根本不需要夸大。他显然认为，酒吧里的女性会自然被列为某个方面的嫌疑对象。不过，如果这个“嫌疑”指的是性活跃，那他也不算全错。1900 年之前出生的女性[55]当中，大约 14% 有过婚前性行为，然而在 1910 年至 1929 年成年的女性当中，36% 到 39% 的人都有过婚前性行为。而且，从统计数据上看，她们获得性高潮的可能性也要大得多——即便她们最有可能为之献出童贞的，就是未来的丈夫。

不过，对“她”的批评，不仅仅限于散漫的道德观，还关乎其他违反文化规范的行为。纽约的犹太拉比克拉斯（Krass）指责说，摩登女郎们有“模仿男人”的倾向。[56]而一位名为露丝·莫勒（Ruth Maurer）的夫人的批评则要有创意得多[57]，她对芝加哥的一所美容师学校阐释道：“很多摩登女郎的脸硬得就像铁路午餐柜台上的陶器一样，其成因是咀嚼口香糖。人类不应该做反刍动物……”在由来已久的肥胖羞辱传统之下，很多人断言，摩登女郎比从前的女性丑陋，而且毫无疑问体形更大。服装制造商们被指责未能制造出适合当代女性的服装[58]，但他们反击说，近来女性臀部的平均尺寸增加了3英寸[1]。女性的足部也没能逃过被审查的命运。1920年到1926年恰是“新潮女郎”的全盛时期[59]，在此期间，有人谴责说，女性的平均鞋码从4.5码增至6.5码[2]。而且，由于低跟牛津鞋越来越受欢迎，女性的脚踝也明显变粗了。

也有人在保卫这个新女性的特定化身。1926年，英国议会第一位女议员，出身弗吉尼亚州的阿斯特女士（Lady Astor）企图乔装改扮回到故国美利坚，和家人度过一个安静的假期。但“撒玛利亚号”（the Samaria）在波士顿港停靠时，早已经有一群记者等在那里，用各种问题向她发起猛攻，从她对战争赔款的看法问到如何看待摩登女郎。“阿斯特女士，你将在美国遭遇一生中最大的震惊，”一位记者大声提醒道，“你会看到醉醺醺的人们，看到醉醺醺的女孩们。到处都是鸡尾酒。”[60]回国一个月后，尽管阿斯特女士仍旧假装听不懂“新潮女郎”这个词（“但我猜他们指的应该是现代年轻女性”），却坚持为“她”辩护：“看到短发与短裙，我也许

[1] 1英寸约为2.54厘米。——译者注

[2] 美国鞋码的4.5码大概对应我们今天常用的34码，6.5码则大概对应38码。——译者注

是感到了惊讶，但这肯定比长裙、束腰和卷发纸等一切我们女性多年来被迫忍受的事物要健康得多。我的思想还没有先进到自己去弄一个波波头，但对于那些有此智慧的人，我愿脱帽致敬。”[61]

纵观爵士时代，“平衡”是一个主题：“一战”后的新女性拥有以前的人无法想象的独立，但对“她”的广泛非议也随之而来，仿佛独立本身就是一种越轨行为。女性公寓式酒店的蓬勃发展为这种独立提供了便利，也因此直面同样的批评炮火。然而，全国青年联盟协会（National Association of Junior Leagues）——上流社会女性的慈善联谊会——在巴比松大饭店的第 22 层开设了专属俱乐部聚会室，站在这里可以将曼哈顿的美景尽收眼底。此举让酒店的社会地位得到了进一步提升。著名时尚杂志 *Vogue* 对该聚会室进行了报道[62]，称赞其“保留了现代性的共同特征”，同时为年轻女性提供了一个实用的俱乐部聚会室：最中心的物件是一个棱角分明的白色层压壁炉，从壁炉架顶部开始，一面巨大的镜子一直延伸到天花板，映照着装饰风艺术的天花板灯饰，看起来就像堆叠的半透明火柴盒。优雅而时髦的全国青年联盟协会并非唯一在巴比松设立精美俱乐部聚会室的组织。早在 1922 年，瓦萨学院俱乐部就已经租下了阿勒顿酒店的一整层，因为女子酒店是女子学院俱乐部的理想场所，重建了同性团结的精神，而这种精神正是妇女参政运动和这些学院建立的原动力。巴比松大饭店尚在建设中时，韦尔斯利学院俱乐部（Wellesley Club）就预订了第18层的一套房间，还签署了独家使用酒店南侧与西侧屋顶花园的协议。[63]该俱乐部构想了一间很大的休息室，一间通过运送食物的小型电梯与一楼餐厅相连的餐室，以及一间相对小一点的休息室，供写作或阅读之用。另外还预留了20间卧室，专供俱乐部成员使用。其他女子学院的俱乐部也迅速跟进，做出类似的计划。

酒店很快利用这些协会"变现"，在《纽约客》上刊登了广告。"巴比松大饭店已经成为热爱艺术与音乐的年轻人群最新的热门聚会场所。在纽约社交生活的中心地带……对于以下组织来说，再也没有比这里更适合作为俱乐部聚会室的了：巴纳德学院（Barnard College）……康奈尔女子学院（Cornell's Women's College）……韦尔斯利学院……蒙特霍利约克学院（Mt. Holyoke College）……七姐妹联盟女校（League of Seven Women's Colleges）。"[64]1928年1月号的《青年联盟杂志》（*Junior League Magazine*）中，纽约市艺术委员会又宣布将在巴比松的夹层设立行政办公室，其主管将为艺术侧翼的住客们提供服务，她们将了解所有最新的艺术展览以及音乐与戏剧表演资讯。[65]换句话说，随着巴比松那鲑鱼红的砖块一天天地垒起来，其形象也在不断积累提升。这里将成为有艺术气质又不失高雅的年轻女性的首选之地，专为受人尊敬却又摩登的女性而存在。

✦

1928年2月，位于第63街与列克星敦大道交会处的“巴比松女子俱乐部公寓”正式开业。1931年，“永不沉没的莫莉·布朗”从巴黎归来，名下不再拥有巨额财产，她在巴比松安顿下来，很高兴拥有了一个“属于自己的房间”——恰如女作家弗吉尼亚·伍尔芙（Virginia Woolf）著名的论调，一个“属于自己的房间”对女性的独立与创造性至关重要。对于彻头彻尾追求摩登的莫莉来说，巴比松大饭店实在是个完美的场所。艺术展、音乐会与戏剧表演不断出现在酒店的社交名录上，很多参演者都是住在巴比松的雄心勃勃的演员、音乐家与艺术家。而且，你永远也想不到自己在酒店的电梯里会偶遇什么人。1930年的美国人口普查显示，与莫莉同住酒店的客人中有来自俄亥俄州的模特海伦·雷斯勒（Helen Ressler）、来自马里兰州的歌手海伦·伯恩斯（Helen Bourns）、来自艾奥瓦州的室内装饰设计师罗斯·巴尔（Rose Barr）、来自宾夕法尼亚州的专业护士玛格丽特·加拉格尔（Margaret Gallagher），以及来自堪萨斯州的统计学家佛罗伦斯·杜波依斯（Florence Du Bois）。[66]

莫莉醉心于巴比松的生活，因为她有一个通风良好又很隔音的工作室来上声乐课，走廊上处处都是和她一样的现代女性，即便她也许并不赞同她们的生活方式，尤其是那些新潮女郎。

然而，1932年10月26日，莫莉·布朗被发现死于她在巴比松大饭店的房间中。死亡证明上写着她的职业是“家庭主妇”[67]，而无论她的职业是什么，都不可能算一名家庭主妇。她是一位勇气无限的19世纪女性，充分接受了独立与女性驱动力的衣钵，昂首阔步挺进了20世纪。媒体报道她的死因是中风：在唱咏叹调的过程中突然死亡。这些报道容易让人们脑海里浮现出一个疯狂富婆的形象，她不会唱歌，衣着古怪，在巴比松的练习室里放声大唱，因为用力过猛而倒地身亡。但莫莉会唱歌，其实还唱得非常好。她死亡的真正原因是脑袋里的一个瘤子，那个瘤子从她刚到巴比松就一直在长大。她也会因此逃到自己的房间，闭着眼睛一躺就是好几天，直到那“偏头痛”消失，才再次出门喝茶。

莫莉·布朗的寿命成功地超过了新潮女郎。在她去世的三年前，《青年联盟杂志》已经注意到这类人群的逐渐式微：“说真的，在过去的一年中，你在自己妹妹的朋友中看到过哪怕一个新潮女郎吗——或者照照镜子，里面对你微笑的，是一个新潮女郎吗？我认为答案是否定的。”[68]青年联盟认为，新潮女郎是这个时代一个粗糙的影子。"'她'在全盛时期，以夺人眼球的性意识与自我意识赢得了全世界的关注，使得神职人员、知识分子与普通家庭都为之兴奋不已。"但已经没人再对"她"感兴趣了。

如今的女性已经变得更为精致优雅，不再有"新潮女郎那些花街柳巷做派的搔首弄姿"。青年联盟的一位年轻成员对此做出总结:"第一个所谓的'新潮女郎'是战后迅速出现的时代产物。她与1913年那些听话的好女孩形成了令人震惊的对比——绝对的令人震惊……她的裙子长度就到膝盖附近，会偷偷抽兄弟的香烟，像士兵一样用脏话骂人。她跳舞的样子——我们又有谁能忘记那独一无二的骆驼步与希米舞呢?她的妆容粗糙如小丑。刚刚寻得独立的她，如同学习吠叫的幼犬。""新女性"这个概念也与新潮女郎一同飘散如过眼云烟。因为20世纪的所有女性都已经是"新"的了。

新潮女郎从人们的视线中消失了，一同消失的还有公寓式酒店。酒店所有者们气势汹汹地蜂拥入市政厅，要求纽约市市长吉米·沃克对这些"公寓俱乐部"采取一些措施，因为这些名不副实的所谓"酒店"正在削减他们的利润。[69] 1929年,《群租法》(*Multiple Dwelling Law*)生效，补上了允许公寓式酒店与纽约廉租公寓合理存在的法律漏洞。公寓式酒店的热潮就此画上句号。但巴比松女子俱乐部公寓一直存在。它既是时代的产物——诞生于20世纪20年代的纽约，那个时代浸润在非法美酒之中，地下酒吧的镜子映射着富丽荣华，还有一群全新的女性，无论衣着还是生活都不受约束——也是对未来的预兆。“永不沉没的莫莉·布朗”能够证明，巴比松能让女性重新对自己展开想象，而在20世纪，这一点可绝不会过时。

第二章　大萧条时期的生存之道

——吉布斯女孩与鲍尔斯模特们

但凡有女性想取得让自己走出家庭、找到工作的资格证书，凯瑟琳·吉布斯秘书学校都可谓是不二之选。该学校将学生宿舍安排在巴比松。大萧条时期，凯瑟琳·吉布斯秘书学校毕业证书的价值更上一层楼，尤其对那些曾经是上流名媛，现在因形势所迫需要找工作的人来说。这张照片来自该学校20世纪30年代的宣传目录册，两名年轻女子在巴比松的露台上，眺望着广阔的曼哈顿，憧憬着其中的种种可能

如果曾经有人告诉凯瑟琳·吉布斯，有一天，通过自己的努力，她能够入住公园大道的一间大公寓，有三个住家仆人，她是绝不会相信的。但这恰恰就是她单枪匹马，通过创办凯瑟琳·吉布斯秘书学校而达到的成就。那不仅是一所学校，还是一个现象，是年轻女性找到工作的途径，尤其是在大多数其他职业突然对她们关闭大门的时候。凯瑟琳还会在纽约为自己的学生们创建一个“家”：一个名副其实的宿舍，占了巴比松大饭店整整两层楼，有宵禁时间、舍监阿姨和熄灯规定。一些人可能会觉得这些看上去都是限制自由的清规戒律，但对另一些人来说，这是一种解放：到了她的门下，就有机会为自己创造新的生活，在重重困难之中闯出独立的生计——就像凯瑟琳本人所做的那样，即便二者在规模上不可同日而语。

1909 年，已经 46 岁的凯瑟琳·吉布斯突然成了寡妇，要独自抚养两个儿子和一个未婚的妹妹。[1] 对于没有丈夫、一文不名的中年妇女来说，那并非一个好的时代（并不是说对这样的女性就有过什么好时代），但凯瑟琳想好了：就算丈夫没能给自己留下什么遗产，至少也算有夫妻恩情，让自己拥有了一个很不错的新教徒姓氏。她觉得可以用这个姓氏做点事情。她从布朗大学（Brown University）的朋友们那里借了钱[2]，在该大学的校园里成立了凯瑟琳·吉布斯受教育女性秘书与行政培训学校（Katharine Gibbs School for Secretarial and Executive Training for Educated Women），地点选在如今的布朗大学非洲文化研究系所在的大楼。她是爱尔兰天主教移民的孙女，尽管已经随了夫姓，那群新教的贵族世家却根本不愿意理睬她。尽管如此，她还是努力瞄准白人盎格鲁-撒克逊新教徒[1]占大多数的上流社会市场，目标是他们从精英大学毕业的未婚女儿们。事实证明，凯瑟琳是个天生的推销高手。她在广告中表明，自己的“私立”学校将保护美国上流阶级的年轻女士们免于屈尊与那些就读于更商业化的秘书学校的微贱之人打交道。[3]她也毫不犹豫地去社会名流录中挖掘可利用的价值，即便她作为一个出来工作讨生活的单身母亲，永远也无法被列入其中。

到 1918 年，她的业务已经扩展到纽约。当时，她在《时尚芭莎》打广告，因为有钱人都看这个。1920 年，学校的宣传语是“一所特点鲜明、目标独特的学校”[4]。凯瑟琳还为巴

---

[1] 在美国，“白人盎格鲁-撒克逊新教徒”（White Anglo-Saxon Protestants，WASP）是一个社会学术语，通常指部分上层阶级的白人，同时，他们是历史上新教徒的一部分。——编者注

纳德学院和拉德克利夫学院（Radcliffe）等顶尖大学的高年级学生提供专门的机会，让她们参加专为“高学历”年轻女士开设的强化课程，但名额有限。1928 年，巴比松正式开业的同年，后来被简称为“凯蒂·吉布斯”（Katie Gibbs）的这所学校在其学校介绍中指出，继承的财富是“所有保护形式中最不确定的”，而进入吉布斯的年轻女性，目的是靠自己谋生，即便她们清楚地知道，“女性的事业会受到很多阻碍，比如机会不多，比如固有偏见，比如商业本就不在女性天然能涉足的领域，再如，她很少能在薪资、社会认可或责任上得到公正的回报”。

尽管带有这样的女性主义色彩，凯瑟琳商业模式的关键依旧是营造迷人的魅力与优雅奢华的气息。其实，学校介绍中虽然出现了这些关于女性职业机会的充满挑衅意味的话语[5]，却同时在装帧上模仿了富家名媛在首次进入上流社会社交场合时使用的邀舞卡——封面和封底都是有分量的白板纸，书脊用精美厚重的白线装订。这个产品完全符合凯瑟琳所努力追求的形象[6]，但也恰如其分地反映了很多学生自己的出身背景，比如海伦·埃斯塔布鲁克（Helen Estabrook），她先后求学于马萨诸塞州班克罗夫特学校（Bancroft School）、瓦萨学院、巴黎索邦大学，最后以一张凯蒂·吉布斯秘书证结束了这一段生涯——尽管她明白自己永远也用不上这张证书。她将在1933年嫁给罗伯特·沃林·斯托达德[7]（Robert Waring Stoddard）——极右组织约翰·伯奇协会（John Birch Society）的创始人之一——并利用她所受的诸多教育，成为马萨诸塞州“着装无懈可击”的慈善家，在任何话题上都持有自己的观点，从“苏格兰猎鸟攻略到17世纪罗马的班博西昂塔风俗画派（Bomboccianti）”。

凯蒂·吉布斯纽约分校的规模不断扩大，随之把教学地点搬到了公园大道247号，自豪地宣布学校新址在曼哈顿唯一专供私家车使用的绿色大道上。学习工商管理、快速打字与速记的年轻女性们没有时间吃正式的午餐，就在自己学习的桌子上吃三明治。[8]桌上盖着绿布，之后她们就把面包屑直接抖落在公园大道上。那是“咆哮的二十年代”，凯蒂·吉布斯纽约分校中有很多像海伦·埃斯塔布鲁克这样的年轻女性。对她们来说，选择这所学校，一为精修能力，一为喘息放松：她们可以在大学毕业之后和结婚之前，偷得属于自己的无拘无束的一年，就算这期间确实要进行一些紧张的打字练习。然而，接着“黑色星期四”就来了，一切都不同于以往了。

✦

1929年10月的一个星期四，股市全面崩溃。未来的英国首相温斯顿·丘吉尔（Winston Churchill）那天正在纽约，遇到一群人站在大街上，仰望一座未完工的摩天大楼。[9]他顺着众人的视线看过去，发现他们是把一个站在高约122米大梁上的工人，错认作了准备跳楼的华尔街投机者。但认为自己看到的是准备跳楼自杀的人其实也没那么离谱：就在那一天，美国人的损失相当于国家在“一战”中的全部花费。到下周二，损失还将翻倍。在多家报刊上同时发表作品的专栏作家威尔·罗杰斯（Will Rogers）也在纽约亲历了“黑色星期四”，他宣称：“你得排队，才能等到一个可供跳楼的窗口。”但也可以用不这么公开的方式达到同样的目的。布朗克斯区（Bronx）退休雪茄制造商伊格纳茨·恩格尔（Ignatz Engel）躺在厨房的一条毯子上，打开了煤气灶的所有喷嘴。布鲁克林一名股票经纪人吹着口哨，唱着赞美诗，吵得邻居们不胜其扰。接着，他也打开了煤气灶，将厨房地板选作最后的眠床，一身穿得很周正，蓝色的哔叽西装、灰色的羔皮手套配珍珠色的高筒靴。

然而，对于一些足够富有的人来说，股市崩溃起初只意味着财产上遭受了一点小小的损失。他们继续着享乐生活。鹳鸟俱乐部（Stork Club）、摩洛哥酒吧（El Morocco）和其他无数的地下酒吧里仍然挤满了上流社会人士、名人和超级富豪。1931年，股市崩盘两年后，奢华的华尔道夫酒店开业，酒店的专业女公关、著名的艾尔莎·麦克斯韦（Elsa Maxwell）为需要振作的富人们组织化装舞会、室内游戏、社交晚会和寻宝游戏。然而，所得税的收入数字每天都在直线下降，美国财政部终于承认，只有征收酒税才能弥补不断扩大的政府赤字。

1933年12月5日，星期二，下午晚些时候，也就是“黑色星期四”发生整整四年之后，东56街的旋转木马地下酒吧（Merry-Go-Round Speakeasy）里像往常一样挤满了人。[10] 门卫穿着铜扣制服，一副海军上将的派头，只是站错了位置。他像往常一样守在门口，等着新来的客人说出进门口令。楼下，酒吧主人奥马尔·尚皮翁（Omar Champion）正用他从公园大道温室购买的秋叶装饰铁艺栏杆。楼上，圆形吧台正在转动，每11分钟转一整圈。有人弹着风琴为大家伴奏，吧台服务员正在倒酒。年轻女子们啜饮边车鸡尾酒[1]，身穿巴黎梅因布彻牌（Mainbocher）连衣裙，其腰部收紧的设计比迪奥的类似经典款早了很多年。她们坐在与旋转吧台相连的旋转木马上，转了一圈又一圈。奥马尔去接电话的时候是下午五点半。几分钟后，他回来了，脸色灰白，声音颤抖：

---

[1] 人们普遍认为这种鸡尾酒于第一次世界大战结束前后在伦敦或巴黎被发明，当时边车（sidecar）是常见的摩托车配件。——编者注

“女士们、先生们，犹他州已经批准了！”他伸手按了个按钮，那著名的旋转木马吧台就在旋转中停了下来。酒保们安静地解开围裙，竖起一块牌子：不提供饮品。禁酒令正式结束：“第二十一条修正案”通过，敲响了纽约地下酒吧的丧钟。“咆哮的二十年代”戛然而止，突然而绝对，即便对富人来说也是如此。

那时，经济的崩溃，以及随之而来的悲惨无望，已经远远超出了华尔街的范围。“黑色星期四”发生后的一年内，美国有四分之一的劳动力失业。最糟糕的时候，纽约有三分之一的失业人口，曾经郁郁葱葱的曼哈顿中央公园泥泞荒凉，变成一个“胡佛村”（Hooverville）——这个词专指临时简陋小屋聚集的棚户区，以当时总统的名字命名，很多人都觉得大萧条应该怪到他的头上。皮条客与街头叫卖的小贩随处可见。无数人在街角兜售苹果，这是美国苹果种植者在 1929 年大丰收后促成的慈善之举，他们希望在解决存货的同时，帮城市失业者一把。这些把苹果箱高高扛在肩上的男人的形象，成为养家男人窘境的代名词。但是，拿着一箱箱苹果的女人们在哪里呢？没有。只有负责养家糊口的人才能拿到便宜的苹果，卖出获利，而在人们的认知中，这样的人只会是男性，而且是白人。毕竟，女人嘛，总是有男人照顾的。反正大家都爱这么说。但事实远非如此——女性面临着和男性同样的困境，她们突然需要养家了，或者要为了减轻家庭的经济负担而养活自己了。

✦

事到如今，大萧条已经成为每个人都要面对的新现实。巴比松大饭店亦然。酒店的建造成本并不低：1927 年，这 23 层楼一共花费了 400 万美元。[11] 大萧条全面肆虐，1931 年，巴比松公司（由主持建造该酒店的威廉 · 希尔克领导的个人股东组成）拖欠了贷款。[12] 大通国家银行（Chase National Bank）介入并接管了巴比松。[13] 第二年，大通银行抗议市政府对该酒店的 295 万美元估值，声称其公平市值几乎要比这个数字少三分之一。[14] 短短一个月之后，巴比松大饭店在抵押期满的拍卖会上以 46 万美元的“大萧条低价”被贱卖——这只是大通银行不久前声称的其实际价值的四分之一。[15] 内部装置与家具陈设另外卖出了 2.8 万美元。两者都由一个幸运买家竞得，即房产经纪人劳伦斯 · B. 埃利曼[16]（Lawrence B. Elliman）。他是玛莎 · 华盛顿酒店的原始股东之一，但也兼任新实体“巴比松大饭店债券持有人委员会”的主席。这家酒店以最迂回的方式，再次回到了那些曾经失去它的人手中。原始股东里那些胆小怕事不想吃回头草的，得到了 40 万美元的一次性赔偿。这是新债券持有人委员会借来的钱，专款专用。

在整个止赎与转售期间，巴比松继续如常经营。和客户们一样，酒店也需要在1929年股市崩溃催生的乱套世界中生存，在这个世界里，很多曾经的富人成了穷人，而穷人则变成赤贫阶级。到1934年，纽约无家可归的单身女性达到7.5万人。[17]正如男人有苹果可卖，他们也有廉价旅馆可去，一个宿舍床位只需25美分，甚至更少，而女性则一无所有。她们只能以地铁为家，或者枯坐在火车站，她们是没被看见的大萧条受害者。由于无货可售，很多人沦落到出卖自己的身体，通过从事性工作来勉力平衡生与死的天平。寻找家政工作的黑人妇女聚集在街角，等着雇主开车经过并提出报价。[18]女人们把这称作新的“奴隶市场”。20世纪20年代，一些年轻的黑人女性曾和白人女性一样，加入了新潮女郎的行列，而现在，前进的步伐戛然而止。无论白人黑人，社会都期望女性把仅存的工作机会与自尊拱手让给男人。超过80%的美国人认为，最适合女性待的地方再次变回了家中。[19]还有一种政府妇女事务局（Women’s Bureau）不得不反复驳斥的普遍观点：女性是为了挣无关紧要的“零花钱”而从男人那里抢工作的。[20]这当然完全是妄想胡言。现实情况是，许多年轻女性被迫鼓起勇气出去工作，养家糊口，而没有配偶在开销上提供支持的女性则不得不自己照顾自己。

巴比松，纽约最耀眼的女性专属酒店，不得不采取与以往不同的策略来应对大萧条的到来。女性顾客们变了，酒店也不得不随之改变。现在巴比松刊登的广告承诺的是经济实惠的简约房间，以及在令人向往的环境中建立人脉网络，寻求赚钱的机会。酒店一方面继续吸引心向艺术、家庭财富并未一落千丈的上流社会白人大学毕业生，另一方面也开始挖掘其他的潜在住客。《纽约客》上刊登的各种广告清楚地表明了这种转变。有的广告针对的仍然是构想巴比松之初所预期的那种住客：

> 致年轻的女诗人，或音乐家……或艺术家……或想要在任何领域一展宏图的你……你是否意识到，巴比松的诞生，正是为了给你的才华提供一个顺利施展的背景？……而且能让你以现在的薪资享受憧憬未来梦想的奢侈？（1932年）[21]

但很快，酒店就开始针对有职业抱负（或走投无路）的女性，宣传在这里建立人脉网络的潜力：

> 智慧的年轻女性要智慧地生活！成功在很大程度上

取决于你在工作之余的身体舒适度、娱乐活动与心理激励。巴比松的年轻女性充满活力……渴望成功，因为与她们来往的都是活跃于商业与专业领域的人士……艺术家……音乐家……戏剧家……作家……你能与这些人建立有价值又充满魅力的友谊。成为其中一员吧！了解一下适宜环境的宝贵价值！（1933 年）[22]

巴比松的广告还会利用在纽约找工作的年轻女性心中的不确定性：

你们女性现在要干什么？你们在找工作？……有时会有点不确定？……巴比松正是为你而开的！了解一下适宜环境的宝贵价值……通过与正确的人群培养友谊，激起你对成功的热情。巴比松是“纽约最高级的年轻女性住所”——但你完全住得起。现有少量精品小房间待预订……欢迎来看房。（1934 年）[23]

巴比松未在广告中提及的，或者说至少是没讲清楚的，是酒店现在提供的安全保障与以往不同了。1927 年，巴比松那鲑鱼红的砖墙对于居住其中的女性来说无异于一个承诺，象征着在一个依然充斥着对新女性维多利亚式指责[1]的社会中受到得体礼貌的对待。而现在的巴比松所提供的安慰和保护，则能让女性免于另一种完全不同的谴责：如果女性不应该有工作，如果这种奢侈只能留给养家糊口的男人，如果如今有工作的女性会被视作不爱国，那么任何在纽约拥有，或是正在寻找带薪工作的女性，都与贱民无异。

每当女人穿着工作制服走在大街上，或者站在自己办公楼的电梯口等待，就是在提醒着大家“男子气概为其妥协让步”。到 1932 年，已经有 26 个州将已婚妇女从事工作规定为违法行为，而那些没有强制要求女性结婚后辞职的州，却也强制要求她们公开即将结婚的身份，因为人们普遍认为，女人从“真正的”养家人手中抢走工作是很过分的行为。[24]巴比松提供了躲避这种谴责的栖身之所。这里已经不再只是公寓式酒店，还是安全的港湾。

1932 年到1933 年的冬天尤其寒冷。纽约的街头，不仅有“胡佛村”和等待分配救济食物的队伍，还有单身女性在游行，要求获得工作机会。其中很多人都来自“好家庭”，成长于“咆哮的二十年代”的乐观氛围当中。1933 年，富兰克

---

[1] 在维多利亚时期，违反传统规范和行为的人会遭受社会的批评或谴责。这里指试图打破传统性别角色和期望的女性在当时的社会中是被广泛谴责的。——编者注

林·D. 罗斯福（Franklin D. Roosevelt）当选为总统，而大萧条正处于巅峰——国民收入减半，900 万个储蓄账户消失。罗斯福宣誓就职时，每天的房屋止赎案例达到了 1 000 件之多。[25] 38 个州关闭了本地银行，很多地方政府都没有足够的资金支付救济金。股市的崩盘暴露了过往十年中乐观主义带来的假象。[26] 用第一夫人埃莉诺·罗斯福（Eleanor Roosevelt）的话说，这十年建立在“国家对物质利益的全神贯注”上。毫无疑问，她说得对：20 世纪 20 年代倡导一种由个人主义与消费主义定义的现代性，但也让女性从中受益，她们被允许去向往炉灶与家庭之外的东西。现在，她们又被告知，要回归炉灶与家庭，即便按照眼下的经济状况，她们恰恰不应该这么做。

然而，仍有人在苦苦坚持。很多正在找工作的年轻女性都是刚毕业的大学生，但她们找到工作的机会很渺茫：巴纳德学院 1932 届需要工作的毕业生中，只有三分之一找到了工作，主要的职责就是打字。[27] 英语文学学位在就职中毫无用处，除非简历上能补充个秘书学校的学历，最受青睐的相关证书当然来自最好的那所：凯瑟琳·吉布斯秘书学校。这些年轻的女大学毕业生曾梦想着时尚精致的未来、充实圆满的生活，现在则孤注一掷地拼命要敲开这所著名秘书学校的大门。如果被录取，如果顺利地通过了严苛的打字、速记、礼仪、体态、商业培训等课程，她们就会成为“吉布斯女孩”。如今几乎被完全遗忘的吉布斯女孩曾经是美国劳动人口的骄傲，代表了朝九晚五族群的魅力与勇毅，在 20 世纪 30 年代开始崭露头角——也恰恰是同一时期，胆敢在工作场所抛头露面的女性，还在遭受谴责。

现在，凯蒂·吉布斯的教室里坐满的，并非来享受生活的七姐妹校友，而是急于寻找途径、觅得一份正经工作的年轻女性。“休闲女孩”变成了“求职女孩”。瓦萨学院、史密斯学院与巴纳德学院的毕业生们，曾经通过层层考验进入了这些名校，而要进入“凯蒂·吉布斯”，比那时更难。为了容纳大量涌入的学生，1930 年，巴比松大饭店第 16 层成为该学校在纽约的正式处所。[28] 精致与精确仍然是培养吉布斯女孩的核心精神。除了仪态、发声与举止方面的必修课，学校还请来了著名的匈牙利画家兼包豪斯学院教授拉兹洛·莫霍利 - 纳吉（Laszlo Moholy-Nagy）这类人物，来进行艺术鉴赏讲座作为补充。学校还请来名牌大学的教师讲授多种多样的课程，比如健康、体态与个人卫生［授课教师为哥伦比亚大学（Columbia University）神经学助教多萝西·凯尼恩博士（Dr. Dorothy Kenyon）和韦尔斯利学院顾问医师菲斯·梅索夫博士（Dr. Faith Meserve）］、现代装饰、银行业务、管理问题、商界时尚、收入管理和英国文学。最后这门课的目的，想必是要让女孩们在遇到谈论书籍的相关情境时，能接得上话。吉布斯提供从学校毕业后的生活指南，从字里行间可以看出，吉布斯女孩总是掌握着最前沿、最全面的知识：

> 你也许会发现，（自己目前担任秘书的）这家公司习惯于在书面文件中使用以下时间标记格式：6月21日，193×（June 21st, 193–.）。请以良好、优雅的态度来使用这种格式，至少暂时要使用，即便你知道当代的趋势是省略那个“st”后缀和结尾的“.”。然而，一定不要放任这些旧时的写法成为你的固定习惯，不要让它们成为你眼中正确甚至更倾向于采纳的用法。

1934年，凯瑟琳的大儿子自杀。[29]两个月后，凯瑟琳本人也去世了，但还活着的小儿子戈登·吉布斯（Gordon Gibbs）继续拓展学校业务，让凯瑟琳之名成为该校成千上万学生心中神圣不可侵犯的存在。他加租了巴比松的第17层，也用作女生宿舍，并再迁校址，这次去的是久负盛名的纽约中央大厦［后来改名为汉姆斯利大厦（the Helmsley）］。这是中央车站建筑群中最高的一栋楼，因其位置可以通过“便捷地下人行道”直接到达中央车站大厅而备受追捧。[30]学校位于大厦第4层，配备了“现代化通风与消音设备”。同层的私人药房保障了学生们的身体健康，而茶歇、不同专业的娱乐活动和聚会，以及在隆冬季节举行的正式全校舞会，则满足了她们的心理与社交需求。

在巴比松大饭店，除了专属的宿舍楼层，吉布斯女孩们还拥有第22层“一个相当不错的休息与娱乐套间”的专属使用权。她们的用餐地点（早餐和晚餐）是在私密且“风景如画的柯罗厅（Corot room）”，餐饮供应由楼下的巴比松咖啡馆负责。[31]她们还拥有属于自己的星期四茶会，地点在第22层的休息室，独立于酒店的其他地方。[32]20世纪30年代的《吉布斯校刊》（*The Gibbsonian*）经常报道该校的年轻女学生们身处巴比松的露天空间，背后是曼哈顿壮观的天际线。吉布斯年鉴名为《压印筒》（*Platen*），得名于打字机中固定纸张的滚筒。[33]年鉴最后几页更明确地表现了酒店与学校的亲密关系：感谢赞助商的页面上写着“巴比松的埃米尔（Emile of the Barbizon）；时尚之王……所有其他的美容工作都由专家完成”，“巴比松药房”和“巴比松咖啡馆兼餐厅——凯瑟琳·吉布斯学校餐饮提供方”。

吉布斯成功地将自己与巴比松如今所散发的那种充满能效的魅力联系在一起。大萧条时期的很多学生，已然完全不是海伦·埃斯塔布鲁克·斯托达德那种出身名门的马萨诸塞慈善家，而更像是芭芭拉·库尔特（Barbara Coulter），靠着母亲辛辛苦苦攒下的钱，勉强上了吉布斯，但这已经不要紧了。[34] 作为吉布斯女孩住在巴比松大饭店，意味着她能在学校的承诺下，进入“风景如画”的柯罗厅享用早餐和晚餐，但因为没有多余的钱吃午餐，所以在两餐之间总是饥肠辘辘。她手上但凡有点零花钱，也全都花在了帽子、手套、高跟鞋和长筒袜上，按照要求，吉布斯女孩必须随时穿戴这些完整的行头。要是没有按要求穿戴，芭芭拉·库尔特面临的最轻处罚是罚款，最重的则是被开除。就连在地铁上，吉布斯女孩们也不许摘下帽子——这种情况一直持续到 20 世纪 60 年代末，那时候，帽了作为女性气质的象征已经非常过时了，30 岁以下的女人，全都摈弃了这一衣饰。

凯瑟琳·吉布斯学校自我宣称的使命，是要将年轻女孩们送上职业女性的道路，然而，学校安排的文化与礼仪课程，则让她们在金钱至上的丛林当中另辟蹊径。后来成为简·方达与彼得·方达[1] 母亲的弗朗西斯·方达（Frances Fonda）当初一心要进入吉布斯，立志“成为速度最快的打字员和最优秀的秘书，人尽可雇”。[35] 但这并非她全部的规划。在弗朗

[1] 简·方达与彼得·方达（Jane and Peter Fonda）姐弟俩都是美国演艺界的著名演员与制片人，姐姐还身兼作家、模特与健身教练，弟弟则是著名的导演和编剧。——译者注

西斯·方达为自己想象的未来里，她会雄心勃勃地降临华尔街，并在不久后嫁给百万富翁。这也正是她后来的行动，还行动了两次，直到在1950年结束了自己的生命。吉布斯的就业方向有多种可能性，而且都非常成熟，因为雇主对于自己理想的吉布斯女孩并没有一个准确明晰的标准，这方面没有法律规定，更不用承受任何良心上的不安，所以高管们要求女孩身高必须超过170厘米，或者只能是红头发，也都是完全被容许的。著名飞行员，同时公开支持同情法西斯主义者的查尔斯·林德伯格（Charles Lindbergh）就要求，雇用的秘书必须和自己的意识形态步调一致。《周六晚邮报》（*Saturday Evening Post*）援引过一位高管的话，这位高管在两个月内前后雇用了两名吉布斯毕业生，因为他儿子娶了头一个。

不过，吉布斯女孩们也利用秘书的职位，开始在企业晋升之路上跋涉。20世纪20年代，女性职业生涯可以突破护理与教学领域的观念开始生根，并延续到了30年代，没有受到大萧条时期各种混杂讯息的影响。在巴比松，这种观念通过各类频繁的茶会、谈话与讲座得以加强，相关活动还包括一场由巴纳德学院俱乐部举办的职业女性主题晚宴，晚宴来宾发表了一系列的演讲："女性与报业""政府中的女性""医学界的女性"与"参与地方政治的女性"等。[36]随着电影业的扩张，收音机持有量翻倍，报纸发行数量激增，

“坚定自信”的女性形象得以经常展现，也成了那个年代的流行文化之一。30 年代银幕上的女主角们有“雄心勃勃的职业女性、勇气可嘉的演艺人士、成熟优雅的社交名媛、金发迷人的性感女郎等，其中最受欢迎的，是精明睿智的新闻记者”[37]。（其实，20 世纪 20 年代就已经有大量女性进入新闻界，这一趋势也延续到了 20 世纪 30 年代。第一夫人埃莉诺·罗斯福每个星期组织一次仅限女性参加的新闻发布会，确保女记者不会失业，更是对这一趋势起到了很大的推动作用。）这些角色由凯瑟琳·赫本（Katharine Hepburn）、卡罗尔·隆巴德（Carole Lombard）、克劳黛·考尔白（Claudette Colbert）、琪恩·亚瑟（Jean Arthur）等著名演员扮演。而银幕上这些虚构的女主角，成为“20 世纪 20 年代某些失却的壮志之宝库”。

不过，与此同时，这些电影女主角被编排了挫折重重或被驯服的命运，一个极端的例子是《乱世佳人》（*Gone with the Wind*）之中，斯嘉丽·奥哈拉（Scarlett O’Hara）险遭强暴，从狮子变成羔羊。换句话说，大众文化对 20 世纪 20 年代的女性解放进行了 30 年代式的谴责，而比这更微小、更本地化，没有以电影方式呈现的谴责则更是司空见惯，成为巴比松住客们的日常经历。1935 年的一本手册《记者养成指南》（*So You Want to Be a Reporter*）这样写道：“你看的那些电影里，有些女性找到了记者工作，并且报道了重大新闻。仙尘，女士们，那都是仙女的梦幻粉尘……如果在你的梦想中，是自己在报道总统的新闻发布会，那么最好深呼吸，好好想想，你是苏西。'苏西？'我没提过这个名字吗？所有的新闻团队都把新招来的女同事称为'苏西'，她们只能努力争取做出点成绩，才能为自己争得别的代号。"[38]

但仍有一些人和一些所在，相信女性能够找到充满意义的工作，巴比松就是其中之一。酒店的社会活动总监兼就业顾问伊丽莎白·柯蒂斯（Elizabeth Curtis）坚定地相信，一家女子公寓式酒店能够提供给住客的东西，绝非粉红砖墙之外的社会所能及。[39]柯蒂斯相信，任何现代女性如果要追求事业，都必须和家庭决裂，要彻底将厨房杂务、强制进行的待客以及各类家庭义务从自己的生活中抹去："如果女性来到办公室，脑子里想的还是必须要赴的晚餐约会，或者必须招待来访的亲朋好友以取悦母亲，那她只花了一半的心思在工作上。"柯蒂斯此言不无道理：如果你不用为自己做饭（更别说为别人做饭），如果你不用陪自己的母亲去参加晚上的饭局，而是可以与自己亲爱的女同事们一起去餐馆和鸡尾酒吧，那么你不仅会过得更快乐，事业上也会更有建树。而每天早晨从巴比松门口鱼贯而出，戴着白手套的吉布斯女孩们，恰恰是这一道理活生生的证明。

✦

吉布斯女孩们广受欢迎，因为在 20 世纪 30 年代，秘书被视为女性专属的工作。但还有另一项大城市的“职业”（或者说使命）也被认为是女性专属——打扮得漂漂亮亮。30 年代时，吉布斯女孩所住的房间在巴比松大饭店占了相当的比例，而比例紧随其后的住客，就是鲍尔斯的模特们。1920 年，约翰·罗伯特·鲍尔斯（John Robert Powers）来到纽约，满怀做演员的抱负，但很快发现自己真正的使命，是做全世界第一家模特经纪公司的创始人。一天，他无意中听一个商人说，对方需要一群魅力迷人的尤物为杂志广告摆造型。鲍尔斯就把朋友们召集起来，提供了对方想要的东西，之后的事情已经是众所周知的历史了。他辉煌的创业故事甚至在 1943 年被拍成了音乐电影《鲍尔斯女郎》（*The Powers Girl*）。

鲍尔斯经纪公司专门挖掘人们眼中典型的中西部长相女孩：高个子、金发、身材凹凸有致。公司四分之一的收入都来自旗下模特为邮购产品目录册拍摄的广告，美国乡村地区现代购物商场西尔斯·罗巴克（Sears Roebuck）也是他们的客户之一。鲍尔斯的模特中，有一部分的确是中西部人，但更多的来自全国各地，而且无一例外都住在巴比松。正如鲍尔斯本人所吹嘘的，他旗下的未婚模特们，当然可以“找到租金更低的房间”，但她们认为“为了一个既能提供声望，又能提供保护的环境，多花那么一点钱是值得的”[40]。于是，巴比松大饭店就被这些女郎的魅力之光照亮了。华尔道夫阿斯托里亚酒店专门负责主办内部派对的艾尔莎·麦克斯韦常说，她举办的派对可以没有初次亮相的名媛，却必须有至少六名鲍尔斯女郎。[41]鲍尔斯公司认定的标准就是一头金发、脸蛋漂亮，所以旗下的模特们看起来都“惊人地”相似，以至于纽约的八卦专栏写手们都放弃了区分她们，只是简单地写道:“有人看到他和一名‘鲍尔斯模特’在外约会。”[42]

这些模特并非超级名模，而是以此为生的普通模特。[43]这些年轻的女性，出现在杂志文章中间的夹页上，用鲍尔斯先生的话说，她们“啜饮你最喜欢的咖啡，开着你梦寐以求的汽车，展示着最流行的时装，教你怎么做华夫饼”。女孩们来到他位于公园大道的办公室，他会打量她们，评估她们的推销潜力。她们要销售一切，“将貂皮推销给整个消费社会，将各种杂货推销给广大的美国家庭妇女”。“鲍尔斯女郎”身高通常在175厘米左右，丰满性感，拥有34-24-34[1]的傲人三围，被插画师威廉·布朗（William Brown）称为“高挑美国丽人”。她们并非来自时髦雅致的度假胜地汉普顿

[1] 这个三围换算成厘米约为86–61–86。——编者注

（Hamptons）——虽然其中很多人最终都会去到那里——而是美国中部。

从上述意义上讲，伊夫林·埃科尔斯（Evelyn Echols）是个典型的例子，她的人生旅程，就是从中西部直达巴比松。纽约是伊夫林一直以来梦寐以求的地方，1936 年 4 月，为了庆祝自己的 21 岁生日，她和最好的朋友买了最便宜的汽车班车票，长途横越前往纽约。[44] 一路上，两人的行李塞在拥挤的后座，汽车在夜色中一路飞驰。一到目的地，她们做的第一件事就是租下巴比松的一个房间，因为这里是“20 世纪 30 年代几乎所有来到纽约的未婚女性居住的地方”。她们做的第二件事，是睡了几乎一整天，然后再鼓起勇气去到外面的世界，走过那些“如秃鹰一般 24 小时徘徊在巴比松门口”的男人。第一站必定是时报广场（Times Square），两个年轻女子一直走到了百老汇和第 42 街。一走到那里，伊夫林就转身面对朋友，张开双臂紧紧抱住她，宣布自己永远不会离开纽约。

不过，如果不打算离开，她就需要一份工作。她既不是鲍尔斯模特，也不是吉布斯女孩，因此，巴比松的前台（前台对于这种“来到纽约就不想离开”的女孩不可谓不熟悉）抽出《纽约时报》周日版的招聘广告页，推到了伊夫林面前。大萧条仍在持续，但幸运的是，伊夫林是一名受过专业训练的护士，很快就在离巴比松六个街区的一家私人妇产医院找到了工作。医院老板是意大利人，把前来看诊的孕妇一律称为“罗西”[45]。伊夫林每天查房的时候，都会听到反反复复的喊叫声，仿佛一张聒噪不停的破唱片响彻产房：“使劲儿啊，罗西，使劲儿！”最好的朋友早已经抛下伊夫林回了家乡，休息的日子，她就跟酒店里的模特们来往。模特们有着五花八门的名字，能够掩盖住小镇的出身——“妙音”（Dulcet Tone）、“啾啾·约翰逊”（Choo Choo Johnson）、“多利安·李”（Dorian Lee）、“蜜儿·怀尔德”（Honey Child Wilder）。她们硬拉着伊夫林去找她们的造型师，来了场强制性改造。伊夫林的一头金发被弄得服服帖帖，小鸟般的眼睛被上了妆。造型师还为她“保驾护航”，到第七大道的服装区购物了一番。在那里，女顾客们能以批发价买到名牌服饰。一天，在去看电影的路上，她的朋友们顺道去了趟鲍尔斯经纪公司，领取工作任务。伊夫林在一边等着她们，这时一个男人经过，又返回来多看了她一眼。“我好久没见过你这么典型的中西部长相了！”鲍尔斯先生惊叹道，当场宣布伊夫林将成为蒙哥马利·沃德百货公司（Montgomery Ward）产品目录册的“理想”人选。[46]

伊夫林后来做鲍尔斯模特的时间倒是并不长，不过，同样住在巴比松的塞莱斯特·吉恩（Celeste Gheen）对待自己的事业倒是相当严肃认真。她可不是凭空赢得“最全能模特”称号的，她的脸庞、身体，甚至只是四肢的某一部分，经常出现在各种广告中[47]，与她有关的产品清单很长，且都是些响当当的名牌：骆驼（Camel）、老金（Old Gold）、切斯特菲尔德（Chesterfield，和“老金”一样都是香烟，而塞莱斯特只抽后者）、克里彭多夫软垫高跟鞋（Krippendorf Foot Rest Shoes）、美国橡胶公司（United States Rubber Company）、别克（Buick）、赫尔曼斯（Hellman's）、赛璐玢（La Cellophane）、小木屋牌（Log Cabin）糖浆、德士古（Texaco）、帕卡德（Packard）、拜耳牌（Bayer）阿司匹林、比纳（Beech-Nut）、席梦思甜梦（Simmons Beautyrest）床垫、宝纳米（Bon Ami）、世棒（Spam）和卡斯托利亚（Castoria）泻药（她碰也没碰过这东西）。鲍尔斯先生对她不吝最高赞誉：“她是最典型的美国式女孩！”按照《纽约客》的解释，这句话的意思是，她“没有那种年轻男孩子一看就会不由自主吹口哨，让人不可自抑到窒息的美，但她绝对是个漂亮迷人的女孩，有着端正精致的五官和优雅的姿态”。

塞莱斯特对这样的评价很满意。她来自俄亥俄州的克利夫兰（Cleveland），参加了为期 8 个月的秘书课程，在宣伟（Sherwin-Williams）涂料公司找到了一份秘书工作。1934 年的一天，她去一个摄影馆取自己拍好要寄给妈妈的照片，摄影师说，他可以试试帮她争取参与通用电气公司（General Electric）广告拍摄的机会，他收到了相关的拍摄委托。摄影师把这件事办成了，塞莱斯特拿着一个60瓦的马自达灯泡拍了照，照片配的文案是“太划算了！”。当时，塞莱斯特觉得自己的模特生涯就这样结束了，但纽约的广告公司看到了她拿着马自达灯泡的照片，告诉鲍尔斯先生说想找这个女郎拍广告。鲍尔斯接受了挑战，最终在克利夫兰觅得芳踪。他给塞莱斯特寄了整整一年的信，万般恳求。一开始，她未予理会，因为从没听说过这个人，怀疑他在拐卖年轻白人女子。从某种意义上说，他的确就在做这种“勾当”。

但经过鲍尔斯先生整整一年的不懈恳求，她终于同意在1935年的秋天到纽约与他相见。塞莱斯特，这个勤奋上进的职业女性，当时已经从鲍尔斯那里取得了一个承诺：要是她没能在模特事业上取得他预期的成就，鲍尔斯还是得给她一份公司的秘书工作。她来到纽约，通过了他的测试，在巴比松安顿下来，却仍旧心存疑虑。接到第一个拍摄任务时，她交代在巴比松的朋友们：要是在某段时间之内她没有回来，就报警。接着，她又采取了进一步行动：告诉摄影师，巴比松的朋友们随时准备着去举报他。这话搞得对方紧张不安，差点儿连相机都拿不稳。但很快塞莱斯特就领悟到，20世纪30年代的每个人，追求的都是同一个目标：谋生。她自己也是其中一员。摇摆不定地开始之后，她很快就达到了 25 美元的周薪水平。她在巴比松的房间一周的租金是 11 美元，剩下的钱完全够她过得舒适惬意，甚至还有了一笔存款。

和纽约的每个模特一样，塞莱斯特总是随身携带一个黑色帽盒，里面装着她的化妆品、配饰以及一个模特拍摄时可能需要的所有其他东西，因为模特要自己决定妆容和发型。要是这个模特的随身帽盒出自和鲍尔斯公司同在一栋大楼的男士帽匠约翰·卡瓦纳（John Cavanagh），那任谁都知道她是鲍尔斯女郎。有个帽匠同行无法忍受这种对竞争对手的免费宣传，就专门制作了一批帽盒，正面分别印上每个鲍尔斯女郎的名字，但愿意换帽盒的模特寥寥无几。不过，塞莱斯特差一点就弃用了自己的卡瓦纳帽盒，因为在麦迪逊大道的公共汽车上，帽盒的底部漏了，同车的乘客把内容物看了个清清楚楚，包括羊毛打底裤和所谓的"双筒望远镜"（其实是一种器具，按照拍摄需要，可以帮助模特塑造出胸部丰满的效果）。卡瓦纳帽盒还让塞莱斯特在其他方面感到不满。随身带着它时，有人会对她喊："嗨，鲍尔斯！"不过，要是她没带着这个帽盒，那些人就会喊："嗨，宝贝儿！"两种称呼她都不喜欢。

不过，做模特最糟糕的，还要数忍受那些强烈散热的照明灯。拍照时，摆姿势是主要工作内容，与之同样重要的，是防止出汗和晕倒。塞莱斯特从别的模特那里学到了一些经验：她靠在摄影师通常会提供的细长金属支架上，支撑自己的身体，并疯狂地咀嚼“碧奇思”（Beechies）口香糖（这东西她总是随身带着）来抵挡不断涌上来的晕厥感。塞莱斯特平均每天工作 3 到 4 个小时，但要得到这些工作总是很麻烦。负责安排模特工作的是两个相貌平平而压力很大的年轻女子，她俩要照顾 23 个模特，并管理挂在她们身后墙上的那张巨大的日程表，把模特们的生活事无巨细地安排好。有些鲍尔斯模特只有脸蛋被选中，从来不会拍摄到她们领口以下的位置。但塞莱斯特身材很好，这一点看看那本封面印着她与鲍尔斯先生名字的皮质造型册，就能得到印证。她穿 12 号衣服（放在今天大约是 4 号[1]），戴 22 号帽子，鞋号偏窄，裤子是 10 号，手套戴 7 号。换句话说，她的臀围是 35 英寸，腰围 24 英寸，胸围 34 英寸[2]，身高约 172 厘米，体重 52 千克。早在“芭比娃娃”被创造出来之前，塞莱斯特就已经是行走的“活体”芭比娃娃了。

有工作机会找上门来时，两个办公室助理就会浏览模特的日程表，看看谁能去。在塞莱斯特看来，比起其他工作，WP 类的工作是最糟糕的。WP 是 Weather Permitting 的缩写，

[1] 也就是我们常用衣服尺码中的 M 码。——译者注
[2] 这个三围换算成厘米约为 89–61–86。——译者注

即“看天气行事”。曾有几次，她都不得不等上 10 个下午，直到天气放晴。而在此期间，鲍尔斯的日程调度员没法为她安排其他任何工作。

塞莱斯特的酬劳是 1.5 小时 5 美元，这个水平持续了两年后，她为自己提价到 1 小时 5 美元。何时提价是由模特自己决定的，她们要看准客户做好提价心理准备的时机。鲍尔斯的 400 个女郎之中，只有 20 个达到了每小时 10 美元的价格。现实主义者塞莱斯特怀疑自己永远达不到这个水平。

但塞莱斯特天生就是做模特的料。她可以调整发型和妆容，任意把自己装扮成 18 到 35 岁年龄的样子。她曾扮演过一个“慈爱的母亲，给一个年纪已经相当大的孩子吃饼干”，即便她并不喜欢和青少年模特合作，因为这些模特的行为举止通常都很糟糕。有一次，遇到个这样的“熊孩子”，她就趁对方的母亲不注意时，狠狠打了那孩子。而那些在她口中“令人反感”的工作，报酬则是双倍。工作内容呢，有的是拿着脱毛剂或除臭剂摆姿势，有的要只穿泳衣或内衣裤。塞莱斯特最“反感”的一次工作是她不得不在科尔曼牌芥末中洗澡。之后，这个声称有益于缓解肌肉酸痛的宣传广告又被弃用了。塞莱斯特毫无疑问是个勤奋的职业女性，和吉布斯秘书们是同路人，即便这两种工作乍看之下天差地别。吉布斯女孩与鲍尔斯模特们都在大萧条时期从事分配给她们的“女性职业”，以此谋生。

✦

20 世纪 30 年代，巴比松的住客群体发生了转变，大多是些铁了心要工作、渴望走职业之路的女性——即便这种心态仍然被框定在整个社会眼中“淑女且专属于女性”的范围内。而正是这种转变巩固了该酒店的声誉：这里是有美貌又有抱负的年轻女性来纽约的首选落脚点。1938 年，多产编剧凯瑟琳·斯科拉（Kathryn Scola）在巴比松预订了两个星期的房间，费用由 20 世纪福克斯公司承担。[48] 她的任务是观察、吸收，并将所见所闻写成电影剧本。她完全沉浸在巴比松的氛围之中，据《华盛顿邮报》（*Washington Post*）专栏作家爱丽丝·休斯（Alice Hughes）当时的描述，这里是个“精致的大型世俗女修道院”，华丽的大堂里满是年轻男人，“每一个都穿着自己最好的印花丝绸裤子，好像马上就要被酒店的警卫人员给赶到大街上去。姑娘们也都是秀色可餐，当然，是其中的大部分人。有的是普通模特，有的看起来像橱窗里那种假模特，诸如此类”。当然，成为斯科拉焦点的，是住在酒店里的模特。她将写成一个名为《女子酒店》（*Hotel for Women*）的电影剧本。该影片的导演格里戈里·拉托夫（Gregory Ratoff）一开始聘请了华尔道夫酒店著名的派对策划艾尔莎·麦克斯韦做影片派对部分的技术指导，但很快又坚持要她和斯科拉合作，一起完善影片的故事情节。

艾尔莎·麦克斯韦的经历是一种“美国现象”，一个从贫民窟奋斗到富人圈的罕见传奇故事。12 岁时，有人告知艾尔莎，她太穷，没资格被邀请参加朋友的派对。从那时起，她就开始培养自己的派对策划能力。她越长越大，策划的派对也越来越大。这位“派对策划”（这是一个全新的工作类别，它的出现也归功于艾尔莎）成年后，其策划的活动可谓精彩纷呈。她为富贵名流们举办派对，让威尼斯的利多岛声名鹊起。[49] 之后，摩纳哥又聘请她施展了同样的本领。她曾在巴黎组织 场寻宝游戏，引起了轰动。从外形来看，她可谓毫无吸引力，用《纽约时报》的话来说，她总爱穿“男人的衣服”，但她依旧享有很高的名望。1931 年严重大萧条时期，她回到纽约，华尔道夫酒店免费为她提供了一个套房，以吸引客户入住这家新酒店，还付钱请艾尔莎招待他们。有了艾尔莎的监制，凯瑟琳·斯科拉的电影临时改名为《艾尔莎·麦克斯韦的女子酒店》（*Elsa Maxwell's Hotel for Women*）。

艾尔莎·麦克斯韦的参与给影片带去了很大变化。女主角玛西亚·布罗姆利（Marcia Bromely）从纽约州的锡拉丘兹（Syracuse）来到谢林顿（Sherrington，虚构版本的巴比松大饭店）。[50]她到纽约，是想和建筑师男友杰夫（Jeff）结婚。但在当天晚餐时，杰夫告诉她，自己需要集中精力推动事业进步，这意味着他需要没有牵绊，不能结婚。玛西亚回到女子酒店，准备打道回府。她遇见两个也住在酒店的人，都是年纪稍大一些的模特。第二天没有火车回锡拉丘兹，玛西亚同意陪其中一个人参加一个四人约会，约会对象是两个南美百万富翁。在鹈鹕俱乐部（Pelican Club，指代著名的鹳鸟俱乐部），她不出意外地被已经成为前男友的那个人看到了（同样不出意外的是，此人正在和老板的女儿约会）。不过，更不出意外的是，杰夫看到玛西亚和百万富翁在一起，嫉妒得发狂。玛西亚自己很快也成了一名模特，甚至还在与一名同住谢林顿的模特的竞争中胜出，赢得了为剑桥香烟（Cambridge Cigarette）拍摄广告的机会。玛西亚开始和杰夫的老板约会，她跟对方相识，还是在"蓝厅"（Blue Room）的一次鸡尾酒派对上，而派对的组织者不是别人，正是上流社会聚会组织者艾尔莎·麦克斯韦（此时艾尔莎出场并大放光彩，而一位评论家只做了简单的评价，指出她的台词说得太快了）。

《艾尔莎·麦克斯韦的女子酒店》在电影院上映时，大环境已经有所转变，大萧条终于开始消退。巴比松大饭店也随经济一起稳步复苏，在这家首屈一指的女子酒店得到一个房间，再次成为一个彰显酒店名望的过程。住客需要持有严肃认真的推荐信。因此，马萨诸塞州伍斯特（Worcester）的菲利斯·麦卡锡（Phyllis McCarthy）提交了一份巴比松房间的申请，并请人脉很广的朋友——《纽约客》的执行主编圣克莱尔·麦凯尔维（St. Clair McKelway）做自己的推荐人。[51] 时任巴比松大饭店经理的布鲁诺·R. 维德曼（Bruno R. Wiedermann）为了调查她的资历，写信给圣克莱尔请他发表“对麦卡锡小姐吸引力的看法”。

维德曼的措辞让圣克莱尔无法拒绝，他忙了一整天，给这位巴比松的经理发去一封打印版的信，整整 4 页。“你在这个时候给我写信，实在是太巧了。因为我满脑子想的唯一一件事，就是麦卡锡小姐多么具有吸引力……我从未想过自己会向一位酒店经理倾诉她的情况，但既然你问了，布鲁诺，就请听我说：麦卡锡小姐，在年轻女性当中可谓翘楚。她个子高挑，对于一个身高 182 厘米左右的男士来说刚好合适。她一头金色长发，即便理发师和她自己都尽量努力让头发显得一丝不苟，发丝也还是会垂落在脸庞周围。她头发散落的时候更漂亮。”圣克莱尔继续写道，为了保持身材，“她偶尔会骑马，驾驶三角帆船，偶尔还会掌舵。她跳舞到四点，努力在鹳鸟俱乐部进进出出，让护卫们为自己保驾护航……她的穿着打扮总是漂漂亮亮，即便手上没有 150 美元，财产比这要少很多，她也愿意买一套价值 150 美元的灰色套装。而她想要那套灰色套装，只是因为她恰巧就看上了这么一套灰色套装，却全然不顾一个事实，就是她既没有灰色鞋子，也没有灰色帽子或灰色手套，所以还得在自己本来就没有的 150 美元中把钱省出来买这些东西”。

这的的确确就是菲利斯·麦卡锡的生活方式。这一点又非常偶然地在署名为乔治·布什菲尔德（George Bushfield）的报纸文章中得到了证实。文章写了某个下午，作者到纽约拜访自己在广告界的朋友汉克·哈勒顿（Hank Harleton）。[52] 汉克住在列克星敦大道上的一个单身公寓里，公寓后门有个阳台，能直接看到对面的巴比松。布什菲尔德跟自己这位朋友开玩笑说，他这公寓的位置真是千金不换。汉克承认道，有时候确实会有些意想不到的事情发生。当天便有一张被揉皱的纸被人漫不经心地从酒店的一扇窗户扔出来，坠落很多层之后，掉在他的阳台上。这张纸长约 13 厘米，宽约 10 厘米，是巴比松的前台给 1515 号房间某位姓麦卡锡的女士留的电话口信：卡莱尔（Carlisle）书店来电，说她订购的那本《青山翠谷》（*How Green Was My Valley*）到货了。在丢弃这张纸条之前，麦卡锡在背面记录了自己一周的花销：房租 18.50 美元；妈妈 2.00 美元；邮费 0.13 美元；书籍 0.23 美元；车费 0.10 美元；周一早餐 0.20 美元；周一午餐 0.25 美元；周一晚餐

0.70 美元；一元店[1]0.50 美元；周二早餐 0.25 美元；香烟 0.30 美元；周三早餐 0.25 美元；糖果和可口可乐 0.15 美元。从这个开支，乔治和汉克推测，或者说自以为是地推测，麦卡锡是个来自小镇的姑娘（不然的话，怎么会花那么多邮费写信寄回家呢？），还没有实现个人的财务自由（才给妈妈 2 美元？），身材苗条（她可以毫无顾忌地吃糖果，喝可乐！），独立（每周能付 18.50 美元的房租可不容易），有异性款待她吃喝（周二和周三的晚餐不用她付钱），精神紧张（30 美分能抽两包烟了）。原来，这张纸的主人正是迷人的菲利斯·麦卡锡，她的外表看上去就像那些在科德角（Cape Cod）短暂度假的电影明星，她的吸引力让《纽约客》的编辑圣克莱尔·麦凯尔维念念不忘。当然了，她是住在巴比松的鲍尔斯模特。

整个 20 世纪 30 年代，巴比松的住客多数都是吉布斯女孩与鲍尔斯模特，但这所酒店也继续充当着其他许多人的避难所。后来成为华尔街先锋和克林顿（Clinton）总统派驻挪威大使的罗宾·钱德勒·杜克（Robin Chandler Duke），在父亲突然间弃家族律师事务所与妻女离去之后，就和母亲与姐

---

[1] 原文是 Five & Ten，指的是 20 世纪 20 年代到 30 年代美国非常流行的廉价小商品店，单品售价一般在 5 到 10 美分，类似于中国的“一元店”或“十元店”。——译者注

姐一起住在酒店的一个房间中。[53] 母亲本是出身高贵的南方美人，在纽约一家茶室当起了收银员；罗宾的姐姐做起了高级时装模特；而 16 岁的罗宾则谎称 18 岁，在罗德与泰勒百货公司（Lord & Taylor）找到了一份驻店模特的工作。她的工作就是穿着巴黎世家的衣服在商场里走动，以此引起顾客的兴趣。晚上，她回到巴比松的房间，3 个曾经家境优渥的女性如今蜗居在一起，如同“三只小熊”。这恰恰表明了一个时代特征：这些工作是向这 3 位女性开放的，她们对能找到这些工作其实也心怀感恩。而在编剧凯瑟琳·斯科拉笔下那样华美的巴比松大饭店，也愿意对 3 个人一同挤在狭小房间里的情况睁一只眼闭一只眼。

✦

但经济环境逐渐好转，1940 年，巴比松宣布已经“完全还清了抵押贷款”[54]。当年，酒店的利润是 103 476 美元，和两年前的 63 676 美元相比已经有了大幅增加。让利润数字在 1938 年到 1940 年激增的部分原因，是皇后区法拉盛草地公园（Flushing Meadows）举办的世界博览会吸引了数百万游客。此次博览会的原址是一片煤灰场，主题是“建设明日世界”，表明随着经济的好转，人们有了新的希望。乔治·华盛顿（George Washington）在纽约宣誓就职一百五十周年之际，富兰克林·D. 罗斯福总统发表了世博会开幕演讲。整个会场散布着 200 台电视机，首日的参观者们能体验即将流行的革命性媒介。博览会在 1939 年和 1940 年的春天与秋天开放。4 400 万游客陆续涌来，他们需要寻找住处，这成了纽约及市内各个酒店的一大财源。

鲍尔斯模特在 1939 年纽约世界博览会上摆造型

巴比松大饭店感觉资金足够充裕了，于是用现金购买了毗邻的大楼，从而保证了酒店今后的采光：再也没有别人能在那里建房阻挡阳光了。似乎是为了纪念摆脱大萧条时期债务束缚的时刻，酒店还在位于第 63 街的大门处支起了一个大遮篷。[55] 其设计者是建筑师施瓦茨和格罗斯（Schwartz & Gross），遮篷采取了与酒店一致的建筑风格，即装饰风艺术，长约 10 米，招牌采用了青铜材质，嵌板则是铝制。“巴比松”这个名字直接在青铜板上镂空切割而成，光线就从其间穿透而过。

通透的自然采光，是巴比松对未来的宣言；巨大的遮篷与青铜招牌，标志了酒店继续存在。然而，大部分年轻女性走出大萧条时，背后都有一连串破碎的承诺。她们中经济条件较为优越的那些，在 1929 年 10 月决定命运的那个星期之前，一直想象与期待自己会过上悠闲的生活，每日滑冰、骑马、郊游、坐汽车、约会、与朋友相聚。然而，最后，她们只得到了一双鞋，运气好的话可能有另一双换着穿。等到经济的乌云终于散去，她们想要弥补整整一代人错过的乐趣。欧洲远在大西洋彼岸，那里刚刚爆发的战争（与此同时，菲利斯·麦卡锡正在为申请巴比松的房间而发愁）一开始几乎没在美国显露什么迹象。不过，这样的日子也很快结束了。

1941 年 12 月 7 日，星期天，被鲍尔斯先生点名的拥有最典型中西部长相的伊夫林·埃科尔斯已经结婚了，此刻刚刚用完午餐。[56] 那天，纽约阳光明媚，她和丈夫正在家中，一边看着门板大小的《纽约时报》周日版，一边听着广播里纽约巨人队（New York Giants）的比赛实况。广播突然中断，插入一条通知，宣布所有男女军人立即返回驻地。之后就没有下文了，广播里没有做出任何解释。伊夫林和丈夫坐在家中，一直等到下一条消息被宣布：日军偷袭了珍珠港，美国参战了。接着又来了第三条消息：遮住所有窗户，不要漏出一丝光线。不要使用电话，因为此时所有电话线路都必须留给政府。伊夫林站起身来，关掉了所有的灯。她往窗外时报广场的方向看去——曾经，21 岁的她就是站在那里，发誓永不离开纽约——完全不敢相信自己的眼睛：整座城市一丝光线也没有。

男人上战场打仗去了，大家自然期待女人能接手他们的工作——尽管之前她们还会因此受到训斥和非难。绰号"疯狂比尔"（Wild Bill）的多诺万[1]将军号召女性到美国中央情报局（CIA）的前身——战略情报局（Office of Strategic

[1] 即威廉·约瑟夫·多诺万（William Joseph Donovan），比尔为威廉的昵称。——编者注

Services）上班，并解释道，理想的雇员应该“集史密斯学院毕业生、鲍尔斯模特和凯蒂·吉布斯秘书的特质于一身”[57]。听这话，他还不如直接到巴比松前台找梅·西布莉夫人，招一个住在巴比松的姑娘得了。

第三章　麦卡锡主义与其女性受害者

——贝茜·布莱克维尔和她的职业女性们

杰出女性贝茜·塔尔伯特·布莱克维尔（左），《少女》杂志主编。没人见过她不戴帽子的样子，这是她与两个同样戴着帽子的模特的合影。1944 年，她决定让赫赫有名的客座编辑竞赛优胜者们住在巴比松，从而让该酒店的大门向西尔维娅·普拉斯、琼·狄迪恩、贝齐·约翰逊等很多人敞开

在办公室里工作的女性分为两类。一类是在20世纪20年代蜂拥进入纽约那些亮闪闪的新摩天大楼，又在大萧条时期尽全力坚持下来的秘书们；另一类是不仅拥有工作，还有一份事业的女性。贝茜·塔尔伯特·布莱克维尔（Betsy Talbot Blackwell），人称“BTB”（这也是她的签名），就属于后者。她随时都戴着帽子，从未摘下来过，甚至有家报纸说她在浴缸里也戴着帽子。她在下午五点就喝起苏格兰威士忌，用她的话来说，就是“太阳落过帆桁了”[1]。纽约是自由派文人的世界，但置身其中的她却是个共和党人，前者都是她手下的工作人员。20世纪30年代到40年代，当大多数女性还跋涉在进入劳动力市场的道路上，一步步跨越陡峭的梯阶时，已经有少数女性在男人们的会议桌边占据了一席之地。作为《少女》杂志的主编，布莱克维尔就是其中之一。BTB把自己的员工、门徒和读者等许许多多职业女性引向了巴比松，因此，她也把《少女》杂志的声誉永久地与该酒店捆绑在了一

[1] 原文为the sun is over the yardarm，是海军有关喝酒的俚语，即“太阳已西沉，可以开始喝酒了”。——编者注

起，它们彼此命运与共，祸福相依。而杂志社与酒店的大堂，则是几代雄心勃勃的女性的庇护所与试炼场。

BTB 从不愿透露真实年龄，但雇员们猜测她出生于 1905 年，也确实有一张她小时候的照片，大概是在“永不沉没的莫莉·布朗”在“泰坦尼克号”船难中幸存的同年拍摄的。[1] 照片里的贝茜穿着当时流行的爱德华时代的低腰连衣裙，戴着帽子，抱着娃娃，凝视镜头。由此可见，她对帽子的癖好开始得挺早。五十年后，她会深情地回忆起那顶帽子：“我记得很清楚，是某种金棕色的装饰天鹅绒，装饰着貂皮带和帚石南。外套是和帽子搭配的……一整套组合相当优雅。你们应该看得出来，我在 6 岁时就有了‘时尚’之类的意识……”[2] BTB 的父亲海登·塔尔伯特（Hayden Talbot）是报社记者兼剧作家，而母亲贝内迪克特·布里斯托·塔尔伯特（Benedict Bristow Talbot）则是一名艺术家，也是最早的知名造型师之一，她的言传身教，让女儿明白了什么是“一切视觉上很美的东西”[3]。

人人都需要一个故事，来讲清自己的出身和来处。BTB 的故事中有那顶帽子，以及一双金色的凉拖。她在一家商店的橱窗里窥见了这双鞋，决心拥有它们。[4] 但年仅 15 岁的她需要找一份工作来支付鞋款：BTB 当时就读于新泽西州圣伊丽莎白学院（Academy of Saint Elizabeth），利用复活节假期，她为第五大道的罗德与泰勒百货公司做了 3 个星期的比价员[1]。她入了迷。高中毕业后，她找到一份在行业杂志做时尚记者的工作。1923 年，新潮女郎风头正劲，她加入《魅力》（*Charm*）杂志社，并最终坐上时尚编辑的位子。进入《魅力》两年后，她结了婚，但丈夫认为女人不该工作，所以她很快结束了这段婚姻。1930 年，她再婚了，选择了一个不反对妻子工作的男人。她说，这男人不反对，是因为他的前妻并不工作，他对此事意味着什么毫无概念。

1935 年，发行《魅力》杂志的廉价书籍专业出版商斯特里特与史密斯（Street & Smith）决定创刊一本名为《少女》的杂志。斯特里特与史密斯公司副总裁的女儿当时在奥尔巴尼（Albany）的名校艾玛·威拉德女子中学（Emma Willard School）就读，她抱怨说，自己和同学们都已经厌倦了《时尚芭莎》和 *Vogue*。[5] 现有的女性杂志，要么讲的是高级时装，要么刊登缝纫图样，只能满足手头宽裕的富家女，或是拥有缝纫机、生活单调的家庭妇女。艾玛·威拉德的姑娘们，想要一本年轻时尚风格的杂志，杂志应关心和她们一样的年轻女孩的问题。用 BTB 后来的话说，这在当时完全是个自

[1] 零售部门、专卖店和杂货铺的比价员（comparison shopper）负责潜入竞争对手的商店，将竞品的价格、类型和质量与自家商品进行比较。——编者注

杀性的提议：当时不仅是大萧条时期，还没有所谓的“青年市场”这回事，年轻女性尤其没有地位，没有影响力，没有可支配收入，没有购买力，可谓一无所有。如果这还不够糟糕，1935 年 2 月发行的《少女》创刊号，封面是一幅拙劣的画，画上的女孩拥有一双睫毛很长的巨大眼睛和一张噘起的嘴。那真是彻头彻尾的灾难。唯一购买这本杂志的是一些男人，他们以为这是一本加了色情元素的小妞杂志：1935 年前后的软色情刊物。斯特里特与史密斯公司大惊失色，派员工们去街上，从报刊贩子那里抢回了这批杂志。

此时，已经年届三十的布莱克维尔奉命上任。在一个晦暗的 2 月早晨，老东家斯特里特与史密斯公司召她前去哥伦比亚广播公司（CBS）大楼，给她展示了只有“二又四分之一个房间”大的办公室。[6]他们请她登上这艘正在迅速沉没的船。开出的薪水，即便以大萧条时期的标准来看也很低，花销补贴根本不存在（唯一的补偿是“顺手牵羊”拿走了邮票），办公室狭小异常。[7]那是 20 世纪 30 年代中期，女孩子们爱穿长裙，戴俗艳的大毡帽，帽檐还要拉下来遮住一只眼睛。战壕大衣也是流行单品。BTB 同意试一试。

1935 年 3 月，《少女》杂志没有出刊，直到 4 月才回归报摊。在 BTB 敏锐的眼光与铁腕管理之下，《少女》脱胎换骨。她将整本杂志都做了改版，并让全美首次见识了杂志上的妆容打造［对象是一位名叫芭芭拉·菲利普斯（Barbara Phillips）的波士顿护士］。[8] 布莱克维尔指示工作人员，要避开"金牌菜谱、程式化的爱情小说、关于如何应付6岁孩子的文章，等等。不要摆架子。不要自认为崇高地接受那些搞宣传的男人告诉你的一切，也不要承认普遍的认识，觉得美国所有对时尚感兴趣的女性要么是商业巨头J.P. 摩根（J. P. Morgan）的侄女，要么是缝纫图案的奴隶"。[9]《少女》杂志完全面向17岁到25岁，从高中生到新婚的年轻女性。两年后的1937年，布莱克维尔被提升为主编，正式成为"BTB"。

虽然随时都戴着帽子，BTB却绝不算时尚中人。事实上，她的穿着打扮，似乎永远在"准备参加女士茶会"。[10] 常有人形容她朴实无华，不过，尽管她绝不是"选美皇后"那一类美人，但只要出现在照片里，她总是精心打扮过的：黑发修剪到刚刚高于领口的长度，一双贝蒂·戴维斯[1]式的深邃绿眼睛，嘴上精心涂抹了口红。她看起来就像柔软松弛的中年版朱迪·嘉兰[2]。她不仅爱帽子，也爱鞋子，这是个业内传奇，也是她办公室的核心主题[11]：私人浴室里贴着定制的鞋子墙纸，整个办公室里随处可见她收藏的微型鞋子。办公

[1] Bette Davis，美国电影、舞台剧女演员。——编者注

[2] Judy Garland，童星出身的美国女演员及歌唱家。——译者注

室本身装饰成光鲜亮丽的绿色调：绿色的墙，绿色的地毯，椅子也用绿色的软垫装饰，她的英式办公桌也漆成了绿色，甚至还有一部绿色的电话机。还有粉色，《少女》杂志的标志性颜色。文具是粉色的，聚会的主要颜色是粉色，聚会的邀请函也是粉色的。

她有一条金科玉律："员工必须一年比一年更年轻，即便在这个过程中杀死他们也在所不惜。"[12] 不过，即便这条指令是个玩笑，其中也包含了一个基本事实：《少女》杂志的读者群将一直是年轻人，即便 BTB 和员工不可能永葆青春。于是她提出了"《少女》大学委员会"的想法，基本设想是请全美数百名女大学生向纽约的杂志编辑部传递最新趋势、新闻与消费欲望。BTB 用这么一招，不仅让内部听到了作为杂志目标读者的年轻女性的声音，还并不那么偶然地收获了巨大的经济利益。她有了这么一群拥有第一手经验，能够为她提供各类信息的"侦察员"，然后她可以"挟持"这些信息，作为与广告商谈判的筹码，后者可是对这个层面的营销数据求之不得。这种事情可谓前无古人。成立"大学委员会"之后，她将每年 8 月号的《少女》杂志永久地改版为"大学专刊"。很快，这个月的杂志就拥有了"圣经"的绰号，因为没有一个女大学生不会在秋季学期返校之前参考杂志，决定下一学年穿什么，读什么书，思考什么问题。8 月本是一个

“可怕的”月份，因为这个月的杂志广告收入往往不佳，报摊销售业绩甚至更糟。然而，BTB 雷厉风行地颠覆了这一惯例。[13]

很快，她又提出了另一个同样有独创性的好主意：客座编辑项目。这个想法来自一次会议，当时她目睹了一个非常具有时代性的场景：一小群工作人员正在讨论下一期 8 月号大学专刊中舞会服装的相关内容。大学委员会的编辑，刚从瓦萨学院毕业三年的年轻女孩说：“这个嘛，我就给你们讲讲我参加高中舞会时穿了什么。”当时参加会议的有个 19 岁的女孩，她转身看着这位 25 岁的瓦萨毕业生，略带讥讽地回应道：“你凭什么知道现在大家都穿什么啊？”她们的对话让 BTB 不禁思考：“要是这位瓦萨毕业生都已经过时了，那我们呢？就这么办。”《少女》杂志客座编辑竞赛就此诞生。[14]

后来，《洛杉矶时报》（*Los Angeles Times*）坚称，著名主编布莱克维尔“将平凡的年轻女性带到纽约，给她们穿上时尚的衣服，重新设计发型和妆容，然后把她们的照片刊登在她的杂志上”[15]。但是，客座编辑竞赛远比这复杂、有声望和有力量。《少女》客座编辑项目是那些有文学与艺术抱负的女孩最渴望的起跑线。20 世纪 40 年代至 60 年代，大学宿舍里到处都是忙着创作散文、短篇小说与艺术作品的女孩，她们希望自己的作品能被《少女》选中刊登，或者，更好的状况是，她们能成为暑期客座编辑。如果你能有幸成为被选中的 20 人之一，就会被带到纽约度过 6 月，跟《少女》杂志的高级编辑共事——而且当然！——还可以住在巴比松大饭店。

完美客座编辑（很像是完美的读者）的条件已经在杂志的标语中得到了阐释：属于聪明年轻女性的杂志。“聪明的年轻女性”，既要随时能参加读诗会和大学派对，也要明白在这两个场合该如何穿着打扮。她的穿着很不错，但也不会花太多钱：《少女》杂志开先河，将关注点从巴黎时尚转移到美国设计师身上，它也是第一本将刊登的服装价格明码打出的杂志，大部分都是中档价格，比较好买到。一开始还做得畏首畏尾的：“游荡者牌（GADABOUT）开襟羊毛衫，100% 纯羊毛和马海羔羊毛……价格约 4 美元。”但很快就大胆起来，把服装的价格明确列出，精确到美分。“大学专刊”的创意让广告商们为之疯狂。[16] 有一次，BTB 和另一家杂志的一位编辑同行同乘出租车，她问对方，有没有什么压箱底的小说能卖给她，好让她填补一下已经被塞满广告的杂志页面。但其实，不只 8 月号的“大学专刊”，每一期《少女》杂志都让女大学生们如痴如醉，因为其内容从来都不只关乎时尚。美国广播公司（ABC）新闻记者林恩·谢尔也是 1962 年被杂志选中的暑期客座编辑之一，她总结了其吸引力：“如果你很年轻，满脑子都是对文学的渴望，那你就会读《少女》。”[17]

1954年2月号的《少女》杂志，封面十分出名，上面只有两个标题："春日、新娘与高个子女孩的浪漫时尚""迪伦·托马斯的《牛奶树下》（*Dylan Thomas' Under Milk Wood*）"[18]。一开始，出版商拒绝让《少女》杂志用20页的版面来介绍已故诗人迪伦·托马斯和其未出版的诗剧《牛奶树下》。[19]但BTB态度坚决，争辩说，事实一定和他们想的正相反，这本杂志会畅销，如果他们不让她把此事进行下去，她会在当天的下午五点半辞职。她如愿以偿，而《少女》杂志的知识价值再次飙升，利润也水涨船高。正是BTB这种将浮华与严肃内容结合起来的天才之举，最终吸引了读者，并将这本杂志与报刊架上的其他杂志区分开来。BTB的理由是，她的读者们正在大学里学习文学大师们的作品，那么，为什么要在她们最喜欢的杂志上，用够不上大师水平的东西来羞辱她们呢？《少女》刊登了大量外国作家的作品，比如阿尔贝托·莫拉维亚（Alberto Moravia）和尤金·尤涅斯库（Eugène Ionesco）的作品，同时为那些无别处可去的年轻前卫撰稿人创设了一个空间。[20]

但再怎么说，BTB首先是个商人，走这条智识路线，也是经济上的权宜之计：她没有足够的预算买下畅销书作家的作品，因此负责小说内容的部门只能以最低价格寻找新晋作家供稿，其中包括杜鲁门·卡波特（Truman Capote）、詹姆斯·珀迪（James Purdy）、弗兰纳里·奥康纳（Flannery O'Connor）和爱德华·阿尔比（Edward Albee）。[21] 新兴作家的作品、由看上去像大学生的模特穿着的能买得起的时装，除了这两项主要内容，杂志也会满足那些雄心勃勃、漂亮而富有创造力的年轻女子的渴望，客座编辑项目就让她们蜂拥而至。在之后的岁月里，这个项目引来很多未来的著名作家，比如西尔维娅·普拉斯、琼·狄迪恩、安·比蒂、戴安·约翰逊、莫娜·辛普森、梅格·沃利策和珍妮特·伯罗薇（Janet Burroway），还有演员艾丽·麦古奥和时装设计师贝齐·约翰逊。她们每一个都走过《少女》编辑部的走廊，曾在巴比松度过纽约的夜晚。

1944 年，“二战”快要结束的时候，BTB 决定让“米莉们”（Millies，这是后来人们对这些客座编辑的称呼）住在巴比松大饭店。一方面，巴比松的调性与《少女》杂志展示的形象相吻合；另一方面，让客座编辑们住在那里，也是说服父母们允许年轻女儿前往纽约的最好办法，因为她们独自一人，没有监护人陪伴，还往往要跨越全国，要么坐飞机，要么坐火车，才能去到那里。当 BTB 发来电报，祝贺你赢得了客座编辑项目中人人钦羡的珍贵位置，邀请你在 6 月的第一天到达纽约，即便这意味着不能参加期末考试和毕业典礼，也没有任何一个女大学生会拒绝。巴比松大饭店有助于打消父母们的顾虑：他们的女儿将被妥善安置在一家声誉很高、安全性很强的女子酒店，酒店有宵禁规定、严厉的前台、警惕的门卫以及严格的政策：绝不允许男人，任何男人接近卧室所在楼层——父亲不行，兄弟不行，男朋友当然更不行。巴比松不仅仅是一家有房间的酒店，还是年轻女性的保护伞，这从 20 世纪 20 年代一直持续到 40 年代，保护反而意味着自由。对于年轻的客座编辑们来说，这意味着能自由地来到纽约，为自己的职业女性生活争得先机。

✦

“二战”期间，年轻女性被告知，只要想做，她们就能做任何事情。“铆工罗茜”[1] 这个形象传递出坚韧的讯息，也进一步巩固了这一希望。无论走到哪里，人们都能看到罗茜，全美最受欢迎的海报女郎，戴着红白相间的波点头巾，让头发不受机器的熏染，同时亮出肱二头肌，敦促所有女性：“我们能做到！”被她鼓舞煽动起来的女性中，有一位叫纳内特·埃默里（Nanette Emery），不过纳内特完全没兴趣去工厂

[1] Rosie the Riveter，美国一个寓言式的文化符号。“铆工罗茜”代表“二战”期间在工厂和造船厂工作的女性，其中许多人生产军火和战争物资。这些女性有时会从事全新的工作，取代参军的男性工人。“铆工罗茜”也被当作美国女权主义和女性经济优势的象征。——编者注

车间测试自己的相关技能，她更感兴趣的是追随 BTB 的脚步。

纳内特·埃默里一头黑发，来自底特律，是布林莫尔学院（Bryn Mawr College）大二的学生，她打算在 1945 年的客座编辑竞赛中发动精心策划的猛攻。她计划的第一步，是进入《少女》大学委员会。在《少女》纽约编辑部，一面墙上贴了一张大大的美国地图，上面用红色大头针标记了每个委员会成员大学的地址。这种模仿作战室的布置并非巧合，整个“二战”期间，布莱克维尔都与美国政府密切合作，帮忙招募其读者参加妇女战时军务，比如加入美国陆军妇女兵团（Women's Army Corps，WAC）、志愿紧急服役妇女队（WAVES）和美国海岸警卫队妇女预备队（SPARS）。而杂志本身，也和美国的整体文化一样被战争所影响。一张招募大学委员会成员的传单上如此宣称：“本科毕业生注意！《少女》邀请你现在就加入大学委员会。没有佣金——但大学里的艺术家、作家和摄影师们，可以用你们出色的创意与想法，换取战争邮票和债券。想了解更多细节，请致信《少女》杂志大学委员会编辑，纽约东 57 街 1 号，邮编 10022。”[22]

大学委员会编辑菲利斯·李·施瓦布[1]于 1942 年开始在

[1] 菲利斯·李·施瓦布（Phyllis Lee Schwalbe）即致谢中的菲利斯·李·莱文（Phyllis Lee Levin）。——编者注

《少女》编辑部工作，那时候，她自己的年纪也并不比客座编辑申请者大多少。刚从大学毕业的她，还更习惯于那些教授乔叟和莎士比亚的严肃女性[23]，但很快她就了解到，“大量喷洒琶音（Arpège）香水和涂抹绿松石色眼影并非时尚杂志编辑的唯一标记。比如，我们必须做好准备，在烟嘴快要燃尽的时候，仍然像弗拉明戈舞者咬住玫瑰一样优雅”。1944年，纳内特正准备申请加入《少女》大学委员会，作为叩问纽约门票的第一步。菲利斯·李·施瓦布写信给她：“你也许已经知道，我们几乎在全国每所校园里都组织了大学委员会。做一名委员会成员，意味着要全方位报道你的校园，包括课堂与宿舍内外。也就是说，你要报道战争相关活动、新课程、慈善团体、志愿者工作、发型、潮流和时尚，其实，就是一切新的东西。”［BTB 曾在对芝加哥时尚集团（Fashion Chicago Group）的一次演讲中炫耀说：“这些任务能够让我们知道她和她的同学们喜欢什么，不喜欢什么，穿什么，付出什么，读什么，想什么，做什么。”此言并不夸张。[24]］到20 世纪 40 年代，《少女》在女大学生之中的影响力已经大到美国的大学本身都担心杂志把自己描绘得太过清楚。布林莫尔学院的管理层就意识到，一个年轻的大学委员会成员足以做到这一点，于是给纳内特寄去一封短信，祝贺她打算参加委员会的竞选，但也请她和查德威克 - 科林斯夫人[1]见个面，"她并无意对你寄去的东西进行任何审查，但确实想向你解释一些事情"。

纳内特成功通过了第一道关卡，但被委员会录用之后，整个学年都有各种任务，而她在任务中的表现，对能否赢得客座编辑竞赛至关重要。从统计数字来看，她的情况不容乐观。850 名年轻女子在三四千名申请者中脱颖而出，赢得了在大学委员会的一席之地。[25]而现在，这 850 人之中，只有 14 人能赢得客座编辑的位置（1950 年，这个数字将增至 20）。正如施瓦布向纳内特解释的那样："4 月下旬进行盘点后……最有头脑的 14 名委员会成员将在 6 月被送到纽约，跟随我们自己的编辑，成为客座编辑，去所有的地方，做所有的事情。"施瓦布所说字字属实，获胜的客座编辑们首先必须证明她们作为作家、艺术家、批评家和大学生的价值。但整个 6 月，她们也将活在相机镜头时时刻刻的跟踪之下，所以她们的外貌至少要让人看着舒服。申请条件的附录谨慎地要求申请者提供一张生活照，而对于委员会成员一年中的最后一次任务，申请书中有条简短的附言："找一把软尺，让你

[1] 查德威克 – 科林斯夫人（Mrs. Chadwick–Collins）是学校的教职人员。——编者注

的室友或同住一栋宿舍的朋友精确测量你身体的各项尺寸。”纳内特身高 170.18 厘米，体重 60.78 千克，穿（按照当时码数计算的）14 号衣服和非常窄的 9 码 [1]AAA[2] 鞋。

在前两次任务里，纳内特的表现并未进入前 10 名，但第 3 次时，她的好机会来了。任务是“策划一场大学时装秀，以某种新奇有趣的方式戏剧化地展示校园内外的衣着打扮”。这并非脑子一热就随意布置的任务，杂志的编辑们想以此来寻找可堪一用的新创意。《少女》当时正在计划 6 月的重要活动之一——所谓的“大学诊所”。作为一场时装秀，这个名字很糟糕，但其他一切都精美奢华。时装秀每年都在阿斯特酒店（Hotel Astor）举行，大部分的时装模特都是客座编辑们本人，而展示的商品则将登上 8 月号的大学专刊。大学诊所时装秀旨在展示异想天开的怪诞风格，甚至有点轻微的无礼冒犯，好配合该杂志以之闻名的平面广告风格。在广告里，自信活泼的适龄女大学生——有时候是真正的女大学生，有时候是拥有中西部长相的鲍尔斯模特——摆出各种拍照姿势：靠在桥边，在公园喂鸽子，骑单车穿越校园。照片的配文是这样的：“琼（Joan）在古董一条街上的橱窗前驻足

[1] 大约相当于中国鞋码的 40 码。——编者注

[2] 标准的美国鞋宽码有 9 个，从窄到宽依次为 AAA、AA、A、B、C、D、E、EE、EEE。——编者注

观看，她穿着一件 J.P. 史蒂文斯（J. P. Stevens）的贴合体形的裙装，羊毛混纺面料，是麦凯特里克[1]的经典款，售价 10.93 美元。”或：“星期天，高楼与街道形成的华尔街峡谷[2]仿佛鬼城（一些内部人员说这里正是鬼城）。在三一教堂（Trinity Church）附近，琼被拍到身着佩蒂（Petti）格子连衣裙，搭配羊毛混纺上衣，售价 14.95 美元。”纳内特在第 3 个任务中表现优异，不过并未沉溺于这一次成绩，而是迅速向《少女》杂志提交了自己写的诗歌，并告知施瓦布，3 月——这是一种策略，因为此时接近 4 月，在 4 月下旬，编辑们将聚集在一起，决定当年暑期客座编辑的名单——她将在纽约。“能去编辑部看看吗？”她问道。

功不唐捐。《少女》没有发表她的诗歌，但施瓦布确实邀请纳内特参加了杂志的“4 月大学论坛”（纳内特搭火车就可以到达纽约，这一点也很有帮助，因为战时有燃料配给，所以那些坐飞机才能来的人不会接到邀请）。大学论坛是施瓦布非常钟爱的项目。她真心关注着战后美国的发展方向，曾向 BTB 请求许可，就这些问题组织一个会议式讲习班。

[1] 麦凯特里克（McKettrick）也是当时的服装品牌，主打“平价”“休闲风格”。——编者注

[2] 华尔街狭窄，街道内摩天大楼却比肩而立，这些大楼遮天蔽日，让华尔街好似昏暗狭窄的山谷，华尔街也由此有“人造大峡谷”之称。——编者注

1944 年，第一届大学论坛召开，该论坛的形成，要归功于施瓦布作为杂志大学委员会编辑在一所所大学校园里的旅行。她在途中发现，即便大家看起来都像是在过着美国女大学生的日常生活，却“在课桌椅上坐立不安”，“怀疑自己是否应该在别人浴血奋战时学习”。现在，战争基本宣告结束，1945 年的大学论坛（她邀请纳内特·埃默里参加的那一届）有各领域的专家和学生们参加，与会者就“劳工、种族、偏见、政治行动、世界安全、战后教育”等主题进行小组讨论。会议上的照片里，纳内特显得专心而聪慧，不过略有些不自在。她是个漂亮的年轻女子，穿着 20 世纪 40 年代流行的厚垫肩外套，两侧的头发别了起来，后面的头发打着卷，正拿着笔准备做笔记。不过无论如何，纳内特已经确保自己被看到了。

不到一个月后的 1945 年 5 月 7 日，德国向同盟国投降。第二天，纳内特最期待的那封电报到达了她在布林莫尔学院的宿舍——拉德诺大厅（Radnor Hall）：“很高兴通知您入选《少女》客座编辑，详见后面的西联电报（WESTERN UNION）。另请告知最接近 6 月 1 日的空闲时间。《少女》主编贝茜·塔尔伯特·布莱克维尔。”[26] 这相当于赢得了《查理和巧克力工厂》（*Charlie and the Chocolate Factory*）里那张金色参观券。客座编辑竞赛的优胜者们完全不需要任何人说服就会去纽约：1947 年的优胜者之一——兰妮·戴蒙德

（Lanie Diamond）在没有完成期末考试的情况下就从加利福尼亚大学洛杉矶分校（UCLA）偷溜出来，以便按时去《少女》编辑部和巴比松报到。[27]

现在，纳内特·埃默里只有不到3周的时间准备自己的纽约之行。她当然听说过巴比松。两年前，惊艳绝伦的红发银幕明星丽塔·海华丝曾在巴比松的健身房为《生活》杂志拍摄了一系列照片。这些照片显得无礼而有趣，还有点“伤风败俗”。其中一张照片里的丽塔显得很无聊，翻着白眼，面带轻蔑地坐在椅子上，而巴比松的常驻模特们在她周围做运动——倒立，打乒乓球。另一张照片里，有5个女人弯着腰，穿着典型的平角短衬裤，屁股对着摄影师；而丽塔·海华丝则高高站立在她们之间，头歪向一边，带着强烈的讽刺表情，默默地凝视着读者。

“二战”期间，巴比松大饭店一直在稳步建立自己的声誉，丽塔·海华丝在地下健身房拍摄的照片就是这个策略的一部分。酒店完善了其公关手段，首先是经常向影迷杂志《影戏》（*Photoplay*）提供巴比松大饭店那些年轻、有抱负且令人神往的女住客“新鲜可口”的八卦片段。纳内特刚好和女演员伊莱恩·斯特里奇（Elaine Stritch）、克劳斯·利特曼（Cloris Leachman）、南希·戴维斯（Nancy Davis，后来改姓里根）错过了整整一年——她们都是1946年入住巴比松的。[28]克劳斯·利特曼来到此处时，刚刚戴上“芝加哥小姐”的冠冕，才20岁。但3个月后，她已经身着剪裁合体的绿色羊毛套装，外罩一件长款海狸皮大衣，搭配绿色麂皮高跟鞋，在波道夫·古德曼奢侈百货商店（Bergdorf Goodman）的过道上翩翩而行了。[29]她在两部百老汇戏剧中充当候补演员，自我感觉那是“一生中最激动人心的时刻”。

纳内特·埃默里的感觉与其大致相同。她计划穿着最受追捧的最新款裙装的仿版亮相纽约。被仿的裙子名为“汤利连衣裙”（Townley Frock），设计者是克莱尔·麦卡德尔（Claire McCardell）。麦卡德尔是美国设计师，其设计灵感源自美国的品位和传统。“二战”期间限制重重，美国设计师都被切断了与传统时尚中心巴黎的联系，而她却逆境绽放。她的创新设计中有一种现代化的少女装——大摆长裙，紧身束腰。到了1944年，她利用政府剩余的气象气球棉布，创造了“终极爱国主义裙装”。一年后，她和菲利斯·李·施瓦布一样，努力设想战胜法西斯主义后的前景。她在1945年设计的系列服装展现了美国先锋开拓的价值观：她充分利用了自己口中的“西部拓荒裤[1]裤兜”，把它

[1] 一种牛仔裤。——编者注

们设计在裤子和裙子上，并以尖角和翘起的方式表达一种大胆挑衅。[30][短短两年之后，这种对美国边疆自由生活的致意，就让位于克里斯汀·迪奥（Christian Dior）标志性的“新风貌”（New Look）。最初，美国女性感到不满，认为迪奥公然“开倒车”，约束女性气质[31]：裙子很长，离地只有几英寸，穿上后腰带紧系，胸部挺直，仿若站军姿。而且，保持这种挺胸抬头的高傲态度需要穿戴各类令人感到痛苦的基础服装。然而，“新风貌”的流行程度，很快就超越了麦卡德尔早期对战后衣着的设想。]

不过，回到1945年，麦卡德尔的设计依然十分流行。欧洲的战争终于结束了，而纳内特正在前往巴比松的路上。空气中充斥着待解答的问题和充满感染力的战后乐观主义。约瑟夫·斯大林（Joseph Stalin）仍然被称为“乔大叔”[1]，冷战尚未开始。此时距离麦卡锡参议员提出麦卡锡主义还有五年。纳内特和她的朋友们已经从大萧条和“二战”中学到了深刻的一课，在当下这个关头，快乐转瞬即逝，必须及时行乐。

施瓦布致信纳内特和另外13名客座编辑优胜者，说她们

[1] 乔（Joe）是约瑟夫的昵称。当时美国和苏联同属反法西斯同盟，因此美国媒体有此亲昵称呼。——编者注

将会是被安置在巴比松大饭店的第二批。她写道："去年，我们的客座编辑在巴比松大饭店享受了一种如同宿舍般的酒店生活。"但也警告说："你们要做好心理准备，接受任何情况的住宿条件。"和施瓦布的信一起送到纳内特手中的，是巴比松的小册子。厚厚的一本，用精美的图片展示了她即将入住的地方，看上去远不止"宿舍般的酒店"那么简陋。小册子上迷人的照片展示着图书馆、音乐厅和酒店塔楼上阳光充足的日光浴室。酒店使用的信笺同时透露着奢华与女人味：酒店名字"巴比松"是这精致纸张的抬头，以充满女性气质的完美花体字绘制而成，下面是小小的印刷体，写明了酒店地址——纽约州纽约市第63街列克星敦人道。从那以后，直到1979年该项目结束，每一年的客座编辑们都会入住巴比松大饭店。

菲利斯·李·施瓦布向纳内特和其他优胜者建议，"你们的着装最好都是凉爽的深色城市工作装"，还有"《少女》编辑部内部的小禁忌是不戴帽子、穿白鞋"。施瓦布想传递的讯息清晰明了：从美国各地被选中为客座编辑的这14位年轻女性，出现时应该按照纽约的时尚精心打扮，不能按照各自家乡的面貌选择着装。施瓦布的担心不无道理。1953年，19岁的客座编辑，后来写出《离婚》(*Le Divorce*)等一系列成功小说的戴安·约翰逊就是个典型，她从未去过

“密西西比河以东的地方”[32]。对她来说，布莱克维尔和其他纽约成功女性所必须戴的帽子是全然陌生的：“当然，我的家乡伊利诺伊州莫林市（Moline）也是有人戴帽子的。我总看到妈妈戴着帽子去市中心，或者（在复活节时）去教堂。”但刚到纽约时，站在《少女》员工面前，戴安和与她同届的客座编辑们（其中包括西尔维娅·普拉斯），尽管都是出类拔萃的学子和雄心勃勃的年轻女性，却称不上有什么个人魅力：“来自加利福尼亚州、犹他州和密苏里州的20个女孩子，我们的衣服让那些编辑们脸色苍白，帽子让她们垂头丧气，都是从妈妈那里借来的，去教堂用的帽子，有些小家子气，只能称得上‘盖子’。”

尽管大家对客座编辑们的期望是戴上新帽子，穿上新衣服，但《少女》的这个项目，算不上有利可图的暑期工。有些人没别的办法，常常落得拮据窘迫，只能想办法借贷；而其他人则写信回家，请求尽快汇钱。纳内特和其他人一样，将在6月收到150美元的薪水，这个金额设置得相当巧妙，合法地涵盖了“为《少女》做摄影模特，以及被选中出版的短篇小说、文章、创意或艺术作品的报酬”。150美元，即便对于像纳内特这种有能力赚取更多钱的女孩来说，也算绰绰有余了，但这个数目只能勉强维持一个月的开支，何况很多费用需要预先支付，而《少女》的第一笔工资要月中才到账。

（税前150美元这个数字在之后的九年里都没有变化过，直到1954年，客座编辑们才终于享受了25美元的涨薪，因为有人指出，当时在巴比松大饭店住一个月就要花60美元，而在纽约城打第一份工的大学毕业生，他们的起薪是195美元，如果住小公寓或者合租公寓，租金只需要30到40美元。两相比较，前者根本不划算。[33]）

纳内特很幸运，不用担心区区150美元的工资不够花，她决心让1945年6月和自己想象中的一样完美。纳内特住在巴比松大饭店的1411号房间，经常收到接线员留的电话讯息，每次回酒店，她都会去前台拿讯息条。打电话到巴比松联系她的朋友们，也 点儿不介意午夜时分再打给她。对纳内特这样的巴比松住客来说，深夜晚归并不算什么稀奇事，她们和那些被父母列入宵禁名单的不幸女孩不同，也不同于吉布斯女孩，后者有自己的宿管，确保她们早早上床睡觉，这样早晨才有精神去上课。

在巴比松大饭店，纳内特需要的一切都唾手可得：不用离开大楼，只要走过大堂外的一条小走廊，她就能进入内特·斯科拉（Nate Scollar）的杂货店，或者在克里斯托尔小姐（Miss Crystal）那里买到新的小说。如果她喜欢艺术，甚至可以在夹层画廊免费展出自己的作品。要是遇到什么问题，巴比松的新经理，戴眼镜的休·J. 康纳总是随时待命，他就

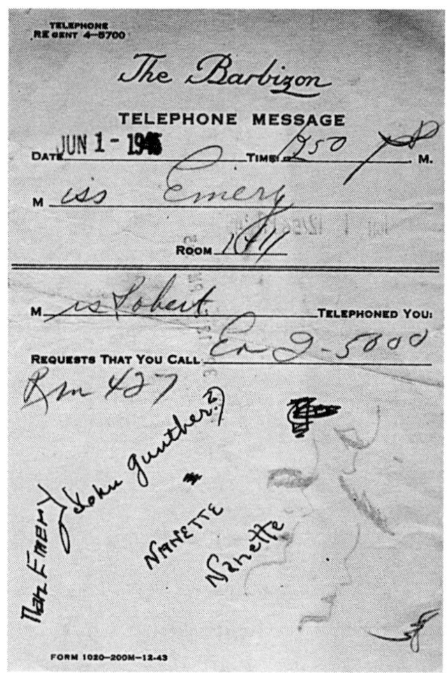
TELEPHONE
REGENT 4-5700

The Barbizon

TELEPHONE MESSAGE

DATE JUN 1 - 1945 TIME 2 50 P M.

M iss Emery

ROOM 1411

M iss Robert TELEPHONED YOU:

REQUESTS THAT YOU CALL En 2-5000

Rm 427

John Gunther?

Nan Emery

NANETTE

Nanette

FORM 1020-200M-12-43

酒店前台工作人员为纳内特·埃默里记下过很多来电讯息，这是其中一张

像一个有点无聊但充满爱心的叔叔。他会给生病的住客送去鲜花，预付那些资金紧缺的人 5 美元或 10 美元。要是父母希望他帮忙每周固定发放津贴，他也会照做。他还会分享有关纽约和商业方面的经验，还帮助一个在东 54 街开服装店的韦恩堡（Fort Wayne）人开了一家分店。

经理助理兼前台“督查”梅·西布莉夫人，有时候是“护崽母鸡”，有时候是严格的执法者。是她，把那些经常太晚回酒店的年轻住客拉到一边谈话，问她们其父母对此会怎么想。[34]要是住客并无改观，她就暗示说她们的房间很快将由酒店收回，这会让对方泪如雨下，请求原谅。门卫奥斯卡·贝克（Oscar Beck）重达 220 磅，工作热情也和体重一样过头。他特别乐于为巴比松的女住客们打开出租车门，像一只衷心的小狗一样欢迎她们回家。有男人开车经过酒店，朝奥斯卡喊叫，请他透露一下住客的电话，他就会喊出酒店前台的电话：坦普尔顿（Templeton）8-5700。[35]一位来自俄亥俄州的住客说，奥斯卡说话有浓重的德国口音，且 直乡音不改：“咕咕哝哝的，也没人能听清他到底说了什么。但你就觉得他在表扬你是天下最漂亮的人儿。”[36]

纳内特并不需要奥斯卡的额外鼓励，也不需要西布莉的警告或康纳的建议。一到纽约，她就从那个在 4 月大学论坛上谈论政治的严肃年轻女子，摇身一变成了个都市女孩。她被分配到“健康与美容”版块做客座编辑（战争期间，“健康”被加到“美容”前面——这是远离轻浮的一种姿态），第一天就与《少女》的编辑——著名的伯尼斯·佩克（Bernice Peck）小姐共进午餐。她认为对方“美好和坦诚得惊人”。佩克小姐最终在《少女》杂志做了二十四年的

奥斯卡·贝克，长期在巴比松担任门卫

美容编辑，她并未因要变美或保持美丽而困扰，也因此将幽默注入了美丽之战，不去理会那种“你往肚脐上抹什么美容霜”的所谓“庄重”讨论。[37] 纳内特客座编辑生涯第一天的收尾，是在巴比松的主餐厅与另外3位客座编辑一起吃晚餐。她在来纽约之前，每晚都研究酒店宣传册，宣传册对这个餐厅的描述是“有淡雅柔和的色彩和令人愉悦的南方灵感花卉壁画”，让人感觉“弥漫着一种老查尔斯顿[1]的氛围”。晚餐主菜的价格从55美分到1.5美元不等。晚餐后，纳内特和新朋友们去探索酒店的日光浴场，接着去华尔道夫酒店散了个步，沿着第五大道一路走过去，最后在施拉弗特（Schrafft's）吃了冰激凌。38 施拉弗特是当时最受女性欢迎的连锁餐厅，内部设计有意贴近中上阶层白人盎格鲁-撒克逊新教徒的家庭风格和修养品位。这让纳内特感觉十分亲切自在。

其实，在短短几天之内，纳内特就已经完全适应了曼哈顿的生活。在一个忙得透不过来气的晚上，她还设法挤出时间，到德尔莫尼科军官俱乐部停留了片刻。在那里，她和另一位客座编辑，以及两人的约会对象一起拍下了一张时尚照片，名为“优胜约会礼服”。接下来是一场正式的舞会，女孩们在晚上10:30离开，乘坐出租车去了巴里摩尔剧院（Barrymore Theatre），在那里，纳内特采访了凯瑟琳·康奈尔[2]，作为“顺风马车”专题的一部分。这也是《少女》8月号大学专刊的常年热门话题，每个客座编辑都要采访一位给

[1]　老查尔斯顿（Old Charleston），南卡罗来纳州最古老的城市，有大量多种不同建筑风格的建筑。——编者注

[2]　Katharine Cornell，美国著名舞台剧演员、剧作家和剧场主，被评论家誉为“剧场第一夫人”。——译者注

她们启发和激励的名人。当时的照片里，纳内特和这位女演员坐在一起，后者的狗就趴在两人的膝上。当天，纳内特的日记也有种喘不过气的感觉："闪光灯不停闪烁，康奈尔的腊肠犬——伊洛和鲁尼——以及与康奈尔的精彩对话。"[其他客座编辑的选择比她更为明智审慎，有一位采访的是艺术家马克·夏加尔（Marc Chagall）——用"疯狂的手势和跳跃的眉毛"进行法语和"美语"的交流；还有一位采访了德国难民作家、诺贝尔奖获得者托马斯·曼（Thomas Mann）。]纳内特在晚上11:45回到著名的德尔莫尼科军官俱乐部的餐厅，跟同伴与一对兄弟进行四人约会，对方一位是海军陆战队队员，一位是陆军军官。最后，在凌晨时分，她又去了"一家德国餐厅，有人在弹钢琴，人人都在唱爱尔兰歌曲。还有德国蒜肠三明治和咖啡"。纳内特正趁着战后的黄金时间，疯狂享受快乐、轻松与浮华。

一路上，她像个失控的游客，疯狂收集纪念品——收集地点有广场酒店的橡树厅（Oak Room），按照传统，这里从周一到周五，每天下午三点前只对男士开放；有波斯厅（Persian Room），该厅的入场卡是奢华的深红色与深金色，鲍勃·格兰特（Bob Grant）和他的管弦乐队在晚上9:30以后登台演奏，每人收费1.5美元；有皮埃尔酒店（Pierre hotel）的交谊舞厅，有"电睛怪客""心灵感应的魔法师"之称的米卢斯（Myrus）就在那里表演，回答客人写在小小白色卡纸上的尖锐问题。艾森豪威尔（Eisenhower）将军骑着马沿第五大道行进，庆祝美国在“二战”中的胜利时，纳内特和其他 13 名客座编辑也加入了欢庆的人群：“立足之地有限，所以我们站在一辆垃圾车顶上，向将军致意。看到 500 万人同时为一支军队欢呼，真是太美妙了……”[39] 她们为《少女》报道了这一事件。在没那么激动人心的普通日子里，纳内特会在巴比松吃饭，通常会选择咖啡厅或者与主餐厅相邻的露台厅（“露台上装饰着雕花铁艺和花圃，与蔚蓝的天空相映成趣”），在那里，客座编辑们可以享用价格在 25 到 65 美分的早餐，以及 35 到 65 美分的午餐。如果更想出去吃，纳内特会选择隆尚（Longchamps），纽约的一家高档消费连锁餐厅，或者第二大道上的史都华（Stouffer's），那时还是一家很受欢迎的餐馆，而非如今电视食品节目中常出现的冷冻食物品牌。

纳内特的工作任务并不繁重，因为正如编辑们对客座编辑解释的那样，8 月号大学专刊的大部分版面早在她们到来之前很久就定稿了。[40] 即便如此，纳内特还是设法见缝插针地塞进去了一些自己署名的文章，报道了一些比较紧迫的问题，比如“大学新生如何减掉赘肉”，可以自行加入吃减脂餐的行列，更好的办法是在大学食堂开设减脂餐桌。她咨询了一位相关领域的专家，在文中写道，对方已经“为大约 25 万名美国女性减去了脂肪”。[41] 纳内特转达了专家的建议：胖胖的女大学生们应该联合起来，要求父母给自己提供不限量的水果和蔬菜，大家应一起分享，在每餐之前大口吃掉。女孩要身材苗条才能叫人喜爱，这是穿束胸的吉布森女郎和那些骨感如男孩的时髦女郎明确提出的要求，而显然，战争也没能让这要求得以改变。

在本月的最后一个星期四，在她们完成这为期一个月项目的前一天，客座编辑们与布莱克维尔在圣瑞吉酒店（St. Regis hotel）的“维也纳屋顶”共进午餐。那里的一切——餐巾、桌布、房间——全布置成和带《少女》标志的信纸一样的粉红色。纳内特回到了位于底特律的家中，带着自己的行程表、前台电话讯息、巴比松明信片、信纸、纸板火柴、各种票根、入场券……其实就是在纽约收集到的一切，很快，她就把这些东西做成了一本巨大的剪贴簿，用皮革装订了起来。在纽约度过的 1945 年 6 月，符合她梦想中的一切。20 世纪 40 年代的曼哈顿，正如作家约翰·契弗（John Cheever）的名句：“充满河灯的光影，你会听到街角文具店的收音机里传出本尼·古德曼（Benny Goodman）的歌声，也会看到几乎人人都戴着帽子。”[42] 纳内特来到战后纽约，目不暇接，在“摇摆乐之王”[1]欢快乐声的伴奏下经历了一场刺激的旅程。然而，这一切的背后，已经隐约可见即将到来的冷战。后来的事实证明，像BTB这样的职业女性，以及正在接受职业女性培训教育的“纳内特·埃默里们”，正处在参议员约瑟夫·麦卡锡“红色恐慌”（Red Scare）的靶心——这个词特指一系列旨在揪出美国社会“叛徒”的国会听证会。

✦

伊丽莎白·莫尔顿（Elizabeth Moulton），当时还叫作“贝茜·戴”（Betsy Day），也是1945年夏天那14名客座编辑中的一员。白天在《少女》编辑部工作，晚上回巴比松住宿。和纳内特一样，她也在欧洲战场停战一天后，收到了来自BTB的同样内容的电报，也怀着和纳内特几乎同样的浮夸与兴奋，打包好了去纽约的行李。《少女》编辑部的夏天结束后，伊丽莎白回到拉德克利夫学院，纳内特回到布林莫尔学院，但伊丽莎白只剩一个学期就要毕业了。当该杂志的副主编兼小说版块编辑乔治·戴维斯（George Davis）要招助理时，她简直不敢相信自己能有如此好运。《少女》编辑部是强大的职业女性的海洋，而乔治是其中唯一的男性。客座编辑

[1] 即前文提到的本尼·古德曼。——译者注

们都觉得他热情开朗，具有强势硬派的BTB所没有的品质。乔治·戴维斯要求她们直呼自己为“乔治”，每年6月，他都会“为来自罗阿诺克（Roanoke）、芝加哥、基韦斯特（Key West）、得克萨斯州、乔治亚州、明尼苏达州的全新纽约人掸去狭隘的乡土之气”，帮助她们找到写作风格，也找到穿着打扮的风尚。他把女孩子们送回家时，她们一个个都成了“新孵化”的时尚达人，并且在文字写作上相当有一套。

乔治·戴维斯名声在外，所有的客座编辑都在到达纽约之前就对他大名久仰。他的著名经历之一，就是在高中二年级时从密歇根州拉丁顿市（Ludington）的高中辍学，搬去了巴黎。在那里，他于21岁写成了自己人生中第一部也是唯一一部小说（他的助手们都像进行仪式一般在纽约的二手书店寻寻觅觅，直到找到这部小说，购为己有——伊丽莎白也将进行同样的仪式）。乔治在巴黎结识了雅克·普莱维尔[1]、让·谷克多[2]和几乎所有文艺界重要人士。十年后，他回到纽约，担任《时尚芭莎》小说版块的编辑，之后跳槽到《少女》。

[1] Jacques Prevert，法国诗人、歌唱家、电影编剧。——译者注

[2] Jean Cocteau，法国诗人、小说家、戏剧家、画家、设计师、法兰西学院文学院士、电影导演。——译者注

1942 年，菲利斯·李·施瓦布来到《少女》编辑部担任大学委员会成员，她一开始还把乔治错认为编辑部的门卫，因为他总在跟电话接线员闲聊八卦，靠在后者的桌上，不让别人听到两人在聊什么。[43] 直到有一天，著名作家卡森·麦卡勒斯（Carson McCullers）来找乔治，菲利斯才震惊地知道此人的真实身份——就是他，发掘了伟大作家杜鲁门·卡波特。乔治那栋位于布鲁克林区米达街（Middagh Street）7 号的三层褐砂石豪宅也是个传奇，他从争议颇多的脱衣舞明星吉普赛·罗斯·李（Gypsy Rose Lee）那儿借了 125 美元押金，把那栋楼买了下来。[44] 那里成为一个波希米亚式的公社，一个著名的文学沙龙，一个可以与纽约州北部亚都（Yaddo）社区相媲美的作家天地，以及一个游乐园般的寄宿处。乔治·戴维斯不仅把房间租给了卡森·麦卡勒斯，还租给了其他作家，比如 W.H. 奥登（W. H. Auden），以及狂欢节表演者们，其中还有个驯猴师。[45]

1945 年，纳内特·埃默里和伊丽莎白·莫尔顿来到《少女》编辑部时，乔治已经是个 40 岁的编辑了，身上再也找不到早期照片上那个大男孩的影子。他身材矮小，身形倾斜，头比平常人大很多，头顶上留着波浪形的头发，稀疏且颜色灰白。他不好看，声音却很有特色。用伊丽莎白后来的话说，那声音“柔和、怀有恶意、开心、幽默、清晰”。

“怀有恶意”一词可不是她胡乱加的。1946 年 2 月，伊丽莎白加入了乔治的团队，团队中还有他的另一位年轻助手莱利亚・卡森［Lelia Carson，昵称李（Lee）］和助理小说编辑玛格丽塔・史密斯［Margarita Smith，昵称丽塔（Rita）］，后者是作家卡森・麦卡勒斯的妹妹，被姐姐的病痛所困，负责照顾她，性格沉静且害羞。伊丽莎白的母亲生在一个鼓励女性有抱负的时代，一直敦促女儿伊丽莎白要取得事业成功，鼓励她尽力参加一切比赛，包括《少女》的编辑竞赛。伊丽莎白能住在巴比松，被门卫奥斯卡・贝克、前台“家长”西布莉夫人和酒店经理康纳小心看顾，这让母亲的担忧得以平息：这恰恰就是 BTB 决定只让客座编辑们住在巴比松时的意图。然而，1946 年，伊丽莎白再度回到纽约时，她的母亲害怕极了：以杂志给的起薪，伊丽莎白付不起再住进巴比松的钱。为了打消母亲的顾虑，她唯一能做的，就是保证在日落前离开中央公园，并绝不踏足布鲁克林。她信守承诺，因此错过了乔治在自己的“布鲁克林游乐场”举办的无数次派对。

为乔治工作需要全身心投入，十分辛苦。伊丽莎白、李和丽塔要满足乔治的一切工作需求。尽管伊丽莎白的父亲是个剧作家，她的生活环境远远谈不上保守闭塞，她还是花了一些时间才弄清楚乔治的性取向。那些年月里，大家根本不会谈论性的问题。伊丽莎白写道，教堂、国家和电影审查员对相关问题的态度是“惩罚或清洗”。一直到她或者李早上值班时，不得不负责赶走前一晚乔治的那些法国水手访客，伊丽莎白才逐渐明白过来。李是南方人，对礼貌和蔼地说出善意谎言的微妙艺术可谓驾轻就熟，她转移重点，顾左右而言他，并教伊丽莎白做同样的事。

到 1946 年秋天，乔治已经关掉了自己的布鲁克林公社，搬到了曼哈顿东 86 街的另一栋高级住宅，带着一只坏脾气的鹦鹉、“一只不羁的小狗”、4 到 7 只猫（很难数清楚）和暂时风餐露宿的好几个人类。他会在日过三竿时从那里给助理们打电话，说自己很快就到——等洗完澡，刮完胡子，搜集到足够的空瓶子去换回押金以买来地铁票乘车到市区之后。伊丽莎白和李经常一整个上午都要给他找各种借口，然后到大楼后面跟他偷偷地“接头”，把他的薪水交给他。乔治马上就会把这笔钱花在他的某个水手或“门徒”身上。

不过，乔治的派对仍在继续，依旧精彩。而且，现在地点改到了上东区，伊丽莎白能参加了。有些是大型的聚会，由杂志社付账，主要是大家举杯恭维一位明星嘉宾，比如黑人作家理查德·赖特（Richard Wright）、法国摄影家亨利·卡蒂埃-布列松（Henri Cartier-Bresson）或剧作家田纳西·威廉斯（Tennessee Williams）。来客们以同心圆的形式散开，第一圈是图书和杂志编辑，接着是他们的助理，最后一圈是各路亲朋好友，需要负责传递食物和香槟。在一次派对上，一个驯狗和驯猴的朋友在仅能容人站立的后休息室里表演，把穿着黑色高领上衣的杜鲁门·卡波特和生气的鹦鹉困在了前厅。乔治的公寓里也有规模较小的聚会，通常就是 7 到 10 名年轻的《少女》员工对左派的各种幻梦表示拥护，而民主党人乔治则带着温和而鼓励的微笑在一旁聆听。

伊丽莎白觉得《少女》编辑部就像一个大家庭，但这个家庭一有风吹草动就会引发争吵，特别是乔治·戴维斯和执行主编西里尔·埃布尔斯（Cyrilly Abels）。和埃布尔斯相比，BTB 简直称得上小羊羔。作为一名编辑，前者凶狠可怕的名声很快尽人皆知，因为她把诗人西尔维娅·普拉斯吓得精神崩溃。据称，埃布尔斯胸部很大，拥有一柜子高级定制的时装，却毫无吸引力。在一次采访中，有人问她，时尚编辑都做什么具体工作，是否写过稿子。她冷笑道："写？！他们甚至都不认字！"[46]西里尔·埃布尔斯很快成为乔治·戴维斯"需要长期忍受的最主要对手"，部分原因是她作为执行主编，职责之一是要保证每个人按时交稿，而乔治并不擅长按时交稿，正如他不擅长早起按时上班一样。

不过，还有另一个问题：政治观念。埃布尔斯，一个富有的高知女性，拉德克利夫学院的毕业生，在政治光谱中却怀着一种挑战和大胆，立场偏左。这在战前也许是一种时尚，在战后却变得非常危险。

在决定《少女》要刊登哪些短篇小说时，两人的政治冲突表现得尤其明显。乔治不愿意为了内容牺牲形式，他曾反对刊登埃布尔斯相当欣赏的一个短篇，那个短篇描写了一个满腔怨恨的非裔美国杂工，生活在一张“地下室脏兮兮的简陋小床上”[47]。她为其中的进步讯息而喝彩，他则觉得遣词造句笨拙奇怪，从而拒绝。两人就这样拉开了一条条战线。1947年，伊丽莎白担任乔治的助理已经一年，后者致信BTB，说要辞去小说版块编辑的职位　　兼任两个编辑职位负担太重，他愿意只担任杂志的副主编。他也不愿意参与新聘小说编辑的意见。BTB和埃布尔斯同意了，并按照他的要求做出了安排。两人没有征求他的意见，就把助理小说编辑丽塔·史密斯提升到了这个位置。

对丽塔来说，做卡森·麦卡勒斯的妹妹，还要给予她情感上的支持和照顾并非易事。编辑部人人皆知，这是丽塔特有的负担，就连她自己也需要后援。卡森·麦卡勒斯面色苍白、体弱多病，深受多次中风的折磨，最终因抽烟喝酒的恶习离世，享年50岁。麦卡勒斯承受了巨大的压力：1940年，这个年仅23岁，来自实行种族隔离的佐治亚州的白人女孩，就以纤弱之躯写出了小说《心是孤独的猎手》（*The Heart Is a*

Lonely Hunter）。理查德·赖特评论说，作为一名白人作家，她拥有一种不可思议的能力，“在南方小说中，这还是第一次，作家能像对待自己所在种族的人物一样，自如而公正地对待黑人角色。这无法从风格或政治上进行解释，似乎源于一种生活态度，这种态度使得麦卡勒斯能够超越其所处环境的压力，将黑人和白人的人性包容在共通的理解与温情之中”[48]。恰恰是她的脆弱，造就了她的才华。

而作为麦卡勒斯的妹妹，丽塔也有自己的脆弱。她是位“拥有褐色悲伤双眼的丰满女性”，只要“姐劫”[1]召唤，她就会立即飞奔前往韦斯切斯特县（Westchester），即便据称这位“姐劫”已经毁了她的生活。[49]丽塔怕坐电梯，所以会走楼梯到位于6楼的《少女》编辑部。她也绝不会在没人陪伴的情况下独自乘坐地铁。她所到之处，都会留下没有熄灭的香烟。她自己也意识到了这个问题，总是害怕自己会和自己所在的任何建筑一起葬身于大火之中。于是，她的助手就有了一项工作，每天下班时一丝不苟地检查办公室，把一切剩余的烟灰都打扫干净。

丽塔被提升为小说编辑仅仅一年后，乔治·戴维斯突然给BTB写了一封信，语气极度痛苦，庄重地用自己说真话

---

[1] 原文为“sistuh”，是南部方言发音。——译者注

的权利来为任何“严肃作家”履行“神圣的职责”[50]。他的“真话”就是“任命丽塔·史密斯为小说编辑是你履历上一个可耻的污点”。他认为，丽塔完全不合格，也很懒惰。和她宣称的事实相反，她并没有和杜鲁门·卡波特共事“数月”，这样做的人其实是乔治。她的工作进度永远落后，以至于每隔几个星期，他自己部门的工作就会暂时停滞，因为杂志社的每个人都被召集起来“为丽塔看稿”——就连她的朋友们也被叫来帮忙阅读数个星期以来积累的大量稿件。还有“发晕”的问题，乔治说她酗酒：“每天得喝上10次咖啡。这个可怜的孩子常常酩酊大醉，无法应付工作。她办公的地方简直是可怕的烂摊子，无论是外观还是内在。”

乔治发出诘问：她为何没被解雇？又自己给出了答案：因为怕她会对她自己做出什么事情。她的眼泪也是个问题——“常常在半夜酩酊大醉，打电话哭诉，一打就是好几个小时”[51]。当然，还有家庭关系的考量。不过，乔治最终归咎于他的政治宿敌西里尔·埃布尔斯：“好吧，天杀的，去死吧，我受够了那该死的谎言。埃布尔斯心里清楚得很，丽塔在编辑方面就是扶不上墙。”对于埃布尔斯曾大唱赞歌，说乔治把丽塔训练得多么多么好，乔治表示：“我对此的回应是：我吐了。”他写给BTB的信是这样结尾的：“再重复一遍：我吐了。”这就像最后一根钉子钉死了棺材板，乔治·戴维斯趁杂志社做出解雇他的决定之前，抢先辞去了仅剩的副主编之位。

但是，即便他离开了《少女》编辑部，埃布尔斯依然让他如鲠在喉。他咽不下这口气，又给 BTB 写信，说他仍然需要发泄。他要把自己的故事讲出来。和埃布尔斯初见时，两人都在《时尚芭莎》工作，等他跳槽到《少女》后，她一直和他保持联系，她是个“羞涩、热情、理想主义的女人”——至少在当时他是这么认为的。BTB 说执行主编没有合适人选时，乔治便推荐了西里尔·埃布尔斯。他一直知道，她在政治上更倾向于左派，但没觉得这有什么重要的。直到后来他才意识到，这个问题其实特别重要。一开始，乔治自喜于帮助 BTB 做出了明智的选择，接着，“埃布尔斯小姐开始充满期待——哦，天啊，那期待的样子啊——问自己能否偶尔建议采纳一位作家的文章，或者贡献一个想法”。乔治意识到，她推荐的作家全是左派，或者“同路人”，是被认可的自由派。乔治本以为自己能控制住局面，但“事实证明，我做不到”。她和他的部门之间爆发了一场名副其实的冷战，埃布尔斯让他部门的那些女孩子也加入，但他什么也没说。他“不敢冒这个风险，怕被称为自由派叛徒”。在他看来，自己是陷入了一个圈套。

乔治·戴维斯宣称，他对埃布尔斯的政治手段感到厌恶，但看他抱怨的这些东西，核心其实是另一个并未宣之于口的原因：作为一名女性，她太有职业抱负了。他写道："我认为她是个野心爆棚的女性，深谙如何利用手头的资源。"[52]据他的说法，埃布尔斯采用了一切渗透策略来助长自己的野心，其中包括"心甘情愿、绝无怨言地包揽行政的苦活、累活，早上第一个出现在公司，晚上最后一个离开。这样一来，她就让你、我和其他所有人觉得内疚到要命……渐渐地，这忠诚的苦力便有了回报，越来越多的权力落入她的手中"。乔治解释，一年来他一直忍着不说，是因为不想让"卑劣的政治迫害"乱上加乱。但是，最终，他别无他法，于是"决定逃跑、退出，收手不去管这整个烂摊子。是的，是的，我将写作，我将重新获得自由"。他说服了自己，最终决定辞职。

然而，从向 BTB 递交辞呈的那一刻起，乔治就眼睁睁地看着埃布尔斯"毫不留情地夺走了我的部门。我目睹那谨小慎微的亲切面具掉了下来"[53]。在乔治看来，他自己仍然处在进退两难的境地，埃布尔斯觉得"没有什么比让我扮演惠特克·钱伯斯，而她来扮演阿尔杰·希斯[1]更值得利用的了。我不会这样做。问题在于她的个人野心，而不是

[1] 惠特克·钱伯斯（Whittaker Chambers）是著名记者、美国《时代》杂志编辑，曾为苏联在美国的间谍。阿尔杰·希斯（Alger Hiss）是美国政府官员，于 1948 年被指控为苏联间谍，并于 1950 年被指控做伪证，入狱五年。而在 1948 年实名举报阿尔杰·希斯的人，正是惠克特·钱伯斯。——译者注

她的政治倾向”。乔治警告说,《少女》正在被“拱手交给一个左派团伙”，而整个纽约文学界也正有这样的倾向。据他说，左派的《纽约星报》（*New York Star*）有位编辑甚至这样说过：“那位埃布尔斯小姐正在那家无聊的老公司和她老板的反动丈夫的眼皮底下偷偷做些事情，这不是很美妙吗？”BTB的丈夫詹姆斯·麦迪逊·布莱克维尔（James Madison Blackwell）被《少女》的员工称为“上校”，是众所周知的极端保守主义者，甚至是反犹太主义者和种族主义者。[54] 但归根结底，乔治最怕的，还是女性掌权。

✦

其实，乔治只不过是顺应了当时的时代潮流。1945年，冷战几乎还没什么苗头。三年后的1948年，哈里·杜鲁门（Harry Truman）通过引导美国日益增长的反共情绪赢得了总统选举。“政治迫害”在日常生活中变得根深蒂固，而人们普遍认为，家庭（妻子和母亲都在家中，而不去办公室工作）是抵御这种来自莫斯科的新意识形态威胁的最有效保障。1949年，苏联展示了其核力量，美国众议院“非美活动委员会”（Un-American Activities Committee）警告美国人：共产主义者及其同路人、颠覆者和“变态”（同性恋者）就潜伏在他们中间。

“红色恐慌”很快和战后人们对女权主义的恐惧交织在一起。很多人不知道女性是否愿意放弃战时她们所做的“男人的工作”，回归厨房。不愿意回归的，就会被怀疑。尤其是学校教师这个在传统意义上被女性占据的职业——女性教师突然被视为潜在的危险人物，最有可能传播苏联的政治鼓吹内容。哥伦比亚大学的一位教授说出了自己的理论：“女子学校和学院里存在一些最为忠诚的‘亲苏者’。那里的教师往往是人生受挫的女性。她们经历了痛苦的斗争才获得了自己的职位。基于仇恨的政治教条表达了她们的个人态度。”[55] 既然如此，对于有女性员工的女性杂志——这些能够让女性就业，为女性赋权的独特“飞地”——人们还能说出什么好话？更不用说女子酒店了。

对此全无戒心的纳内特·埃默里为了在1945年客座编辑项目中赢得一席之地，付出了自己的一切努力，包括参加菲利斯·李·施瓦布的4月大学论坛。但到1949年，在乔治·戴维斯持续罗列西里尔·埃布尔斯的种种罪状的同时，纳内特也被间接地怀疑了。在《反击：共产主义事实通讯》[1]

[1] 《反击：共产主义事实通讯》（*Counterattack: The Newsletter of Facts on Communism*）是3个美国联邦调查局前探员从1947年开始出版的定期通讯，他们排查那些在带有“左派”性质的出版物、集会或请愿中出现的广播电视行业人士的名字，并发给相关公司的高层，要求该公司立即开除名单上的人，因为这些人是“叛徒”。——译者注

中，《少女》和其出版商斯特里特与史密斯公司都被点了名：“致斯特里特与史密斯公司的高层人士：你们最好认真看看《少女》论坛，去研究一下那里的人到底在干什么。提几个问题：谁来挑选演讲者？用什么标准来进行选择？有没有人调查过她们真正的立场？”[56]《反击》提到，斯特里特与史密斯公司曾经经常出版廉价小说并以之闻名，特别是有个叫作“弗兰克·梅里维尔（Frank Merriwell）故事”的系列，主线是耶鲁大学（Yale University）的一名体育生打击犯罪，纠正社会不公现象。《反击》称：“（让梅里维尔的粉丝们）难过的是，斯特里特与史密斯公司的高层坐在纽约东 42 街 122 号的现代化办公室里，竟然不具备足够的老梅里维尔精神来清理《少女》论坛，使其在道德上毫无污点、闪闪发光。”另一家瞄准“红色势力”的报纸解释道，从 42 个学院来参加 1949 年论坛的 55 名大学生被视为“学生领袖”，但她们如果被误导，就会成为“误导领袖”[57]。

然而，从理论上讲，乔治·戴维斯的性取向同样令人怀疑。杜鲁门·卡波特在其未完成的小说《应允的祈祷》（*Answered Prayers*）中并未把乔治·戴维斯描述得多么具有吸引力。在书里，他把乔治的角色化名为“小船”[58]（Boaty）：“某种仿佛被氟利昂冻结了血液流动的酷儿。就像迪亚吉列夫、J. 埃德加·胡佛和哈德良[1]。我并非要把他和这些名留青史的人物相比，只是想到了这么一个人物，特纳·博特莱特——他的‘裙下臣’都叫他‘小船’[2]。博特莱特先生在一家发表‘优质’作家作品的女性时尚杂志的小说版块做编辑。一天，他在我们的写作课上发言，引起了我的注意，或者说，我引起了他的注意。我当时坐在第一排，从他那双总盯着别人裤裆的眼一直禁不住朝我这边看，我就知道他那一头灰色鬈发的漂亮小脑袋里转着什么主意。”1951 年，戴维斯突然与作曲家库尔特·魏尔（Kurt Weill）的遗孀——著名歌唱家罗蒂·兰雅（Lotte Lenya）结婚。59 乔治帮忙把魏尔的出色作品《三分钱歌剧》（*Threepenny Opera*）重新搬上舞台，罗蒂·兰雅的事业也借此迎来了第二春。这位众所周知的同性恋编辑，民主党人，把他想要展现的一面尽情展现给了客座编辑们，从而深受她们喜爱。而在麦卡锡主义最甚嚣尘上之时，他摇身一变，成了个已婚男人，一个准“政治迫害者”。他再一次无法克制地写信给 BTB，他希望她知道，通过“我

[1] 谢尔盖·迪亚吉列夫（Sergei Diaghilev），俄罗斯芭蕾舞团创始人。J. 埃德加·胡佛（J. Edgar Hoover），美国联邦调查局第一任局长。哈德良（Hadrian），罗马帝国安敦尼王朝的第三位皇帝。三人都有同性恋相关传闻流出。——译者注

[2] 特纳·博特莱特（Turner Boatwright）的姓 Boatwright 在英语里有“造船工”的意思。——译者注

妻子这个了不起的亲爱的人提供的鼓舞人心的支持”，他的生活已经重回正轨。[60]他觉得自己准备好坦白一些事情了。他希望这件事情只有他和 BTB 知道，不要向外界透露。不过，如果她要和丈夫“上校”分享，他也不介意。他解释道，五年前的 1948 年，他其实是“被‘猎巫’和‘政治迫害’等词所带的强烈感情色彩吓坏了”，而即便在今天，1953 年，他也坚决“反对所谓的‘麦卡锡主义’……”。

“但是……”

但是在一个月前，他坦白说，自己主动去了一趟美国联邦调查局，“向他们透露了我所知道的关于共产党渗透出版业的一切。我所知的仅限于一个人的活动，这人你认识”。当然，他所说的就是《少女》杂志的执行主编西里尔·埃布尔斯。美国联邦调查局“聚精会神地”听取了乔治的故事，当他们问他是否对 BTB 的忠诚度有所怀疑时，他的回应——这是他在信中对她保证的——“是你能想象到的最积极的”。然而，他还是“放不下”埃布尔斯，又在信后加了附言：“我强烈意识到，我们这位朋友现在必须伪装成一个‘可怜而困惑的自由派’，假装在西班牙内战期间受到了智识上的欺骗，上当了，诸如此类的谎言。”BTB 可不是傻瓜，她明白自己必须先发制人。麦卡锡主义对职业女性并不手软。她联系了斯特里特与史密斯公司的法务团队，两个星期后，他们从巴黎写信给她，告知团队的决策：他们自己最好也“自愿地”前往美国联邦调查局。[61]

即便发誓自己反对政治迫害，乔治·戴维斯也还是迅速倒向了麦卡锡主义，他显然是把共产主义和女性的事业抱负混为一谈了。尽管乔治在生活中放荡不羁，是个同性恋，还是纽约人，在这一点上却和其他很多美国人没多大不同。BTB坐在自己的绿色办公室里，一杯接一杯地喝着手里的苏格兰威士忌，读着乔治·戴维斯时间跨度为五年的信函，她也许了解了乔治这怒气和怀疑的真正目标。对于像自己这样的女性会受到的攻击，她也并不陌生。[62]她会遭遇很多指控，而“将她的铁腕隐藏在极其女性化的柔软外表下”，是其中最不激烈的一种。斯特里特与史密斯公司通过《少女》大赚了一笔，放弃了廉价小说业务，转型做杂志出版了。然而，BTB仍然需要斗争，才能得到自己应有的补偿。斯特里特与史密斯公司的总裁杰拉尔德·史密斯（Gerald Smith）是她的朋友和知己，1952年的一天，她又一次和他在周五共进晚餐，以表达自己的怨怒。显然，她没能说通他。星期一，做完了当天分内的工作后，办公室的人都走光了。她坐下来给他写信，重申自己多年来反复表达的观点。不平等的现象让她越来越如鲠在喉。她写道，最困扰的，就是没有得到足够的“认可”[63]。她把这个认可分为两类——“专业（职级）

和金钱”。她说：“在我看来，如果我不是一个女人，那我毫无疑问已经被任命为公司高管了。”是啊，当然了，公司也给了她点小恩小惠，她是董事会唯一的女性——第一天进入董事会时，男人们因为女人的存在感到困惑，手忙脚乱地想展现友好的姿态，于是递给她一盒香烟。但从后效来看，董事会的任命更多是作秀，而没有实质内容：她没有真正的发言权，没有头衔。而至于薪酬，她为了公司利益牺牲了个人的加薪——与她同级甚至更低职级的男人却从来不可能出现这种情况，他们都心安理得地觉得自己完全有资格获得一次又一次加薪。“我认为自己遭到了歧视。如果不是歧视，那还会是什么？”

到 1950 年，迪奥战后“新风貌”的轮廓已经被调整，增加了一层层的内衬和支撑来限制活动，与 19 世纪的裙撑极其相似。但也有人拒绝被限制。纳内特·埃默里带着装满纽约纪念品的行李箱离开巴比松，回到布林莫尔学院，于 1947 年毕业。她将过上非传统的生活：去世界各地工作，40 岁时与国务院的一名男子晚婚。1966 年，她在法国巴黎举行婚礼。当天的照片中，纳内特身穿杰奎琳[1]风格的惊艳及膝外套礼

[1] 即美国前第一夫人杰奎琳·肯尼迪（Jacqueline Kennedy）。——编者注

服，头戴药盒帽[1]。她将在旅居巴拉圭期间收养一个女儿，名叫玛丽亚。伊丽莎白·莫尔顿，与纳内特同期的客座编辑，第二次到纽约时没钱住在巴比松大饭店的姑娘，她后来成了一名作家和艺术家，写了好几部小说。编辑西里尔·埃布尔斯和丽塔·史密斯将继续寻找和出版最好、最前沿的新小说，《少女》也会因此更为声名大噪。布莱克维尔将继续管理该杂志一直到 1970 年。毫无疑问，20 世纪 50 年代美国女性被催促回归家庭，回到战后新郊区的白色栅栏后面，这个典型形象算是部分真实的。但也有相当多的改变，其中包括那些蔑视这种趋势的职业女性，以及因为这种“胆大妄为”而被麦卡锡主义企图惩罚的女性。她们中的一些人努力寻求庇护，并在巴比松大饭店和《少女》杂志编辑部找到了自己的庇护所。

[1]　一种帽顶扁平的帽子，两侧直立，没有帽檐。因形似储存药丸的圆柱形或六角形小盒子而得名。——编者注

第四章　玩偶之家的岁月

——格蕾丝·凯利和选美皇后们

美丽的格蕾丝·凯利，她戴眼镜的照片比较少见，但模特卡罗琳·斯科特（Carolyn Scott）在隔壁房间与她初次偶遇时，格蕾丝就是照片里的这个样子

从20世纪40年代末到50年代初，巴比松大饭店的订房需求呈指数级增长，从印度的新德里（New Delhi）到英国的伯恩茅斯（Bournemouth），都有客似云来。例如，墨西哥的梅切·阿兹卡特（Meche Azcarate）的母亲，就禁止她住在除巴比松以外的任何地方。[1]不过，即便能自己决定住处，她也不会想住在其他地方。她喜欢巴比松“大学姐妹联谊会一般的气氛”，在那里“你永远有用不完的发夹”。即便有助理经理梅·西布莉夫人的帮助，酒店经理休·J.康纳依旧对要协调如此多的预订以及入住或退房日期感觉有些力不从心。两人一同计算过，任何时候都有将近“100位著名时装模特、广播和电视演员”，以及更多“有希望在舞台和银幕上有所建树的女性，或学习艺术、音乐、芭蕾舞和设计的女孩”居住在巴比松大饭店。

菲利斯·柯克（Phyllis Kirk），电视剧《瘦子》的女主角，在母亲的坚持下入住了巴比松大饭店。[2]雪莉·琼斯（Shirley Jones），后来在《鹧鸪家庭》（*The Partridge Family*）中扮演大卫·卡西迪（David Cassidy）的荧幕母亲（同时成为他现实生活中的继母），当时被父母送到巴比松大饭店，口袋里揣着200美元。[3]她已经当了一年的“匹兹堡小姐”，之后又在匹兹堡剧院（Pittsburgh Playhouse）演了一年的戏。下一步当然是去纽约，住进巴比松大饭店。自然而然地，她参加了罗杰斯和汉默斯坦[1]所有百老汇戏剧每周一次的角色海选，选角导演听到她的歌声后，就请其他人打道回府了。朱迪·嘉兰坚持让女儿丽莎·明内利住在巴比松大饭店，并且弄得工作人员近乎抓狂，因为她每隔3小时就打电话询问宝贝丽莎的下落，如果其不在自己的房间，就命令他们去找。[4]

战后的巴比松被称为纽约的“玩偶之家”，去那里就能看到窈窕秀美的年轻女性。又因为她们被“隔绝”在只允许女性进入的住处，所以其吸引力更添一筹，显得无比诱人。“玩偶之家”是许多男人梦寐以求的温柔乡。甚至连1951年出版小说《麦田里的守望者》(*Catcher in the Rye*）的作者J.D.塞林格这等难以捉摸的神秘人物，也在巴比松咖啡馆里闲逛，想勾搭女人。[5]他成为那里的常客，是在女友乌娜·奥尼尔［Oona O' Neill，剧作家尤金·奥尼尔（Eugene O' Neill）的女儿］于毫无预警的情况下与查理·卓别林（Charlie Chaplin）结婚之后。查理·卓别林能让她笑，塞林格却不

[1] 罗杰斯和汉默斯坦（Rodgers and Hammerstein）是作曲家理查德·罗杰斯（Richard Rodgers）和作词人兼剧作家奥斯卡·汉默斯坦二世（Oscar Hammerstein Ⅱ）组成的戏剧创作团队，他们共同创作了一系列具有创新性和影响力的美国音乐剧。——编者注

能。但塞林格有别的特质。一位巴比松住客回忆说："我从来没见过像他这等'强度'的人。"而另一位住客则注意到他奇怪的幽默感：回到酒店时，她完全相信刚才的约会对象是蒙特利尔加拿大人队（Montreal Canadiens）的冰球守门员——塞林格假扮的。

不许越过大堂界限的年轻男人们在电话前排队，想要打电话给约会对象

很多男人尝试突破巴比松大饭店的安全警戒线。梅·西布莉经常被叫到前台与一个男人谈话，来人声称自己是值班医生，来为酒店的某位客人看病。“毫无疑问，他也就二十出头，并且还刻意让我看到他口袋里伸出的一截听诊器。这在巴比松是最老掉牙的把戏。”[6]

卡罗琳·沙夫纳（Carolyn Schaffner）就是那种可能会让男人专门乔装改扮，穿上医院手术服，但求一见的年轻女子。来自俄亥俄州斯托本维尔（Steubenville）的卡罗琳，外形极似奥黛丽·赫本（Audrey Hepburn），她皮肤苍白，黑发闪亮得仿佛涂过润发油。她只想做一件事：离开烟雾缭绕的斯托本维尔，告别继父。[7]这个男人和她的母亲生了几个孩子，把卡罗琳看作这些孩子的无偿保姆。卡罗琳明白，梦想是需要努力才能实现的。她研究了时尚杂志、模特的表情和手势，等镇上为庆祝建镇一百五十周年而举行“斯托本维尔皇后”选美时，卡罗琳就去为自己拉票了。即便已经是镇上公认的最漂亮的女孩，她仍然挨家挨户地宣传自己。她明白，要实现梦想，就不能只靠碰运气。作为获胜的选美皇后，她坐在高处，在游行队伍中向斯托本维尔人民挥手致意，她可以选择去好莱坞试镜，或者拿走500美元奖金。卡罗琳想要的是逃离，而非做明星，于是她选了现金。那是1947年，登上开往纽约的火车时，她已经19岁了。没有一个家人来送她，因为母亲不得不留在家里为继父做晚餐。

卡罗琳逃离原生环境的策略，和当时很多处在十几岁尾声的人相似。在整个 20 世纪 40 年代和 50 年代，地方选美比赛就是离开美国各个小城镇的门票。1945 年，洛林·戴维斯[1]赢得了“佛罗里达柑橘皇后”的称号，乘火车前往纽约。[8] 别人给她拍照时，她就分发柑橘。那一年的 12 月 1 日，她抵达纽约，在被护送到罗斯福酒店（Roosevelt Hotel）参加柑橘业官方宴会之前，看到了人生中的第一场雪。在 1 500 名观众的注视下，她伴随着乐队演奏《柑橘》（*Tangerine*）的音乐翩然而至。作为晚宴的收尾，著名的乐队领队盖·隆巴多（Guy Lombardo）请她喝酒，并为她演奏了小夜曲《甜蜜的洛林》（*Sweet Lorraine*）。洛林的奖品和卡罗琳的一样，为小地方的“漂亮女孩”们提供了一个机会，能有更好（或至少是更令人激动）的未来——前提是她们愿意去抓住这个机会。尽管按照合约规定，洛林无论走到哪里都要履行分发柑橘的义务，但她获得的“奖品”还包括与哈里·康诺弗（Harry Conover）见面。后者在目睹约翰·鲍尔斯的成功后，也进军了模特行业。康诺弗宣称洛林具备了相关素质，邀请她在完成高中学业后回到纽约。18 岁时，她照他说的做了，直奔巴

[1] 即致谢中的洛林·戴维斯·克诺夫（Lorraine Davies Knopf）。——编者注

比松大饭店。

✦

卡罗琳·沙夫纳花了整整一天时间，从俄亥俄州坐火车到了纽约的宾夕法尼亚车站。她对纽约了解不多，但也足以让她拦下一辆黄色出租车，请司机开往巴比松女子酒店。她认真研究的所有时尚杂志都给出了非常认真的告诫：巴比松大饭店是初来乍到的年轻女孩唯一的住宿选择。在那里她会很安全。她从酒店的旋转门走进去，环顾四周。再走到前台，要求见负责房间预订的人。梅·西布莉出现了，请卡罗琳出示推荐信。作为一个生活有规划、有条理的女孩，卡罗琳自然携带了推荐信。大萧条结束已久，战后繁荣正当时，从1936年起就为巴比松大饭店效力的西布莉对自己的审核制度可谓全情投入。一位前台员工回忆道：西布莉"知道你付得起房费之后，第一轮测试似乎是你长得有多漂亮。等到9月的学生入住高峰后，她就不那么挑剔了。要是40岁以上的女士想来巴比松，那日子可难熬了，除非只住几天。年纪较大和相貌平平的住客，似乎都是去那里受苦的。"[9] 西布莉会说，她这样小心筛选，是为了保持酒店的独特性；而旁人的评价是，她把那些走进巴比松大门的年轻女性商品化了，她很清楚，这些女子的魅力能够为酒店的声望锦上添花。

西布莉夫人向卡罗琳详述酒店的规矩条陈：房间内不能有酒，最好不要深夜外出，或者说不能够连续深夜外出，以免敲响可能发生的不当行为的警钟。房间里也禁止放置有火灾隐患的炊具，后屋壁橱里够开一家商店的满柜被没收的器具，明白无误地说明了这一规矩，“有加热廉价饭菜的轻便电炉，有早上喝咖啡或晚上喝汤用的温奶器，还有吹风机和日光灯”[10]。（梅·西布莉的权力之大，年轻的住客们常常开口就把“要是这事被西布莉夫人知道了，她会杀了我的……”[11]挂在嘴边）。下午会提供免费茶水，这对那些囊中羞涩的人来说是极大的方便——尽管西布莉夫人嘴上并不怎么提这一点——晚上还有纸牌游戏、双陆棋和系列讲座。[12]卡罗琳之前就了解不允许男性进入的规定，但听说日落之后，男性电梯操作员会被换成女性时，她还是感到很惊讶。

卡罗琳觉得自己的房间简朴而窄小。然而，即便这个小小的房间让人感觉“像在一个壁橱里”，她也并不介意。印花窗帘和配套床单使一切都充满了家的感觉。她脱掉鞋子，让穿着丝袜的双脚踩进绿色的地毯里，伸手去拿床头的收音机：转动旋钮，古典音乐就在房间里流淌。她以每周 18 美元的价格找到了逃离之所。现在，她不用再为同母异父的手足们打扫卫生，反而有酒店女佣在她外出时为她整理房间。她手里有积蓄，当然还有美貌。但她的积蓄和奖金，即便总额高达 2 000 美元，也不会永远花不完。

巴比松的围墙内，栖居着背景不同、能力各异的年轻女性。有些女孩和卡罗琳一样，来自偏僻的小地方，不知道是从哪里冒出来的。但巴比松也住着一些初入社交界的富家女。引起颇多争议的纪录片《灰色花园》（*Grey Gardens*）中，小伊迪·比厄（Little Edie Beale）和母亲大伊迪·鲍维尔（Big Edie Bouvier，杰奎琳·鲍维尔·肯尼迪的远房表亲）在汉普顿的穷家陋室中，在数量过多的猫咪包围之下，爆发了争吵。而小伊迪就在此时充满渴望地怀念起了她的巴比松时光。从 1947 年（卡罗琳也是在这一年来到巴比松的）到 1952 年，她一直住在那里，涉足模特行业，等待在演艺界崭露头角的机会。[13] 就在好运即将来临的时候（或者说她认为即将来临的时候），她被母亲硬拉回了汉普顿，后者嘴上说是再也付不起账单了，其实是怕独自一人被女儿抛下。（小伊迪住在巴比松的时候，家里那些讨厌的猫就开始越养越多。多年以后，她给一个朋友写信说："它们是我那律师哥哥的一个客户送给妈妈的，哥哥就住在我们家附近。妈妈训练它们——都是家养宠物。当时我住在巴比松，有一份工作。尽管大家总是把一切都归咎于我，但那些猫与我无关！"[14]）

然而，巴比松时光提供了一个有限的机会窗口，真正明白这一点的，是卡罗琳们，而非那些富家女。这个窗口在她们仍然年轻、漂亮、有吸引力、有干劲的时候敞开。这份“资产”通向的，可能是秘书职位、模特机会和表演工作。然而，住在巴比松的所有女性，从富家女到卡罗琳们，都有一个共同的目标：结婚。任她多么大胆无畏，年轻女子很清楚：彩虹尽头的那罐金子[1]就是婚姻。必须是婚姻。哪怕你内心也有别的渴望，比如成为演员、作家、模特、艺术家。富家女们不必千里迢迢，就能找到符合要求的单身汉（在她们周围就能找到很多，从爸爸的乡村俱乐部到年度舞会），所以巴比松是她们找乐子的地方，也许在结婚前稍微浪荡一番，或者追求一下事业上的成功。但是，卡罗琳们来到巴比松，是真正为了在纽约有所作为：做成一点事，遇到一个人。在遥远的家中，卡罗琳们的母亲过着的那种生活，是她们绝不希望自己重蹈的覆辙。

从来到纽约的第一天起，卡罗琳·沙夫纳即便在无处可去的时候，也穿得像要去工作一样。她戴着和吉布斯女孩们一样的白手套，和成群结队的其他巴比松年轻女子一起走向街头，但后者纷纷走向办公室、工作室和培训学校，她却

[1]　这个说法源于多个西方民间传说，那些传说称有大量的宝藏被埋在彩虹尽头。因此，英语中逐渐出现了习语 the pot of gold at the end of the rainbow（彩虹尽头的一罐金子），来形容真正想要拥有的东西或者真正想要实现的目标。——译者注

只能在街上闲逛和探寻。正是在这些城市漫游中，卡罗琳偶遇了第 57 街和第六大道交界处的霍恩 - 哈达特（Horn & Hardart）自动贩卖式快餐店。自动贩卖式快餐店最早舶来自德国，相当于当时的连锁快餐店，而霍恩 - 哈达特是纽约最出名的品牌，店里摆满了银色的装饰风艺术投币式自动售货机。卡罗琳立刻就喜欢上了这个地方。她将 1 美元换成硬币，然后在许多个玻璃盒子之间踌躇，想窥探一下里面究竟有什么在诱惑着她。终于做好决定后，她就投入 5 美分硬币，转动表盘，拉开玻璃门。咖啡从海豚形状的银色喷口中应声而出，保温餐桌上摆上了索尔兹伯里牛排配土豆泥。她把食物端到楼上靠窗的一张桌子上，慢慢地吃着，望向窗外的西 57 街，流连忘返。

她到纽约不过一个星期，坐在霍恩 - 哈达特做白日梦的时候，就有个男人走了过来，问能不能坐下。[15] 他自称是个摄影师，说她很适合拍照。他问她有没有考虑过做模特，愿不愿意见见著名的模特经纪人哈里 · 康诺弗。卡罗琳确实是个小镇女孩，但同时清楚自己是租住在巴比松的机会有限的年轻女子，她说自己很愿意见见康诺弗。摄影师写下一个地址：范德比尔特大街（Vanderbilt Avenue）52 号。她接过那张字条。

卡罗琳逐渐了解了这座城市，也慢慢熟悉了巴比松的住客。每周一，她都会仔细研究本周的社交茶会和讲座活动。酒店的社交主管也是巴比松前住客，她会用打字机把活动安排列出来，在一周伊始时把列表塞到每个酒店房间的门缝下边。卡罗琳和一些客人说过话，和另一些客人只打过照面。她曾见过一个年轻女人离开巴比松：一个圆脸的十几岁少女，留着浅褐色的波浪头，身穿黑色外套，头戴装饰着蓝色花朵的配套帽子。她在 9 楼开自己房间门的时候又看到了她。其实，这个年轻女子的房间就在卡罗琳的旁边，她们是邻居。

卡罗琳伸出手。“我叫卡罗琳，俄亥俄州斯托本维尔人。”她自我介绍道。

“我是格蕾丝，格蕾丝·凯利，费城人。”那个女孩说，并介绍自己在美国戏剧艺术学院（American Academy of Dramatic Arts）学表演。

格蕾丝和卡罗琳很快成为朋友。格蕾丝在两个月前的 9 月来到巴比松，但她已经俨然一个纽约本地人的模样。原因之一是她叔叔在曼哈顿做剧作家，她之前就经常从费城过来看他，也看最新的百老汇演出。她把所有的票根和戏单保存下来，按日期整理好，小心翼翼地贴在剪贴簿上，旁边还写了一丝不苟的笔记。格蕾丝像卡罗琳关注时尚一样痴迷地关注着戏剧。她研究缝纫图案，为自己做衣服——衣柜里的裙子和衬衫，还有一双手套。不得不说，手套有点太紧了，但如果她不怎么大范围地动手指，还是勉强可以戴的。

俩人属于典型的“异极相吸”。与一向时髦的卡罗琳相反，格蕾丝·凯利总戴着角质眼镜，不然就看不见东西。在后来短暂但异常辉煌的电影生涯中，她摘下了眼镜，散发出一种感性的梦幻，但其实那不过是近视的老毛病。她最喜欢的搭配是斜纹软呢套装、裙子和羊毛衫，这反映了她在费城上流社会的成长经历。

然而，两个朋友的穿着也与她们的个性相反。时髦的卡罗琳安静而害羞，衣着守旧的格蕾丝则自信泰然、热情奔放。父母本希望格蕾丝上大学，而不是美国戏剧艺术学院，但造化弄人，战争结束后，大量美国大兵回国，这意味着大学的安置需求很大，而美国大兵有优先权。因此，格蕾丝未能进入本宁顿学院（Bennington College），而摆脱父母期望的机会也来了。她最终说服了他们放她去纽约。父亲杰克·凯利（Jack Kelly）提出了一个没有商量余地的条件：她必须住在巴比松大饭店。

格蕾丝每天都会去上课，打算让老师们记住她，欣赏她。卡罗琳也有事可做。遇见那个摄影师的第二天，她来到了范德比尔特大街 52 号，就在中央车站后面。这可能会出大问题：住在巴比松大饭店的原因之一就是即便要多付一点钱，酒店门卫和其他工作人员会保护你，不让所谓的“狼”，也就是那些在纽约街头游荡的男人接近你。不过，卡罗琳走进办公室后，的确被介绍给了哈里·康诺弗，他的深黑色头发向后梳着，油光锃亮（她暗中猜测这是不是染的）。她听说他曾经做过电台 DJ，还做过鲍尔斯经纪公司的模特演员。在那里，他发现真正赚钱的是当模特们的经纪人，而不是做模特。康诺弗的审美与前老板约翰·鲍尔斯一样，寻找的是“洗净铅华”的天然美女，而不是那种瘦骨嶙峋的时装模特。[16] 他有个著名的建议：模特们想吃什么就吃什么，因为“归国军人想看的是健康的好身材，不是火柴棍”。为了找到典型的美国女孩，他派出“侦察员”参加东海岸所有大学校园里的周末兄弟会联谊，也十分依赖地方节日和选美比赛。

卡罗琳身高 162.5 厘米左右，要做高级时装模特太矮了，但她小巧玲珑的体形和精致清秀的五官，恰恰是一位完美的“年轻时尚”模特应具备的。这在当时是一个刚刚活跃起来的市场领域。青少年和年轻的成年人已经开始赋予自身单独的定义，与那些年长自己 10 岁的人区分开来。《少女》和主编 BTB 发现了利润丰厚的“青年市场”，这在很大程度上推动了这一现象的发展。

哈里·康诺弗请卡罗琳坐下来，向她解释说，纽约到处都不缺漂亮的女孩，但只有那些愿意去铺路，愿意花时间的人，才有机会达成目标。卡罗琳已经知道“坚持不懈”是怎么一回事了——她就是靠这个走出了斯托本维尔。因此，她心甘情愿地一趟趟奔走，拿着对方给她的任何东西，穿过黑暗的大厅、狭窄的楼梯、阴森空荡的大堂。这并没有让她惊慌失措，因为没有什么地方比家里的感觉更糟糕。在客户的办公室或样品间，或无论什么地方，只要是他们要求康诺弗经纪公司派她去的地方，她都充分展示自己，接受毫无保留的评估。换了其他年轻女子，让她们听到那些仿佛本人并不在场的评价，恐怕崩溃者占绝大多数。但卡罗琳仔细听着，记下应该改正的地方，比如黑眼圈。

她的第一份正式工作是为《少女芭莎》[1] 拍的两页广告。广告里，她被包围在一堆社会普遍观念下年轻妻子所必需的装备之中——脏衣服、洗衣篮、熨斗、熨衣板。[17] 有了第一份正式的模特工作后，更多邀约很快接踵而至，到后来就稳定下来了。卡罗琳的模特卡，即递给客户的介绍卡片，写明了自己准确的码数和相关尺寸数据，还有一张照片，照片中的她穿着合身的西装，戴着帽子，抬头看着罗德与泰勒百货

[1] 《少女芭莎》(*Junior Bazaar*) 是《时尚芭莎》面向青年女性读者的副刊。——编者注

公司的橱窗——橱窗里还有一张她的照片，穿着婚纱。这张照片可谓巧妙。等她和那个在快餐店接近她的摄影师再次相遇时，对方直截了当地问她是否愿意和他一起走，不是简单的约会，而是度过一个周末。[18]

“不愿意。”她边说边避开他的目光，想着当他在霍恩-哈达特坐到自己身边时，自己的应对是如何既对又错。她匆匆赶回巴比松大饭店的家，回到安全地带。

卡罗琳·斯科特为《少女》拍摄照片

圣诞节到了，格蕾丝回了费城的家，卡罗琳则留在了纽约，和其他年轻女性一起参加巴比松的午后茶会，她们有的离家太远无法回家过节，有的有不想回家的理由。格蕾丝拥有卡罗琳无法想象的优势：格蕾丝的父亲是个白手起家的百万富翁，她在巴比松的房间和纽约的表演课，都是父亲买单。与其他许多住客不同，格蕾丝不必每周拿着纸和铅笔坐下来，算算在哪儿能再省下一点钱，尤其是在被西布莉夫人没收了加热饭餐的电炉之后。经常被住客自我削减的预算包括客房服务费（承诺减少服务次数）、出租车费和电话费（从房间里打出的电话每次收费都高达 11 美分）。[19] 有个窍门是等到晚上 9 点，看看是否会收到晚餐约会邀请，这能大大削减每月的餐费开支。另一个精打细算的策略是，即使布鲁明戴尔百货公司就在同一条街，也暂时不去购物，而是等待酒店内部的衣物交换或拍卖会。如果有模特清理她的衣橱，或更好的情况，是要离开巴比松结婚，那就会特别激动人心。因为模特们拥有以批发价购买的高级时装，也更有可能收很少的钱就把衣服给出去。

格蕾丝·凯利虽然不必担心钱的问题，却不得不担心父母，他们显然在盼着她失败或放弃。假期结束后，格蕾丝回到巴比松，从此加倍努力，确保自己绝不会失败或放弃。表演老师告诉她，她的声音是个问题：音调太高，鼻音太重。

但她和卡罗琳一样，知道如何解决问题。她给自己买了一台录音机，坐在卡罗琳隔壁的房间里对着这台机器说话，然后回放自己的声音，直到纠正了说话方式，练出一口当时所有演员都必须具备的那种横跨大西洋的奇怪英国口音。

总的来说，这些战后的年轻女性拥有真正的机智和聪慧。许多住客省下钱来接受进一步的培训，比如 17 岁的海伦·辛克莱尔（Helen Sinclair），“她慢吞吞的口音之重，正如她的家乡得克萨斯之幅员辽阔”[20]。她是时尚杂志模特，周薪 300 美元，攒够了钱就能回大学攻读时尚艺术学位。来自底特律的凯瑟琳·卡恩斯（Kathleen Carnes）靠唱广告歌曲来支付声乐课的学费，圣安东尼奥的多萝西·怀特（Dorothy White）在纽约郊区教音乐鉴赏课，支付自己学钢琴的费用。来自伊利诺伊州基瓦尼（Kewanee）的琼·德·贝·默奇森（Joan de Bey Murchison）用电视演出的收入开了一家广告公司，来自宾夕法尼亚州的克莱尔·麦克奎伦（Clair McQuillen）用她的模特劳务费学习艺术，成为一名自由职业广告艺术家。巴比松经理休·J. 康纳将所有这些成就和晋升视为大家共同的胜利，向那些取得突破的人送去鲜花，尤其是如果他知道某人一路上走得多么艰难。[21] 他分享巴比松住客从售货员升级到买家、从接待员变成杂志封面女郎、从秘书升职为公司高管的好消息时，总是笑容满面。

巴比松这个“玩偶之家”的如云美女可能的确年轻诱人，但迷人的外表之下还有更深厚的内涵。即使这些年轻女性中的许多人最终的确回去了来时的小镇，成为妻子和母亲，但在纽约时，她们的勃勃雄心，丝毫不输给贝茜·塔尔伯特·布莱克维尔。

休·J. 康纳当然明白住客们面临多么烦琐复杂的预算和财务限制。卡罗琳做着一份又一份的模特工作，但这并没有立即转化为银行账户里的钱：康诺弗因不按时支付模特工资而臭名昭著（事实上，正是出于这个原因，他将在 1959 年失去在纽约的执照），为他工作了两个月后，卡罗琳仍然没有拿到工资。卡罗琳不是个例。纽约的职业模特们都不能按时领薪，有时候根本拿不到报酬，她们受够了，很快就开始相互偷偷谈论起一家由女性经营的新经纪公司。事实上，经营者是两位女性：一流的模特娜塔莉·尼克森（Natalie Nickerson）和她的朋友艾琳·福特（Eileen Ford）。娜塔莉高挑腿长，一头金发，曾是一名成功的鲍尔斯模特。但是，几乎就像其他所有人一样，她厌倦了总被推迟的付款。她开始与专门挖掘模特的福特私下商量谋划。两人在 1945 年相识，当时娜塔莉刚离职不久，战时她在亚利桑那州菲尼克斯的一家飞机装配厂担任压钻机操作员，那时战争还未结束。工作期间，她有了一项创新性发明成果，可优化飞机高度表的生产流程，公司采用了这项创新成果，并从中获利。但娜塔莉被上司抢了功，之后她就离开装配厂，去了纽约。[22] 她决心成为一名模特，但一家又一家的经纪公司在看到她 175 厘米的袅娜身材之后，都说："谢谢你，不予采纳。"她的外形没有踩中当时流行的卖点，也没人觉得她能成为卖点。因此，和卡罗琳一样做惯辛苦工作的娜塔莉，在一家酒店找到了一份工作，职责是按加数器，从午夜按到早上 7 点。接着她会急匆匆地赶回房间，睡几个小时，再继续努力去争取摄影师们的青睐。最终，她说服了一名摄影师，让对方看到了她的潜力。他拍的照片立刻受到欢迎，不到两个月，娜塔莉的时薪就涨到了 25 美元，到年底时，她已经是顶级的高级时装模特了，挣得 25 000 美元的巨款。

初到纽约时，娜塔莉住的是一家教会旅馆，但等到模特工作有起色时，她的住宿条件也有了起色：搬到了巴比松。[23] 她想让所有人都知道此事，于是定制了专用信纸来宣告她在这个世界上的位置：娜塔莉，巴比松大饭店，纽约东 63 街 140 号。艾琳·福特预先为她安排了一份工作，然后与她结为好友。有时时间太晚，艾琳无法回到长岛的丈夫身边，就会在娜塔莉巴比松房间的小床上过夜。她和娜塔莉会躺在那里，聊上几个小时，谈论两人都非常熟悉的模特界。娜塔莉改进了高度表的生产，现在，她也将让模特界变得更好（而且，她在飞机装配厂的遭遇也重演了，她不会得到应得的荣誉与报偿）。[24]

娜塔莉躺在巴比松窄小的床上，艾琳则在酒店按需求提供的折叠小床上，两人一直计划到深夜，决定彻底改革纽约的模特行业。第一步是为模特提供一种全新的付款方式。艾琳将为模特工作，而不是像 3 位顶级经纪人鲍尔斯、康诺弗和哈特福德[1]（均为男性）所认为的那样，让模特为他们工作。按照她们的模式，摄影师将在拍摄结束时付钱给模特，模特再向福特模特经纪公司支付 10% 的抽成。卡罗琳这样的职业模特再也不用担心何时才能拿到钱了。娜塔莉自己担起了招聘的责任，把她最喜欢的模特们介绍给艾琳。尽管到后来，福特公司的理想模特都变成了娜塔莉的翻版，金发、健康、高个、大长腿，但在 20 世纪 40 年代后期，尤其到 20 世纪 50 年代，福特经纪公司负责所有三类模特：专攻年轻市场的模特，最高 165 厘米，最重 48 千克；少女模特，比前一类高两三厘米，体重限制也提升到 50 千克左右；最后就是高级时尚模特，身高远远超过其他人，但体重只有 51 千克左右（要是体重超过了，艾琳会鞭策她们减重以符合标准）。[25]

娜塔莉先找到卡罗琳，请她加入自己的经纪公司。娜塔

---

[1] 即下文出现的亨廷顿·哈特福德（Huntington Hartford）。——编者注

莉和艾琳在第二大道，第 50 街和第 51 街交界处的一座褐色砂石建筑中开了店面，夹在一家殡仪馆和一家雪茄店之间，沿着楼梯往上走 3 层，一扇红色的门后就是福特模特经纪公司的官方总部。卡罗琳走进去的时候没看到前台接待，只有一个身材矮小的鬈发女人，被六部黑色电话包围着。那就是艾琳。她坐在那里，耳边吊着一两部电话听筒，无言地指着一张红色的旧沙发。卡罗琳坐下来，听艾琳对着电话争论。娜塔莉是经纪公司的代言人，负责挑选工作信誉良好的女孩并介绍她们进来，然后轮到艾琳打开通讯簿，施展她的魔法。艾琳负责预约拍摄工作，驱逐那些越界的摄影师，并对“她的女孩”进行发型指导。她对新兴的年轻市场尤其熟悉，立刻就看到了卡罗琳的潜力：身材娇小、苗条、细腰，有一双大眼睛和灿烂的笑容。艾琳亲自动手，当场给卡罗琳改了名字。[26] 她说，“卡罗琳 · 沙夫纳”这个名字行不通。从现在开始，她就叫卡罗琳 · 斯科特。

艾琳兑现了承诺。很快，卡罗琳登上了女性杂志《麦考尔》（*McCall's*）的封面，摄影师叫理查德 · 阿维顿（Richard Avedon），在业内还没什么名气。他能够捕捉到卡罗琳的聪慧。她举着一把阳伞，身穿蕾丝裙，手拿一束春天的花，头发上系着一条黄色的缎带，这样的卡罗琳本来可能会显得十分无趣或泯然众人。但在一个又一个镜头中，卡罗琳凝视着观者，叫人不禁想要多看她几眼，即便（或者说因为）她的表情后面其实还隐藏着很多东西。（与其他许多摄影师不同的是，阿维顿对模特们充满人情味，会在拍摄过程中播放音乐，而且是让她们自己选择音乐，还为她们订购最爱吃的食物。这些都对拍摄有帮助。）

看样子卡罗琳是成功了，她完成了自己在踏上那趟俄亥俄到纽约的火车时下决心要做的事情。她现在会做出姿态，来展现一个逃离小镇者的胜利：她给母亲寄去了最新款的冰箱来替换储藏室里的冰块。当然，这姿态也是在狠狠羞辱她的继父。她在清晰明了地传递一个讯息：她，拥有新名字的卡罗琳·斯科特，还不到20岁，就能提供他永远无法提供或不愿提供的东西。

✦

柑橘皇后洛林·戴维斯也和卡罗琳一样，找准了作为一个青年市场模特的定位，即便她自己更崇拜那些高个子的高级时装模特。她专门从事实时电视广告、平面广告、西尔斯·罗巴克购物商场等的工作，甚至还设法找到了一份获利颇丰的工作——在电视游戏节目《试一试》(*Try and Do It*)中派发奖品。大萧条时期的巴比松住客兼鲍尔斯模特塞莱斯特·吉恩也一样，为了获得额外的报酬，甚至在一缸科尔曼牌芥末中洗了澡，而洛林的想法和她一样，自认为在伪装方面是个艺术家。这正是她成功的秘诀：她的头发可长可短，可金可黑——完全看工作需要。但她也和卡罗琳一样，总要为不能按时拿到工资和结算每周的巴比松账单而烦恼。她厌倦了康诺弗赖账的伎俩，最先转向了亨廷顿·哈特福德，这是一家由大西洋与太平洋茶叶公司[1]的财产继承人在1948年创办的经纪公司。他办公司的目的是“能和女孩们在一起”。他所说的“女孩”，是真正意义上的女孩。他对特别年轻的女孩有种癖好，认为“早已过盛年”的拉娜·特纳（Lana Turner）和“像高级妓女一样太爱出风头”的玛丽莲·梦露（Marilyn Monroe），年纪都太大了，不是他的菜。[27]当然，她们对他来说都太成熟了。十年前，他与一个23岁的合唱团女孩生了个儿子，后来女孩离开了他，跟了演员小道格拉斯·范朋克（Douglas Fairbanks Jr.）。当然，洛林从来没有遇到过什么问题，她很高兴每周都能收到哈特福德的工资，她的薪水能否发放并不取决于客户是否已经付钱给哈特福德，因为大西洋与太平洋茶叶公司已经让他满口袋都是钱。即便如此，艾琳·福特当场付款的承诺也胜过了周末付款的形式，很快洛林也转到了福特的模特公司。

---

[1]　The Great Atlantic & Pacific Tea Company，简称A&P，美国近代连锁商店。——编者注

✦

当年，艾琳·福特因来不及乘火车回长岛而在巴比松的小床上过夜，那时的她已经结婚了。现在，她的丈夫杰里（Jerry）也加入了公司，这使得该经纪公司显得更有家庭感，也更着重于花时间培养自己人。它成了一个家族企业。《生活》杂志用一篇5页的图片故事来介绍杰里和艾琳，文章很难不把模特界的低级卑劣与福特夫妇朴素简约的魅力两相对比，大西洋与太平洋茶叶公司的花花公子亨廷顿·哈特福德、前演员兼DJ哈里·康诺弗以及前模特约翰·鲍尔斯就是前者的典型代表。该经纪公司还引起了谢尔曼·比林斯利（Sherman Billingsley）的注意，他曾是地下酒吧的老板，现在则经营着吸引了无数客人的著名俱乐部“鹳鸟”。[28] 他邀请福特夫妇带他们的“孩子们”去免费吃喝，共同进餐和交谈的对象是一些富人名流，能跟一张、两张或三张漂亮脸蛋一起吃饭，他们总是乐意至极。

不过，福特夫妇对旗下年轻模特们无微不至乃至有些过分的关心，并不仅仅是宣传噱头。每当来了新的女孩，尤其是外国女孩——福特夫妇以娜塔莉的长相为标准，挖掘了大量带有斯堪的纳维亚基因的模特——艾琳会先让她们和家人住在一起，随后再让她们搬到巴比松，费用常常是她垫付的。

这很安全，很体面，也正是她所需要的。只有这样，她才好在某种程度上控制她们，确保女孩们的声誉不受影响。未来生下了演员乌玛·瑟曼（Uma Thurman）的尼娜·冯·施莱布格（Nena von Schlebrügge），于17岁时在瑞典被艾琳·福特挖掘，之后就来到纽约。她于1958年3月乘坐海轮抵达，正遇上一场暴风雪。据她回忆，当时她看到美国女性穿着不实用的高跟鞋和米色长袜在雪堆中蹒跚而行，实在有些悲惨。她也是先和福特夫妇以及这对夫妇的孩子们一起住在他们位于第78街的新家，接着才转到巴比松大饭店。福特夫妇为旗下模特提供"饮食、皮肤科医生、理发师和住房"[29]——《少女》大学委员会前编辑菲利斯·李·施瓦布在1958年为《纽约时报》撰文时写道。模特们白天常常在第二大道的办公室周围闲逛。因此，当一位高挑的金发女郎走进去时，会看到柑橘皇后洛林·戴维斯正在那座褐色砂石建筑内的办公室里，坐在一张红色沙发上。

金发女郎[30]说她叫珍妮特·瓦格纳[1]。身高165厘米的洛林总是穿着高跟鞋，并且遵循艾琳的建议，对客户声称自己身高168厘米。珍妮特身高超过175厘米，艾琳告诫她，永远别承认自己超过了175厘米，必须一直穿低跟鞋。珍妮特

[1]　即致谢中的珍妮特·瓦格纳·拉弗蒂（Janet Wagner Rafferty）。——编者注

以前从未做过模特，而且，她通向艾琳·福特这扇红色大门的道路可谓独一无二。

事情的起因，是珍妮特急于找工作。父母给珍妮特写信来，说她远在纽约做《少女》客座编辑期间，家乡伊利诺伊州盖尔斯堡（Galesburg）的所有暑期工作都满员了。毫无疑问，尽管有西尔维娅·普拉斯紧随其后，珍妮特依然是那年夏天最漂亮的客座编辑。两人都是光芒四射的金发女郎，纯正的美国人，但珍妮特个子更高，长相特征更鲜明。一天，她和另一位客座编辑涅瓦·纳尔逊（Neva Nelson）站在巴比松的大堂，一个矮胖的男人拿着相机走过来，问她们是否想当模特。涅瓦是个不得不靠自己闯荡的女孩，她有一股精明劲儿，明白世态炎凉，不想和这人有任何瓜葛。但珍妮特跟着他进了巴比松咖啡馆，并在那里当场签了合同。男人拿到了需要的东西。他把那一纸书面协议拿给《少女》杂志，告知珍妮特已经与他签了合同，如果没有足够的报酬，他不会让她出现在杂志上。

于是，贝西·塔尔伯特·布莱克维尔陷入了两难。[31] 珍妮特已经和其他客座编辑一起为 8 月号的大学专刊拍了照，不太可能完全把她从照片中剔除。因此，在束手无策的情况下，BTB 达成了交易，先是与那个拿着相机的男人，然后是与艾琳·福特。按照 BTB 的建议，艾琳将买断男人与珍妮特的合同，以避免未来起任何龃龉。为了让人觉得艾琳确实是偶然间发现了珍妮特，当艾琳撞见她们并"发现她"时，BTB"碰巧"与这位客座编辑一起坐在鹳鸟俱乐部里。

于是，珍妮特来了，穿着一件深蓝色格子裙，这正是三周前她住进巴比松时的衣着。[32] 艾琳递给她一张纽约市地图和一些粉饼，要她把这两样学清楚。[33] 珍妮特毫无头绪，但有点空闲的洛林主动提出帮忙。她后来回忆，珍妮特是个高个子金发女郎，笑容灿烂，牙齿完美，是"戈尔迪·霍恩（Goldie Hawn）和格蕾丝·凯利的混合体"，兼具"霍恩的活力和凯利的优雅"。两人共度了那个下午，洛林向珍妮特讲解了做模特的各种要点，珍妮特则聊了《少女》的二三事。那个下午结束时，珍妮特的妆容在洛林的巧手下渐趋完美，她正式从《少女》客座编辑变成了福特的模特。

✦

故事再回到巴比松，卡罗琳获得经济独立，当然算不上富有，但足够支付每周的酒店账单，还能在外面或咖啡馆吃午餐和晚餐，买各种模特保持良好形象的必需品，格蕾丝·凯利看着她，有些羡慕。虽然格蕾丝没有什么可担心的，她的巴比松房费由父母支付——总是全额支付，总是按时支付——但她想明确一件事：她也能养活自己。卡罗琳并非个例，其他很多住在巴比松的年轻女性也从麦迪逊大道对漂亮脸蛋和苗条身材的需求中获益。广告是发展最快的行业之一。卡罗琳理解格蕾丝渴望的是什么，她不需要经济独立，但希望经济独立，卡罗琳鼓励她试试去做模特。格蕾丝偏爱整齐、得体和相当无趣的着装，还永远戴着厚厚的眼镜，但卡罗琳透过这一切看到了一种隐藏的美。所以她送格蕾丝去见了艾琳·福特。等待评判的时候，格蕾丝在红色沙发上坐了下来。评价并不高。

艾琳认为她“骨头上的肉太多了”，而且从商业角度来看，格蕾丝的外形太普通，不符合福特公司的高标准（艾琳后来说这是她职业生涯中最大的错误）。[34] 因此，格蕾丝走了一条与模特朋友们截然相反的路：她的朋友们是从鲍尔斯公司转到艾琳的公司，而她则转向了鲍尔斯公司，后者当场雇用了她。艾琳·福特后来撒了谎，说她旗下的女孩子是为漂亮衣服而非其他产品做广告，她拒绝格蕾丝·凯利，是因为其曾拍过杀虫剂和香烟广告。[35] 但其实这些都是格蕾丝在鲍尔斯公司最早的模特工作——那是在艾琳以“骨头上的肉太多”为由拒绝了她之后。[36]

格蕾丝本来还可以迎合一下艾琳的自尊心，著名的德洛丽丝·霍金斯[1]就是那样做的。去福特经纪公司之前，德洛

[1] 德洛丽丝·霍金斯（Dolores Hawkins）即致谢中的德洛丽丝·菲尔普斯（Dolores Phelps）。——编者注

丽丝就已经取得了一些成就，这意味着艾琳不能声称是自己挖掘了她。艾琳不喜欢这样，所以拒绝了德洛丽丝，抱怨她49千克左右的体重超重了。[37]德洛丽丝耸了耸肩，她了解这个行业和其中的人情世故。一周后，她又去见了艾琳，宣称已经减掉了体重（其实并没有），此外没有再多说什么。她让艾琳保住了面子。1957年，德洛丽丝搬了多次公寓，中间的过渡期就住在巴比松。她曾让人把一辆崭新的鸽灰色雷鸟（Thunderbird）敞篷车直接送到酒店门口，车盖上有一个大蝴蝶结，而奥斯卡则站在人行道上指挥交通，请那些看得目瞪口呆的人让一让。

德洛丽丝开着她的新雷鸟到纽约州北部她父母的马场度周末时，珍妮特·瓦格纳则沉迷于纽约市模特的特别待遇。她经常和朋友洛林一起去鹳鸟俱乐部。在那里，一顿饭终了后，服务员递过来的不是账单，而是小礼物——通常是香水，或一支口红，并附上小字条："本店敬上。"珍妮特还结识了个朋友，艾琳·福特公司旗下的另一位顶级模特莉莉·卡尔森（Lily Carlson）。她身高178厘米，有瑞典血统（她的父亲是艾奥瓦州的路德教会牧师，经常用瑞典语布道）。福特经纪公司开业后不久，莉莉·卡尔森就与之签约，该公司由此引起了业内的注意。[38]卡尔森二十奔三时，丈夫在大萧条中失去了工作，她才开始做模特。但在艾琳的指导下，她的进步可谓大步流星。在1947年著名的时尚照片“十二美人”中，摄影师欧文·佩恩（Irving Penn）将莉莉安排在一群人的最中央，她几乎就像独自一人站在那里，沐浴在自己反射的光芒中，身穿一条简约的白色褶边及地长裙。

莉莉把珍妮特·瓦格纳介绍给吉塔·霍尔（Gita Hall）——纽约又一个著名的瑞典模特兼演员。珍妮特乐于与其结交，于是接受了吉塔那个富有男友的邀请，与这对情侣在男方位于长岛南安普敦的豪宅里共度周末，那里是富人的消暑游乐场。吉塔——珍妮特很快称她为“城里头牌妓女之一”——没有告诉她，男友的表亲已经在豪宅里等着珍妮特，期待颠鸾倒凤的周末。[39]珍妮特对此一无所知。那天晚上，他走进她房间时，她惊恐地坐直了身子，语无伦次而又紧张地寻找合适的措辞解释道，她从来没有和男人睡过觉。这话引得他一阵大笑。对他来说，她是处女这一点，不仅惹人发笑，还十分幸运地起到了一种自然的威慑作用。

也许珍妮特太不谙世事，不适合这个假装清高甚至古板禁欲，但暗地里却要复杂得多的世界。也许到目前为止，见识还没有走出伊利诺伊州盖尔斯堡的珍妮特，的确是异常天真和缺乏经验。但是，20世纪50年代本身就充斥着重重矛盾，尤其在涉及女性和性的方面时，外表可能具有欺骗性。

有些人看起来纯洁而体面，但其实可能是在掩盖自己的另一面；而公开展露的性感背后，可能隐藏着朴实的贞洁——比如珍妮特。的确，格蕾丝·凯利在海报上呈现的，就是那个年代完美的女性形象。后来，她走上大银幕，在希区柯克（Hitchcock）的《后窗》（*Rear Window*）中扮演仿佛周身发着冷光的丽莎·弗里蒙特（Lisa Fremont），这个成熟、聪明、耐心等待自己男人的现代女性角色，更巩固了格蕾丝扁平化的形象。然而，永远被人们视为甜美与贞洁化身的格蕾丝·凯利，却喜欢在巴比松的走廊上随着夏威夷音乐起舞，并通过赤裸上身的表演来震惊她的同伴。[40]关于她的性欲和滥交的传言也层出不穷。

少有人谈及当时的年轻女性每天与之抗争的矛盾。但马拉奇·迈考特却能近距离见证。1958年5月12日，这位演员、专业“说书人”和彻头彻尾的享乐主义者［后来写出著名回忆录《安琪拉的灰烬》的教师弗兰克·迈考特（Frank McCourt）是他的兄弟］，在第三大道上第63街和第64街的交会处开了马拉奇酒吧（Malachy’s bar）。这里以前叫奥罗克酒吧（O’ Rourke’s），是个“破败的沙龙”，但马拉奇和伙伴们往墙上刷了一点奶油色的漆，在地板上铺了红地毯，在顶篷上挂了标志。[41]最后，再放上一个照明充足的鱼缸，并请来厄尔·沃克（Earl Walker）——正如马拉奇·迈考特常常挂在嘴边的那样，沃克“在赖克斯岛[1]接受过食物烹调与服务的培训”[42]。马拉奇将成为公认的纽约第一家单身酒吧。其选址离巴比松大饭店不到两个街区，这绝非偶然。

明里暗里，那个年代都强调各种礼仪规范，并相应催生了各种法规和守则，开酒吧需要避免在这方面踩雷。纽约的每家酒吧都必须提供食物（要在酒吧内的厨房制作），每安装 2 英尺的酒吧柜台就要相应多出一张餐桌。[43]根据规定，酒吧内的照明亮度必须足以看报纸［后来，马拉奇正是因这方面的违规而被逮捕的，法官问办案警员，他试图在酒吧里阅读什么报纸，“《每日镜报》（*The Daily Mirror*）”，警员回答。法官判决警员抓捕证据不足，他说警员的阅读材料选得不好，如果这位警员这么渴望阅读，总可以去公共图书馆］。还有一些不成文的规则，例如不允许女性单独坐在吧台前。不过，马拉奇酒吧并不遵守这一条。

酒吧开业之后不久，巴比松的年轻女性就纷纷前来[44]，一开始她们很好奇，还有点犹豫。但发现了这家店之后，她们就与朋友们口口相传：马拉奇酒吧是个很好的休闲之处，“在第三大道上的一众爱尔兰风格的酒吧中脱颖而出，那些地方显得逊色且幼稚，总是装饰着三叶草和绿色的荧光

[1] Rikers Island，美国纽约州岛屿，纽约市最大监狱的所在地。——译者注

灯”[1]。马拉奇很擅长用他的“爱尔兰土腔”来胡诌一些精彩的故事，是当时杰克·帕尔（Jack Paar）主持的纽约直播节目《今夜秀》（*Tonight Show*）的常客。富贵名流们都被马拉奇的魅力所吸引（用后者的话来说，人们“容易得旅鼠综合征”[2]），一股脑儿拥向酒吧，包括惠特尼家族（the Whitneys）、雷诺兹家族（the Reynolds，烟草业大鳄）、希区柯克家族，以及社交名流柏林家族的孩子（Berlin kids）——他们的父亲是赫斯特（Hearst）报业帝国的主席［布丽吉德·柏林（Brigid Berlin）后来成为安迪·沃霍尔（Andy Warhol）的红颜知己］。与马拉奇·迈考特交好的演员们——理查德·伯顿（Richard Burton）、理查德·哈里斯（Richard Harris）、彼得·奥图（Peter O’Toole）、阿尔伯特·芬尼（Albert Finney）——也都成了酒吧的座上宾。

在整个曼哈顿的其他地方，女性仍然被禁止独自坐在吧台前，就像她们曾经被禁止在下午 6 点后独自入住酒店一样。社会普遍认为，一个女孩独自在吧台前，是不会有什么好结果的，或者说，这女孩本身可能就不“好”。起初，马拉奇认为这一定是全市范围内的某种规定，但在查找条例后，他

[1] 当时第三大道上的酒吧清一色是爱尔兰风格的，而三叶草是爱尔兰的象征之一，所以那些酒吧用三叶草和绿色荧光灯装饰店面。——编者注

[2] 即“旅鼠效应”，泛指团体中的盲从行为。——译者注

意识到这规则只不过是个传统，而且是传统糟粕。[45] 他邀请巴比松的女性来独自坐在吧台前。在马拉奇酒吧，任何人都可以坐在“他们想坐的地方”。“有年轻漂亮的女人，还有英俊的男人——他们会互相交谈。突然之间，酒吧外就排起了长队。”终于，店里来了个警察，他掏出罚单本，写下酒吧违规，因为有无人陪伴的女性坐在吧台前。马拉奇挑战他，请他说出到底违反了哪条规定。他说不出来。

除了也许能算得上最佳的店内装潢，马拉奇提供给巴比松住客们的更是一次机会，要么选择可心的人进行交谈，要么随心所欲地独自闲坐。因为那是这家酒吧唯一的规则：只要在店内，“你就处在本店的保护之下”，没人有资格骚扰他人。即便是平时处于严格着装与强制熄灯规则管束下的吉布斯女孩，也会在下课后回家，换上晚礼服，然后在外面再裹上一件雨衣，直奔马拉奇的酒吧。[46] 马拉奇的兄弟迈克（Mike）称她们为“雨衣大队”，甚至声称有些女孩忘记在雨衣里面穿上晚礼服。马拉奇特意提到，有时候他的酒吧也提供真正的食物，他还会让巴比松的女孩们填饱肚子。[47]“有时候你能看得出来，她们手头有点紧。”如果某位年轻女子点了一杯啤酒或苏打水，然后慢慢数钱，把每个硬币都小心翼翼地放在吧台上，马拉奇就会爽快地请她吃个汉堡，表现得仿佛这只是一个再随意不过的举动。

一天晚上，马拉奇自己也看上了一个巴比松女孩。他“当时正喝得酩酊大醉”，东倒西歪地护送她回到酒店。[48]酒精赋予他信心，英式橄榄球训练则让他跑得很快，趁着她分散了前台接待员的注意力，他成功去了她的房间。他在楼梯间腾跃而上，“快过小提琴手的胳膊肘”。他并不觉得硬邦邦的单人床是做爱的理想场所，但也凑合了。几个小时后，他又悄悄下楼，等着前台的“鹰眼女人”暂时离开，再向门外跑去。他想，即便她看到了他，也不可能抓住他；就算她抓住了他，也不会知道他曾上过哪张小床，因为那里有“700间悸动的童贞之房”可供选择。之后，马拉奇还做过多次尝试，但总是失败，即便他后来遇到的半打同辈男人都声称自己也曾跳上那些楼梯，吹嘘自己现在还能生龙活虎地讲述那些人生传奇。如果他们所言属实，那根据福特公司模特、巴比松住客兼时尚偶像卡门·戴尔·奥利菲斯（Carmen Dell’Orefice）的说法，他们可能是伪装成了约翰·麦克吉根（John MacGuigan）——一个长相帅气的上东区妇科医生，他经常应召进去行医，所以工作人员都习惯了挥挥手就让他通过。[49]至于主动邀请男人进来，即便是十分擅长“把他们偷带进来，再偷领出去”的女演员斯碧尔·谢波德，也拒绝在巴比松大饭店进行尝试，因为“这里有制度”，不容扰乱。[50]

20世纪50年代，在男女两性共同作用下勉强维持的错综复杂的平衡态势，因当时的马提尼文化（martini culture）而有所缓和。这种相关文化的训练可能在大学时代甚至在更早的时候就开始了。1958年，未来会出演电影《爱情故事》（*Love Story*）的艾丽·麦古奥也住在巴比松，身份是《少女》杂志的客座编辑。[51]她为8月号大学专刊的一篇文章画了插画，该文章用风趣的语言讲述了常春藤大学的典型周末。文章作者是同期客座编辑科莱特·霍普曼（Colette Hoppman），她描绘了预想中充满“俏皮话、牛奶潘趣酒、草坪飞盘”的周末。她用充满渴望的笔调写道，一位朋友回忆说，“星期五，刚在剑桥（哈佛大学所在地）跳下火车，就被告知当晚要参加诗剧《鸡尾酒会》（*The Cocktail Party*）的朗读会”。于是，科莱特满怀兴奋和希冀，前往耶鲁大学度过她的第一个常春藤联盟周末：与推荐人口中“高大、轮廓分明、受人喜爱”的男孩进行初次约会。按照大学周末的传统，这个约会对象将支付她食宿和娱乐的所有花销，而她只需要自己出钱买火车票。

但她的发现与朋友在剑桥的精彩经历大相径庭。科莱特的周末更像是参加了一个上流社会优雅幌子下的兄弟会，这个兄弟会还完全浸泡在酒精里。她和一位被安排了同类约会的女性朋友一同到达纽黑文（New Haven），被一辆敞篷车接走，带到寄宿处，并被告知有一小时的时间为晚餐做准备。

她的约会对象比尔所属的“围栏兄弟会”是晚宴主办方，他们都坐在“宽大的皮椅上”，试着与她们交谈。科莱特问比尔是否如她之前听说的那样对广告业感兴趣，比尔回答，他很可能最终追随父亲的脚步进入广告业，但现下，“我光喝酒就行了”。

科莱特写道，仿佛接到命令一般，“一个白衣服务生在我面前重重地放下一杯马提尼”。她小啜了一口，就知道自己不适合杜松子酒[1]。但在这个周末剩余的时间里，这又是很难避开的杯中物。晚餐后，大家竟又纵酒豪饮到凌晨。星期六有一场大型橄榄球比赛，看台上挤满了耶鲁大学的学生和校友：“老毕业生们拿着印有‘1919’字样的气球，散漫悠闲的男孩子戴着叠层平顶帽，女孩子们穿着驼色外衣，还有女孩子们，更多女孩子们。”公开饮酒也算是比赛不可或缺的一部分：直接举瓶喝烈酒，举罐饮啤酒。一群人还用“老式的西班牙酒囊”豪饮葡萄酒。这东西显然是去国外过暑假时买的纪念品。比赛结束后，还有一连串的派对，有不同的主题，仿佛是怕大家感到无聊和厌倦。等这个夜晚终于结束，地上“到处都扔着烟头和啤酒罐，不时还能发现个把耳环”。科莱特觉得这样的常春藤周末真让人失望，但也是对大学生活和

[1]　马提尼是杜松子酒混合苦艾酒制成的鸡尾酒。——编者注

之后岁月的一次启蒙。同样，她借此窥见了上层中产阶级年轻妻子可能面对的生活，以及在该阶层需要应付的一系列无比乏味的社交礼仪。因为那是 20 世纪 50 年代，这就是她未来几乎不可避免的命运。“玩偶之家”不过是一段插曲，年轻女性的人生之旅最终都通向一个目的地：成为自己家庭的女主人。

✦

1958 年，科莱特正在努力接受她的常春藤周末，而格蕾丝·凯利已经定居摩纳哥，身份是该国王妃。1956 年，格蕾丝与摩纳哥亲王成婚，婚礼成为世界新闻的焦点。在短短几年里，她就从住在巴比松大饭店的表演学生成为著名女演员和奥斯卡奖得主，并得到了摩纳哥兰尼埃三世亲王（Prince Rainier Ⅲ）的爱慕。与他结婚后，她在 26 岁时正式退出了演艺界。后来，她的伴娘之一回想起 20 世纪 50 年代，说道：“我有没有想过未来？根本没有。没想过我们的未来，甚至没想过格蕾丝的……那是 20 世纪 50 年代。从自己的立场出发，我们非常确信，只要看对了方向，嫁对了人，做对了事，说对了话，生活就会一如既往地轻松愉快地展现在眼前。”[52] 婚姻依然是女性的最终目标，而“玩偶之家”巴比松则是这个目的地最隐秘的前厅。

20 世纪 50 年代，每 3 个女性中就有一个会在 19 岁结婚。到 1957 年，有 1 400 万女孩在 17 岁时订婚。艾琳 · 福特会在旗下模特们的“保质期”将近时，把她们召集到一起，安排她们与富有的美国人和有头衔的欧洲求婚者们见面。这是出了名的操作。能把“她的女孩们”嫁给成功的男人和出色的“养家者”，她会为之自豪。格蕾丝 · 凯利从巴比松搬到摩纳哥的皇宫时，她那些也即将结婚的朋友则搬到了纽约的上等郊区。那也是 20 世纪 50 年代的特色之一。郊区发展速度是市区的六倍。卡罗琳 · 斯科特将搬到长岛，而洛林 · 戴维斯和珍妮特 · 瓦格纳则在康涅狄格州的韦斯特波特（Westport）做了邻居。

有时候，回忆起 20 世纪 50 年代的那十年，人们总会戴上玫瑰色的滤镜。有人说，那个年代美国的繁荣可谓空前绝后。然而，20 世纪 50 年代也充满了矛盾，充满了欲说还休，充满了伪装，其中一些后来导致了悲剧的发生。格蕾丝 · 凯利，这位演员兼王妃的汽车在摩纳哥蜿蜒的山路上翻倒，她的死尽人皆知。卡罗琳 · 斯科特，这位模特最终深受精神疾病之折磨，在曼哈顿的一个无家可归者收容所聊度余生。珍妮特 · 瓦格纳，这位《少女》客座编辑兼模特后来与一个男人结了婚，有一天，他搭飞机去参加一个商务会议，再也没有回来：他被指控做出了不顾一切的自杀行为，引爆了那架商用飞机，拉上所有人为自己陪葬。洛林·戴维斯，这位柑橘皇后兼模特写了一本小说，描述朋友珍妮特为洗刷已故丈夫的罪名而进行的斗争。[53] 20 世纪 50 年代的主流观点认为，对于女性来说，婚姻意味着成功，或至少是安全。然而，该观念往往被证明是错误的。对于许多 20 世纪 50 年代的巴比松住客来说，她们的小房间、硬板床、约会前的疯狂打扮、与朋友的深夜倾谈，甚至是西布莉夫人的唠叨责备，都将成为内心深处最怀念的过去。她们曾觉得，住在巴比松的日子是一个短暂的机会之窗，将把她们引向婚姻这个最终目标。然而事实上，回过头来看，那个窗口——以及界定这个窗口的女性情谊与女性独立——原来是人生的制高点之一。

第五章　西尔维娅·普拉斯

——1953年的夏天

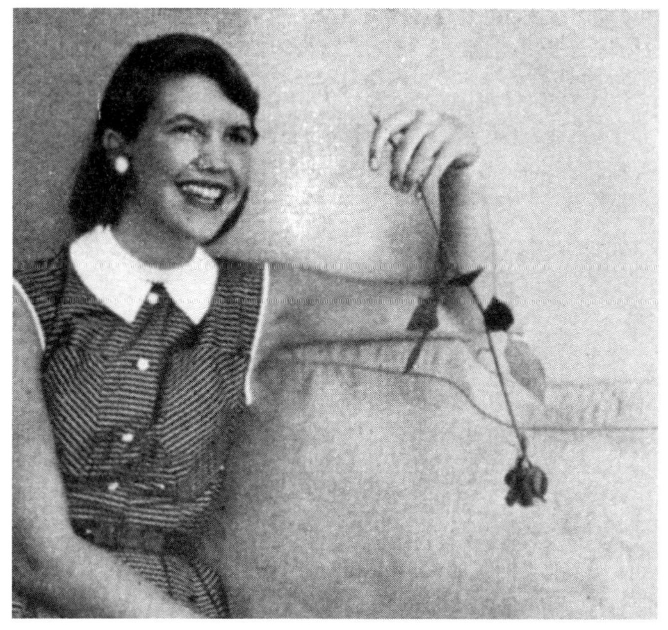

这是西尔维娅·普拉斯的一张标志性照片，拍摄于她成为《少女》客座编辑的第一天。摄影师赫尔曼·兰茨霍夫（Hermann Landshoff）很不耐烦，抱怨说自己常拍的是专业模特，而不是这些哭哭啼啼的半吊子

西尔维娅·普拉斯也被卷入了20世纪50年代的拉扯与纠葛之中。她后来成为美国20世纪伟大的诗人之一，她只写了一部小说，但很出名，书名为《钟形罩》，完全取材于她在巴比松大饭店的岁月。她在小说里记录了自己对那十年的种种前景的矛盾心理。“于是我就想，也许这是真的，当你结婚生子后，就像被洗脑了一样，之后你就会像某个个人极权国家的奴隶一样麻木不仁。”[1]但在1953年的春天，西尔维娅仍然专注于紧抓提供给她这种年轻女性的时间窗口，没时间去想这个窗口最终可能多么短暂，即便对于那些最美丽、最有抱负和最有才华的人来说也是如此。尚未完成大学学业时，西尔维娅就已经名声在外了。她是很多人窃窃私语的对象：那个将成为作家的年轻女子，一头明亮的金发剪成童花头，喜欢参加聚会。

西尔维娅·普拉斯在马萨诸塞州的史密斯学院读三年级，她计划当一名作家，且已经走在那条路上了，所以必然要参加《少女》的客座编辑竞赛。4月，大学委员会的编辑来探访史密斯学院的申请者，西尔维娅怅然若失地写信给母亲，说大家一起喝茶时，她眼睁睁看着自己的机会溜走了，因为很明显其他参赛者也才华"横溢"。[2]即便如此，西尔维娅还是忍不住要借机挖苦。她写道，自己特别确信那些女孩中必有一个会胜出，因为（与她自己不同的是）"她们都还没有得过奖"。西尔维娅当然已经得了满满一抽屉的奖，而且也并不羞于展示自己的成就。她刚刚赢得了《少女》的大学小说奖（奖金500美元，在当时可不是小数目），还以100美元的价格卖了三首诗给《哈泼斯杂志》（*Harper's Magazine*）。

但西尔维娅并未因《少女》大学委员会编辑的来访而沮丧。她一心想要享受生活，在此事上的决心和她对待写诗是一样的。就在不久前，一个医学生邀请她去纽约度过一个旋风般刺激精彩的周末，还有一个学生邀请她参加耶鲁大学的春季舞会，时间是在之后的周末（而且，与科莱特不同，西尔维娅不会失望）。真要说西尔维娅有什么挂在心上的问题，那就是穿着打扮。"我现在有一个白色的包和一双白色的鞋子，一个红色的包和一双红色的鞋子，有一天我还会买一个黑色的漆皮包。我现在真为自己的衣品自豪。我明白自己想要什么以及正好需要什么，对目前一切都觉得很好，很乐观。"[3]

与那个医学生一起在纽约度过的周末毫无疑问体现了1953年前后典型的曼哈顿生活。西尔维娅和朋友卡罗尔（Carol）一起到达中央车站，后者也已经有了安排好的约会对象（"一个矮小、秃头但非常善良和聪明的一年级男生。"

西尔维娅总结说）。[4] 他们四人立即前往小屋餐厅（La Petite Maison）吃晚餐。在那里，西尔维娅感到目眩神迷，她喜欢餐厅里的亚麻制品和法国服务生，当然，最喜欢的还是食物（她热爱美食一如热爱美丽的衣装）。那天晚上，她第一次品尝生蚝。接着，他们坐上纽约的出租车，去看阿瑟·米勒（Arthur Miller）写的话剧《萨勒姆的女巫》（*The Crucible*），之后在著名的德尔莫尼科军官俱乐部聊得火热——八年前，也正是在这里，纳内特·埃默里和同伴于晚上 11:45，与一位海军陆战队队员和一名陆军军官来了场四人约会。西尔维娅、卡罗尔和两位约会对象埋头讨论着种族关系、共产主义和宗教话题，钢琴声响起，成为谈话的背景音乐。而这只不过是第一个晚上。

因此，当渴望已久的电报终于从《少女》的贝茜·塔尔伯特·布莱克维尔那里传来，通知她成为客座编辑项目的优胜者之一时，西尔维娅感觉自己刚刚已经大大品尝了一番即将到来的生活。在收到所有必要的《少女》表格、清单和说明后，她写信给母亲，告知她自己将以“每周 15 美元的优惠价格”住在巴比松大饭店。[5]

“我还从来没住过酒店呢！”她写道。西尔维娅列出了《少女》建议她带去纽约的衣服，包括泳装、礼服和“凉爽的深色衣服”——“哪怕到了下午 5 点，看起来也和早上 9 点一样清爽”。其实,《少女》的叮嘱还要更具体些，其中警告说（似乎已经预知了 1953 年的夏天将迎来破纪录的热浪）“6 月的纽约可能会非常炎热”[6]。而为了应付日常办公室工作、午餐和到访各厂家的外出活动,《少女》建议的着装是“深色棉质、尼龙、山东绸[1]、丝绸或轻质套装——最好是凉爽的深色衣服……别忘了戴帽子”。

西尔维娅时年 20 岁，一头金发，身高 175 厘米，体重 62 千克，十分匀称。[7]她于 5 月 31 日（星期日）抵达巴比松大饭店，一直住到 6 月 26 日（星期五）。十年后出版的自传体小说《钟形罩》几乎就是对 1953 年 6 月那段纽约生活的如实记录。她在书中把巴比松大饭店改名为“亚马孙”，自己则化身为主人公埃丝特·格林伍德（Esther Greenwood），还将现实中其他 19 位客座编辑的事迹合并，把人数减少到了 12 位。

西尔维娅一直在做表格，为她的《少女》和巴比松之行做准备。她算出在目前的大三期间，自己花在衣服上的钱比在大一时买所有东西的总和还多。但母女俩都明白纽约在掏空钱包上的潜力。西尔维娅的教授父亲在她很小的时候就去世了，没有留下人寿保险。但母亲在娘家的帮助下维持着家

[1] 起源于中国山东省的一种丝绸平纹织物，常用于制作新娘礼服。——编者注

庭的正常运转，甚至能让西尔维娅和她刚收到哈佛大学奖学金通知的弟弟沃伦（Warren）维持期待中的生活方式。但金钱方面的压力一直存在，西尔维娅的家信有时读起来就像会计师的账单。西尔维娅在写给母亲的同时，也是在对自己说，置装费用是情有可原的，因为客座编辑的职位是个难得的机会，可以让她在攀登职业高峰的过程中连跳几级。[8]另外，西尔维娅解释道（将她的抱负与对购物的热爱结合起来）："我一直希望能像试衣服一样尝试各种工作，决定哪一种最适合我，而现在我有机会去见识一下大城市的生活了……"

1953年夏天的纽约，像个童话故事一样令人向往。西尔维娅为现在已是哈佛大学学生的弟弟激动，也为入选《少女》客座编辑，成为"米莉"之一的自己激动。[9]她在给弟弟的信中说："成为美国的20名优胜者之一，在这个月前往纽约是个梦寐以求的机会……我觉得自己就像一个大学里的灰姑娘，仙女教母突然从邮箱里跳出来问：'你的第一个愿望是什么？'而我这个灰姑娘答道：'纽约。'她眨了眨眼睛，挥舞着她那又长又尖的魔杖说道：'我会实现你的愿望。'"仙女教母的魔法令人安心地持续到了西尔维娅抵达中央车站。西尔维娅从她母亲位于马萨诸塞州韦尔斯利镇的房子出发，同行者叫劳里·托顿（Laurie Totten），也是一个客座编辑，缘分天注定，她竟然就住在离西尔维娅只有两个街区的地方。但家信当中的西尔维娅独自身处这如梦似幻的一切之中。“两个可爱而强壮的美国军人”帮助“她一个人”下了火车。[10] 这两个穿着军装的人引领“她一个人”穿过“如掠食者般的人群”。他们陪着“她一个人”坐上前往巴比松大饭店的出租车。最后，他们把她和她的行李一起送到前台。

西尔维娅环顾四周，看到巴比松大饭店“大堂的绿色显得很精致，还有浅牛奶咖啡色的木制品”。劳里和她办理了入住手续，乘电梯到了 15 层。接下来的四个星期里，所有的客座编辑都住在这层楼，只有两个人除外。西尔维娅欣喜地看着她那“最亲爱的单人房”，“满屋铺着地毯，淡米色的墙壁，深绿色的床单，装饰有玫瑰花纹的褶边，配套的窗帘，一张书桌、一个斗柜、一个壁橱和一个白色搪瓷灯球——仿佛是从墙上自然生长出来的蘑菇”[11]。此外，屋内还有便于手洗的白手套与内衣。像二十多年前的莫利·布朗一样，西尔维娅尤其兴奋于“墙上的收音机”，但也很开心地看到“窗边的电话——以及风景！”她能看到花园、小巷以及第三大道上的高架电车，还有新建的联合国总部大楼，甚至还能看到一点点东河的河景。但真正重要的甚至不是眼前风景，而是它所象征的东西。在接下来的许多个晚上，西尔维娅都坐在那里加班加点，承担着比其他客座编辑更多的工作——在愿望成真之后，她反而成了个名副其实的“灰姑娘”，其他人在纽约寻欢作乐，她却是那个被抛弃在家的妹妹，包揽所有的活计。但至少，在她的楼下，就是灯光闪烁、汽车喇叭不时响起的神奇纽约。

在巴比松大饭店的第一个晚上，客座编辑们聚集在一起，互相打量着对方，开始以这种经历所要求的加速步伐建立关系。西尔维娅觉得其他人"很有趣"，其中四个人长相惊艳，"去巴黎当模特都可以"（当然，同期的客座编辑珍妮特·瓦格纳确实会在月底成为模特，尽管这是一次意外之喜），每个人都既活泼又聪明，甚至还有一个摩门教徒。她们都坐在格蕾丝·麦克劳德（Grace MacLeod）的 1506 号房间里，这里也将成为这群女孩了整个 6 月的非官方休息室，因为它采光最好。

她们酒店房间的窗外，有的是列克星敦大道，有的是第 63 街，有的是大楼东侧和南侧的后巷。没有人知道房间是如何分配的，但最幸运的人得到了最好的视野或最充足的采光，或者两者兼得。第 15 层的中央是共用的卫生间，但数量不足。其中两间各有一个浴缸和一个马桶，另外两间更大一些，各有一个淋浴和两个马桶间。[12] 西尔维娅痴迷于长时间的、慢悠悠的泡澡，从这一点来说她很幸运，因为她的房间靠近有浴缸的卫生间。而楼层另一边的客座编辑则发现，她们不得不经常凑合着用淋浴。共有 20 名客座编辑，其中有 19 人单身，一人已婚，育有一个幼子。[13] 已婚的客座编辑从布朗克斯区通勤来上班，而客座小说编辑坎迪·博尔斯特（Candy Bolster）则选择与曼哈顿的朋友拉金夫妇（the Larkins）住在一起。昵称为“佩姬”（Peggy）的玛格丽特·阿弗莱克（Margaret Affleck）是一名摩门教徒，她也选择不住在巴比松大饭店，因为摩门教会不允许。因此，佩姬乘坐巴士往返于摩门教会、巴比松和杂志社之间。

她们一边聊天一边相互打量，每个人都在想着和地理相关的问题。20 世纪 50 年代，乘坐飞机费用还很昂贵，所以也很少见。在被《少女》邀请到纽约之前，大多数西部和南部的客座编辑还从未踏足过纽约。按照全国上下的既定印象，东海岸是国家的智识枢纽，而其他地方则一直比较落后。客座编辑丁妮·莱恩（Dinny Lain）后来成为作家，改名戴安·约翰逊，写出了《离婚》等小说。当时的她是密苏里州一所女子大学的大二学生。她在密西西比河畔长大，什么地方都没去过，更别说纽约了。对她来说，只有特殊场合的正餐才能安排在酒店这样的场所。她也和西尔维娅一样，从未真正住过酒店。然而，西尔维娅这个来自马萨诸塞州韦尔斯利镇，就读史密斯学院的姑娘却拥有更高的地位。西尔维娅出身于东海岸，而丁妮出身于落后地区。

不过，先天的地理出身的不完美可以弥补，而巴比松就是年轻女性自我重塑的重地。这里提供了另一种想象中的生活，即便房间的短租结束，这种生活也随之结束。一位离开韦尔斯利学院来到纽约当作家的年轻女子说出了自己的洞察："如果你想离开大学、家庭或旧时的生活，那么你要去的，正是这里。在这种情况下，它是完美的去处——只要你不待太久。"[14]

西尔维娅·普拉斯到达巴比松时，充分认识到自己正处在人生高峰。而丁妮·莱恩到达时，却对这一机会意味着什么知之甚少。当晚，涅瓦·纳尔逊从加利福尼亚州圣何塞赶来，怀着坚定的决心。在得克萨斯州到纽约的最后一程飞机上，她很幸运地坐在了一位先生旁边，对方姓罗斯（Ross），是内曼·马库斯百货公司（Neiman Marcus）的首席执行官。[15]涅瓦还没怎么想过如何从机场到巴比松大饭店，她本来暗自期待现场能有个"欢迎委员会"，但没有任何人出现。罗斯先生拯救了她，说她应该与他拼座打车。他显然被这个来自圣何塞的女孩所吸引，特意让司机绕了路，好向涅瓦展现一下这座城市的矛盾与复杂。在罗斯先生的指挥下，出租车在曼哈顿纵横穿梭，他指给涅瓦看的并非纽约的风景，而是其在人口统计学上的特征：富有与贫穷肩并肩存在，二者只隔了一两个街区；小小的曼哈顿岛上，却有着明确的种族划分。

涅瓦简直不敢相信自己运气这么好，能遇到罗斯先生做自己的导游。不过，她那时已经进行了一连串的冒险，而这似乎只是在那清单上又加了一项而已。前一年，涅瓦参加了西南部死亡谷（Death Valley）的地质学课程，一群人在凌晨4点赶到山顶，观看96千米外的原子弹试验。她被爆炸烧伤了脸，爆出了一些明显的小红斑，在接下来的七年里，她不得不用化妆品掩盖。然后，在教授赶来阻止之前，她在别人的激将下吞食了一整条鱼——鱼儿鳞片闪亮，沙丁鱼大小，来自有两千多年历史的内海。她当时晒得黑黑的，欢笑着摆拍了一张照片：那条已经裹满原子爆炸辐射尘的小鱼在她张开的嘴里摇头摆尾，不一会儿就进了她的肚子，造成了毁灭性的后果（涅瓦后来将她的甲状腺癌归咎于这条有放射性的鱼）。很快，另一次冒险又开始了，就在此刻，就在巴比松大饭店。

按照涅瓦的标准，她在巴比松租住的1536号房间可谓十分华丽，即便屋子的窗景是一条后巷。她一进门，右边就有一个水槽，左边是一张窄小的床，还有一个壁橱、梳妆台、书桌，窗边甚至还有一张舒适的椅子。她很喜欢床头的收音机，里面传来的音乐随时都可能被前台的个人留言打断。要是她知道客座编辑只有在工作两周后才能得到报酬，而巴比松的账单却会很快送到，就不会那么兴奋了。而且，由于机

涅瓦·纳尔逊要吞下那条已经有放射性的小鱼

票报销方面出了点岔子，涅瓦的支票会被拖得更久，直到第三周才到。

第一天晚上，以及接下来的每一晚，当客座编辑们聚集在一起进行深夜讨论时，忘了带睡衣的涅瓦都穿一件 T 恤坐在那里，把自己的双面穿雨衣像披风一样披在身上。西尔维娅则准备充分，她在临行前进行了购物，行李可谓充足完备。她带了两套蓝色睡衣、一件晚礼服和一件长袍。但涅瓦已经凑合惯了。她是从斯坦福大学（Stanford University）来的，但即将回家念圣何塞州立大学（San José State University），因为《少女》这个机会也意味着她不能像往年暑假一样去罐头厂做暑期工。但即便有那笔稳定的暑期工资，斯坦福大学的学费也只不过让家里的债务越堆越高，所以她到达纽约时已经明白，自己不可能再回到斯坦福。她的父母健在，但行踪飘忽不定，她从婴儿时起就被国家监护。高中时期，她已经独自住在一个经济实用的汽车旅馆里，竭力驳斥“只有妓女才会被迫住在这种地方”的揣测。

第一天，客座编辑们都坐在格蕾丝·麦克劳德的房间熬过了午夜，她们醒着，但也不算太清醒。她们讨论了很多事情，比如她们惊讶地发现，大学委员会编辑玛丽贝斯·里特尔（Marybeth Little）——将引导她们走遍纽约的“女舍监”——有着很明显的孕肚。突然有人开口问道：“在座的有谁是处女？”没有人真正确定是谁问了这个问题，但此刻大家都在等着看有多少人会举手。没有一个人举手。最后，她们转头看着在座最年轻的大二学生涅瓦，但她只是涨红了脸。格蕾丝震惊地看着她。不过话说回来，她可能也只是假装震惊，20 世纪 50 年代的年轻女性经常练习的那种震惊。根据涅瓦的经验，到了 18 岁——不管谁究竟说了什么，或者承认了什么——大多数年轻女性都已经被“诱惑”了。其实，涅瓦去斯坦福大学上学时就已经惊讶地发现，自己竟然是为数不多的处女之一，这使她在斯坦福大学传统的“欢欣鼓舞”舞会上很受欢迎，因为参会者需要以处女为伴。

星期一早上，客座编辑们一起在楼下巴比松大堂旁的咖啡店吃早餐。西尔维娅高兴地发现她可以用50美分买一杯咖啡、一杯果汁、一个鸡蛋和两片吐司。她穿了一身浅色套装，想留下良好的第一印象，但在最后关头，她流了很多鼻血，毁了她的精心打扮，她很快就不得不去换衣服。珍妮特·瓦格纳第一天上班时穿着蓝白相间的格子裙，系着腰带，头戴一顶小白帽，脚踩配套的白鞋（尽管《少女》杂志每年都恳求客座编辑不要穿白鞋出现），觉得自己看上去相当有气质。珍妮特帽子的大小与一个超大的茶碟相当，上面的人造水果重重地压下来，让她看上去就像去农贸市场赶集的农夫。西尔维娅看到这顶帽子时，冷笑了一声。前一天，西尔维娅一直迫不及待地打量着竞争对手，尤其是珍妮特·瓦格纳，她是《少女》非虚构文学奖的优胜者。珍妮特看起来很构成威胁——高个子，天生的金发，笑容灿烂——但她一开口，就有一种明显的（且很不成熟的）鼻音。珍妮特目睹西尔维娅的脸上渐渐浮现失望的表情，西尔维娅也没有试图掩饰自己的不屑：那一整个月，她都把珍妮特称为“乡巴佬”，还把她在伊利诺伊州盖尔斯堡的母校诺克斯学院（Knox

College）和田纳西州的诺克斯维尔学院（Knoxville College）混为一谈，不管珍妮特纠正多少次都无济于事。在《钟形罩》中，西尔维娅以珍妮特·瓦格纳为原型塑造了贝茜（Betsy）——一个“盲目乐观的女牛仔”[16]。不过，1953年，这些客座编辑的等级制度建立得太迅速，人在其中的地位很不稳定，且存在相互作用：在纽约的一整个月里，西尔维娅时时刻刻且满怀自豪地戴着自己的“白色草编贝雷帽”，那顶帽子看上去很像一个被遗弃的旧飞盘，和珍妮特那顶盛满水果的茶碟帽子可谓不相上下。

另一位客座编辑，涂着鲜亮唇彩，一头黑发的劳里·格拉泽[1]，是个歌坛新秀，来自艾奥瓦州的一个小镇，在“地区等级制度”上也属于低阶。但比起伊利诺伊州的盖尔斯堡，西尔维娅似乎对艾奥瓦州的乡村地区更着迷，她只对劳里的父母没有选择在农场定居表示遗憾，因为在她看来，那样要浪漫得多。[17]劳里在大学三年级时一直梦想着成为客座编辑，但直到大四，她才最终掌握了竞赛偏爱的文体形式。终于来到纽约的她，被这一切带来的兴奋感所征服。她后来回忆，在第一天早晨，所有的客座编辑——这些“艾森豪威尔时代的天真少女”——肩并着肩，手挽着手，从“迷人的”巴

[1] 即致谢中的劳里·格拉泽·利维（Laurie Glazer Levy）。——编者注

比松一路走到“迷人的”麦迪逊大道上的“迷人的”《少女》编辑部。当然，17 个女孩不可能真的手挽手走在纽约的大街上，从巴比松的房间到麦迪逊大道。但在 1953 年 6 月，说服自己去相信一个个童话故事的，并非只有西尔维娅一人。

西尔维娅把自己和其他人都称为“客编”。客编们来到位于麦迪逊大道 575 号的斯特里特与史密斯公司，乘电梯到了属于《少女》的楼层，聚集在 BTB 的办公室里，“双臂抱在胸前，仿佛要抑制住内心赢得胜利的狂喜”[18]。贝茜·塔尔伯特·布莱克维尔身穿黑白相间的花裙子，低低的一字形领口让她看起来很丰满，甚至稍显矮胖，但的确是经过一番精心打扮的，衣品很好。[19]BTB 先按照惯例劝告在座的各位要保持健康，这期间不断拿着自己的定制纸板火柴（耀眼的银色，上面印着黑色的“BTB”字样）点燃一根又一根香烟，时不时深深吸上一口。之后，客编们又被介绍给其他编辑认识，并在安有镜子的会议室拿到更多需要填写的表格。

午餐时，客座编辑们被分成几组，与不同的常驻编辑一起。西尔维娅如果早先还没有意识到，现在也肯定知道了：自己是尤其被青睐的人之一。她和主编 BTB 及执行主编西里尔·埃布尔斯一起来到著名的德雷克酒店（Drake Hotel），一同喝雪利酒，点主厨沙拉，讨论诸位作家以及杂志编辑部的生活。当然，其他人也意识到了。一看编辑们对西尔维娅青眼有加，丁妮·莱恩就昭然于心了。所有这些都让第一个工作日丢脸的种种变得更加叫人痛心疾首。

西尔维娅和涅瓦在酒店大堂等电梯。她们在休息时去那里喝咖啡，还闲聊起了到目前为止的这个上午。[20]她们惊讶地发现，《少女》的编辑们也许并不像她们想象的那样光鲜靓丽。相反，她们是真正的职业女性，整体形象不错，但显然对那些占用了美容和时尚部门大把时间的事情都不太感兴趣，而且这两个部门在普遍认知中比其他内容编辑部门要低上一等。西尔维娅注意到，编辑中“各色人等都有”，而涅瓦通过观察则认为，BTB 看起来像一个勤劳的爱尔兰洗衣妇。涅瓦的本意是种称赞，而很快听说了这话的 BTB 并不觉得这是什么好话（在之后数年里，客座编辑注意事项表上都会有一条严厉的警告：永远不要在大堂或电梯里谈论公司的事情）。涅瓦和西尔维娅立即被 BTB 叫到她的“闺房”，这是大家对她那个“鞋主题”办公室的称呼。她对两人的不良行为进行了警告，并责骂了一番，说把涅瓦招来纯粹是看她可怜，还说西尔维娅毫无才华，能来这里纯粹是因为她妈妈和西里尔·埃布尔斯的关系，因为前者一直可靠地给后者介绍训练有素的秘书。西尔维娅把自己锁在浴室里，她的啜泣声一直传到了《少女》编辑部的大堂。涅瓦也在哭。两人在这种悲惨可怜的状态之下，最终又被极其不耐烦的赫尔曼·兰茨霍夫教训了一顿。他抱怨说，自己常拍的是专业模特，而不是这些哭哭啼啼的半吊子。不管对方有没有准备好，他还是为所有人拍摄了8月号大学专刊的官方照片。

西尔维娅仍然决心让这段经历成为她想象中的童话故事，而非这种急转直下的噩梦。拍照时，她一只手拿着一朵无精打采的玫瑰，一边哭着，一边努力朝相机挤出笑容。在《钟形罩》中，她写道："终于，我就像腹语师手上的木偶，顺从地把嘴噘了起来。'喂，'摄影师突然预感到了什么，不满意地说，'你看起来就像要哭了一样。'"[21] 兰茨霍夫拍摄的客座编辑西尔维娅，将成为西尔维娅·普拉斯最具标志性和最为广泛传播的形象。

还有更多叫人不快的"惊喜"在后头。5月，《少女》要求客座编辑们手写一份声明，阐述她们希望在纽约实现的目标："用你自己的笔迹给我们写一份声明，用不少于五十个词，不超过一百个词告诉我们，你希望在《少女》的一个月中获得什么，以及你认为自己能给杂志做出什么贡献。附上签名——你的全名。"[22] 在客座编辑们提前收到的一摞文件中，"手写一份声明"被标记为"最优先事项"。后来，那些声明又未经发信人同意，被送到了一位笔迹学家那里。其中的"玄机"是，他的笔迹分析结果将以"笔迹传"的形式整合到每位客座编辑的"个人小传"中，旁边附上赫尔曼·兰茨霍夫拍摄的照片，每个客座编辑摆出的姿势，都是对小传的一种阐释。西尔维娅的阐释就是那朵垂头丧气的玫瑰，她的“笔迹传”上信誓旦旦地预言：“西尔维娅将在艺术领域取得成功。她对形式和美有敏锐的感知，十分享受自己的作品。”[23]但是，杂志没有刊登笔迹学家的分析中更有趣也更不讨喜的部分：西尔维娅的形式感和美感将“在时尚和室内装饰领域大有益助”，但她需要“克服肤浅、呆板的行为和刻板、僵化的态度”。

西尔维娅读了完整的分析报告。之后不久，客座编辑们聚集在一家高档餐厅举行特别午宴，她厚颜无耻地伸手去拿摆在那里供大家分享的大碗鱼子酱，也许是想努力扭转那叫人备受打击的分析结果。她把碗拉到自己面前，拿起竖在碗边的银色鱼子酱小勺，继而把鱼子酱吃得干干净净，似乎对他人的注目都视而不见。但她当然完全明白自己在做什么，因为这一幕将于十年后出现在《钟形罩》中。[24]“我发现……如果你在餐桌上带着某种嚣张傲慢的态度做一些不正确的事情，仿佛你完全清楚自己的行为得体合宜，那你就能平安无事，没有人会认为你举止不端庄或者教养不好。他们会认为你很有创意，非常机智。”西尔维娅认为“没有人会认为你举止不端庄”，这话错了。至少她的一位客座编辑同事，目睹西尔维娅席卷了那一整碗鱼子酱后，当天就决定与她绝交。她明白这绝不是什么无心之失，不是珍妮特·瓦格纳或劳里·格拉泽这类“乡下人”会不小心做出的那种行为。

第一个星期之内，就算有很多的社交活动安排，所有的客座编辑要是想在 8 月刊上发表文章，就必须完成工作任务。西尔维娅被选为客座执行主编，跟在西里尔·埃布尔斯身边。西尔维娅努力掩饰自己没能选上客座小说编辑，与著名的丽塔·史密斯一起工作的失望。她本本分分地把打字机和桌子都搬到了埃布尔斯的办公室，试图旁听她的各种谈话，并工作到很晚。和其他人一样，涅瓦·纳尔逊路过这里时会“看到她在打字机前缓慢而费力地戳啊，戳啊，戳啊，觉得不满意就撕掉几页，重新开始。她坐在小型便携式打字机桌前，背对着埃布尔斯的办公桌，面向正对各个编辑办公室通道的门，大家都会从通道走”[25]。西尔维娅的才华也让她的风险更高，人人都盼着她在那个夏天取得一些伟大的成就；而懵懵懂懂的丁妮·莱恩和轻浮傻气的劳里·格拉泽则能吸引读者去看看本季最畅销的口红色号，并有很多机会去各种场合，接受别人主动奉上的美酒佳肴，最后还总有献媚的制造商和广告商派发大量礼品。[26]

日子一天天过去，客座编辑们也形成了一些常规。每个人都试图用“长过小腿的棉布裙子”来消解夏日的闷热。劳里·格拉泽和西尔维娅会在走廊上擦肩而过，两人都面带微笑，“我们的牙齿在1953年品红唇彩的衬托下显得很白”[27]。涅瓦养成了一个取悦自己的习惯：在大堂旁边的巴比松咖啡馆开始她的一天。她通常会发现另一位客座编辑已经坐在了吧台前，涅瓦会在她身边坐下来[28]，点一杯装在大白瓷杯里的牛奶咖啡和一个丹麦面包，最好是熊掌面包[1]。来时已经订婚的丁妮·莱恩，周末都在逛婚纱，最终选定了一件简洁优雅的白色欧根纱材质的婚纱。大家都在讨论西尔维娅加班加点地工作实在错过了太多，不仅没能出席大型活动，还无法参与日常生活中的种种交际，包括巴比松大饭店第15层的社交活动。在1953年6月的闷热天气里，第15层的女孩们把房间门一直开着，既是为了让空气流通，也是为了互相商量参考一下究竟穿什么。

两三个星期之后，这群客座编辑该拍官方照片了，她们被驱车带到中央公园，站成星状队列，每个人都穿戴着一模一样的格子裙、衬衫和帽子。西尔维娅一如既往地在家信里报喜不报忧：她说格子衣服“非常可爱”[29]。但其实不然。那身衣服看起来就让人浑身发痒，而且显得不伦不类。女孩们挤在一辆货车上，被带进公园，被迫站在32℃的阳光下，

[1] 一种甜的发酵糕点，是丹麦面包的一种，起源于20世纪初的美国。——编者注

“穿着一模一样的羊毛格子裙和胸围约 101 厘米的长袖全扣男式衬衫……我们张开双臂，一个疯狂的摄影师站在人行天桥上，将镜头对准我们”[30]。比起可怕的裙子和上衣，西尔维娅的马萨诸塞邻居劳里·托顿甚至更讨厌她们被迫戴在头上的“愚蠢小帽子”[31]。暗地里，西尔维娅特别憎恨那件幼稚的婴儿蓝上装，它让这荒谬的造型彻底没救。尽管如此，在那张集体照中，站在星形队列最尖端的西尔维娅，仍然笑得很灿烂。

又过了五天，西尔维娅仍在努力说服自己：没能入选客座小说编辑并不重要[32]，即便她在信件中透露了自己异常沉重的工作负担：“工作接连不断……我整天都在埃布尔斯小姐的办公室里看稿子，通过她跟别人的电话交谈学到了无数的东西，如此诸般。我读着伊丽莎白·鲍恩（Elizabeth Bowen）、鲁默·戈登（Rumer Godden）、诺埃尔·考沃德（Noel Coward）等人的手稿，还对所有的稿子进行评论，可谓受益巨大。”即便显得很不厚道，但给一位《纽约客》的在职人员发拒稿信时，她的确是很激动的，在此之前她已经痛苦地被《纽约客》拒稿过无数次了。

然而，西里尔·埃布尔斯认为，她让西尔维娅担任客座执行主编这一重要职位是一种优待。而且，埃布尔斯其实是《少女》编辑部里最赏识西尔维娅的人，是她把西尔维娅的短篇小说当佳作挑出来，用具有鲜明个人特色的蓝色铅笔批注道："富有想象力，写得很好，绝对的上乘之作：保留。"西尔维娅究竟明不明白埃布尔斯在捧她，这不得而知，但她写给母亲的谎言越来越多。她既是在骗母亲，也是在骗自己。"其他女孩做的不过是'繁忙的工作'，而我却一直在阅读引人入胜的手稿，并进行简短的备忘评论，还对《少女》刊登文章的标准和理由有一个整体的把握……我非常喜欢埃布尔斯小姐，我认为她是我认识的女性中最出色和最聪慧的。"[33] 西尔维娅在《钟形罩》中也继续坚称埃丝特喜欢她的上司杰伊·茜（Jay Cee），"非常喜欢"，却又说她"丑得要死"。不过，西尔维娅又补充说，这其实不重要，因为她有头脑，会好几种语言。[34]

住在西尔维娅右边房间的卡罗尔·勒瓦恩（Carol LeVarn），将在那个夏天成为她的"战友"。卡罗尔也上交了一部短篇小说供审议，她在《少女》的办公室里发现自己的作品被藏在一份文件里，上面有埃布尔斯蓝色铅笔的潦草字迹："呃！"[35] 不过，卡罗尔发现这份文件时，很可能是一笑了之的。她有一头典型的金发，皮肤晒得很黑，热情奔放，机智过人，很像《钟形罩》里的多琳（Doreen）："她有一头淡金色的秀发，像一团蓬松的棉花糖，一双蓝眼睛像透明的玛瑙弹珠……嘴角总是挂着一丝嘲讽。我不是说那种恶意的轻蔑的笑，而是一种忍俊不禁的、诡秘的笑，好像她周围的人全是些傻瓜，如果她乐意，大可以他们为素材，好好讲些笑话。”[36] 卡罗尔收到她被录取参加 1953 年客座编辑项目的消息时，她所在的大学——有“南方史密斯学院”之称的斯威特布莱尔学院（Sweet Briar College）——也收到了这个好消息。校方没有祝贺卡罗尔，而是立即与 BTB 联系，建议《少女》重新考虑这个决定，因为卡罗尔不是一个典型斯威特布莱尔学生，他们也不希望杂志认为她能代表本校［当时卡罗尔正在和未来的作家汤姆·沃尔夫（Tom Wolfe）约会，后者当时在耶鲁大学。后来卡罗尔也出现在沃尔夫的一部小说中］。[37] 然而，西尔维娅此时觉得她的纽约冒险还不够尽兴，在与那位医学生共度春季周末之后，她就更加期待和渴望这种冒险，而这位新朋友的狂野天性让她无比兴奋。有一次，由于无法穿过纽约一条拥挤的街道，卡罗尔走到一辆出租车前，敲了敲车窗，问里面的乘客可不可以下车让一让，好让她们从出租车里面爬到另一边去。那位乘客顺从地照做了，但她和西尔维娅最终没能穿过座位，而是鬼使神差地和对方去了酒吧。[38]

这些冒险的确很有趣，但西尔维娅最想做的是在纽约遇到合适的男人。她把目光投向了在圣瑞吉酒店屋顶举行的《少女》正式舞会，希望能在那里遇到“一些有趣的男人”，

“这样不用自己掏钱就能出去看纽约了”[39]。圣瑞吉酒店的舞会实在是衣香鬓影、光艳四射，现场有两个乐队，整晚轮流上场，一个从地台降下去，另一个就升起来，一个帮另一个的曲子收尾，整个场地散发着玫瑰色的光芒，包括“《少女》粉”的桌布。8月刊上有张照片（西尔维娅想给自己留一张，她悲叹地说这照片在杂志上会显得太小，看不清楚），西尔维娅和同为客座编辑的安妮·肖伯（Anne Shawber）正和两个男人一起狂笑。[40]按照摄影师的指示，西尔维娅的男伴坐在玻璃面的鸡尾酒桌上，拍下那张照片的同时，桌面随之碎裂。

尽管气氛欢乐，这个夜晚却没有为西尔维娅带来任何符合条件的年轻男子。部分问题在于身高。珍妮特·瓦格纳和西尔维娅·普拉斯都是高个子，很不幸，被召集来参加舞会的男人都很矮。西尔维娅在出发前往舞会时还满怀希望，她穿着抹胸露背晚礼服，就是她在旋风般的纽约春季周末之后，穿去耶鲁大学舞会上的那一件。但现在看来，在炎热、尘土飞扬、叫人热得无精打采的6月，这件华服已经失去了之前的魔力。《钟形罩》里写道：“等到我们12个人做的那本杂志刊出我的照片——我上身穿着仿银丝缎的紧身露背装，下身穿着云朵一般的白纱大蓬裙。我在一个叫什么星光屋顶的地方喝着马提尼酒，周围簇拥着几个没什么名气的小伙子，个个都有着典型的美式好身材，是专为当天的场合雇来或租来的——人人都会觉得我当时是高兴得昏了头了。”[41]而刊登在杂志上，让西尔维娅想给自己留一份的那张照片，也确实让人觉得她好像正“高兴得昏头”。但她其实并没有。

让西尔维娅感到恼火的是，一些客座编辑觅得了“适婚纽约人”，而她却没有。[42]涅瓦·纳尔逊便是其中的幸运儿。涅瓦给暂时有了行踪的母亲写信说：“昨晚一切都是免费的，所以我们当然喝了香槟鸡尾酒——晚餐前喝了三杯——接着吃了虾，还与来自怀俄明州的赫罗尔德·霍基（Herold Hawkey）跳舞，这人身高162厘米。然后吃了沙拉，又与约翰·阿普尔顿（John Appleton）跳舞，他身高170厘米，是一位年轻的图书出版商。接着我又吃了鸡肉，搭配烧烤酱汁。”吃完第三份开心果冰激凌甜点后，她再度和约翰·阿普尔顿共舞。在对方喝下第九杯加冰苏格兰威士忌后又跳了一次。[43]之后，同一天晚上，他带她去了鹳鸟俱乐部，向她证明那里盛名之下其实难副，她最终同意了这个看法，于是两人又去了格林威治村时髦得多的“香槟厅堂”（Salle de Champagne）。第二天，一大束异域花卉被送到了《少女》编辑部，附带了一张给涅瓦的字条：“爱你，约翰。”[44]她被迫带着那束花，略带一种情事被公之于众的羞惭回到了巴比松。西尔维娅和卡罗尔也与她同行。两人明目张胆地低声议论，说男方送这束花根本就是在说“谢谢你让我开心了”。涅瓦不禁注意到，这两人之中，西尔维娅的语气更具批判性。

对于西尔维娅而言，雪上加霜的事情来了，涅瓦随后被邀请到了约翰·阿普尔顿位于哈德孙河（Hudson）畔的乡间住宅。[45]他穿着白色网球服迎接她，并在晚上9:30这个不正常的“地中海时间点”上了晚餐，菜品只有生菜沙拉和牛排，量很少（在涅瓦眼里也非常具有白人盎格鲁-撒克逊新教徒的典型特征）。然而，约翰恰恰就是西尔维娅心仪的那种男人。因此，星期一早上涅瓦偷偷摸摸回到巴比松大饭店时，西尔维娅早就在等她了。她在卫生间拦住涅瓦逼问情况，但后者只是轻松地解释说自己在乡下过了一个周末。令涅瓦惊讶的是，西尔维娅似乎接受了这个说法，或者至少是假装接受了。然而，涅瓦所轻视的那些社会准则，西尔维娅尽管痛恨却仍在遵守，她显然在与涅瓦的态度较劲。数日之后，西尔维娅仍在祈祷“能认识纽约城的男人，可以带我去晚上不能一个人去的地方”[46]。

的确，20世纪50年代，如果没有男伴，在纽约的体验会大打折扣。如果女性独自一人，没有约会对象，那么她能去的地方和能做的事情都会受限。西尔维娅对男人的渴望，既出于浪漫，也出于务实。她在《少女》编辑部最好的朋友卡罗尔·勒瓦恩的小把戏，让这种追求更为热切大胆。圣瑞吉酒店舞会后的第二天，几乎都还宿醉未醒的客座编辑们挤进三辆奇克出租车，去参加《少女》又一次的强制性外出活动，见的是杂志的一位广告商。车堵在路上，涅瓦坐在三辆出租车中的第一辆上，她把头伸出窗外，既为了透气，也很开心畅快。知名DJ阿特·福特（Art Ford）碰巧站在一家酒吧前的人行道上，他走到涅瓦乘坐的那辆出租车前，邀请客座编辑们下车，和他及朋友们一起喝酒。她们欢笑着摇摇头。涅瓦开玩笑地提议，他们可以问问下一辆出租车里的人，说不定运气会好些。西尔维娅和卡罗尔就在那辆车里。结果，涅瓦和其他人难以置信地目睹西尔维娅和卡罗尔打开车门走了出去，消失在街对面的酒吧里，对《少女》的强制性义务不管不顾。《钟形罩》里，原型为西尔维娅的埃丝特讲述了她从人行道上看到的情景："那个男人……在巨大的喇叭声和喊叫声中，给司机塞了张钞票，接着，我们看到载着杂志女孩们的车相继驶离，仿佛一支只有伴娘的婚礼车队。"[47]

当然，在圣瑞吉舞会上觉得自己是伴娘而非新娘的，是西尔维娅本人。尽管她和卡罗尔做出了背离传统，甚至可以说是伤风败俗的决定，跟着阿特·福特进了酒吧，这种感觉还是会持续。其实，情况只会越变越糟。一家广告公司为客座编辑举行了午宴，喜欢牛油果的西尔维娅大口吃着蟹肉沙拉，就像她之前独吞鱼子酱一样。但是，就在等待客座编辑们的过程中，由牛油果、蟹肉和蛋黄酱混合而成的沙拉食材已经在试菜的厨房中放了太久。在回程的出租车上，西尔维娅已经感觉到恶心感一波波涌上来，很快会呈翻江倒海之势。到了晚上，几乎所有的客座编辑都轮流冲向公用卫生间，拼命地敲门，痛苦不堪地扳动门把手。有些人躺在地上，有些人无可奈何地苦笑，因为又有一个女孩新加入当晚的“运动”，飞快地冲了进来，呕吐物的恶臭弥漫开来。西尔维娅在她日历的 6 月 16 日和 17 日上标了红色大写字母：食物中毒。

✦

西尔维娅是很爱写日记的，但在 1953 年 6 月，她只写了一篇日记。内容和罗森伯格夫妇（the Rosenbergs）的处决有关，这对美国犹太夫妇被指控为苏联间谍。西尔维娅在日记中写道，她感到“胃部不适”，因为即便“头条新闻大肆报道”当晚死刑的消息，芸芸众生却没有一人受到夜里 11 点将要发生的事情的影响，“没有叫喊，没有惊恐”，只有“扬扬自得的哈欠”[48]。这也是《钟形罩》的开头。从许多层面上讲，西尔维娅十年后的这部小说，补全了她 1953 年 6 月缺失的日记。

“扬扬自得的哈欠”摧毁了西尔维娅的神经，并不知情的涅瓦·纳尔逊也在“打哈欠者”之列。6 月 19 日上午，涅瓦像往常一样进入巴比松咖啡馆。她看到西尔维娅坐在吧台前，就坐了过去，并点了绝不可能出错的惯例早餐：熊爪丹麦面包和一杯牛奶咖啡。西尔维娅明显很焦虑、烦躁，涅瓦问怎么了，她指了指正在出售的报纸。但涅瓦根本摸不着头脑：她完全不懂政治，对到底谁是犹太人、犹太人是什么也一无所知，更不了解审讯和即将到来的处决。[49] 西尔维娅以一种理所当然的语气说她“愚蠢”，然后扬长而去。涅瓦急忙追了出去，跟着西尔维娅下到地铁里，恰逢一趟列车从隧道驶出。她呆呆地停在半路，站在地铁楼梯上，看着西尔维娅把脸转过来，躲开列车尖锐刺耳的呼啸——地铁从漆黑的隧道里猛蹿而出，电火花四溅。

《钟形罩》中对这一天的描述更为细致准确：“那是个古怪、闷热的夏日。在那个夏日，罗森伯格夫妇被处以电刑，而我根本不知道自己正在纽约做什么。我对死刑的了解是稀里糊涂的。但一想到有人被处以电刑，我就反胃……”[50] 但她为何没去求助西里尔·埃布尔斯这个“左派同路人”（乔治·戴维斯还曾去美国联邦调查局告发她，努力暗示她就是个正式的共产党）呢？她应该会理解西尔维娅在 6 月 19 日的惊骇和恐惧，因为当晚罗森伯格夫妇将被处死。

工作岗位、工作量、罗森伯格事件、找不到合适的男人、失落的纽约之梦，所有这些都让西尔维娅心烦意乱。《钟形罩》里写道："其实，我什么都驾驭不了，甚至掌控不了自己的方向。我就像一辆麻木的无轨电车，一路从酒店颠簸去工作再去派对，然后又从派对颠簸回酒店再回去工作。"[51]别的客座编辑经常发现她在哭。珍妮特·瓦格纳曾试图帮助她，但到了第三周，珍妮特也和其他人一样直接走开了。她哭得太多了。

在写给母亲的家信里，西尔维娅基本都隐瞒了内心的混乱不安，只偶尔在某些地方透露一点线索。她描写衣着打扮，过度热情地声明自己热爱西里尔·埃布尔斯，而内心的情绪就隐藏在这些内容之中。她在6月8日写给母亲的信中说："生活过得如此迅疾，几乎没有时间去吸收理解。我今晚要早点睡觉……"[52]她又在同一封信中重复说："生活如此一成不变，我有时候都不知道自己究竟是谁。我必须去睡觉。"[53]在《钟形罩》中，她写道："我本该是全美国成千上万像我一样的女大学生羡慕的对象，她们一心希望能像我一样，穿着某天午餐时间在布鲁明戴尔百货公司买的7号漆面皮鞋到处晃悠……"[54]

到6月底，西尔维娅感到内心有什么东西已经发生了变化，纽约改变了她，但并非如她所愿的那样。她需要时间来消化自己的所见所闻、所感所历，以及那些她热切期望却仍然没能见闻或没能经历的。离开纽约的前一周，她写信给弟弟，承认“我已数日没思考过自己是谁，从哪里来。纽约城热得令人发指……湿度惊人……我在这里学到了很多惊人的东西：在我睁大的双眼前，世界裂开了，像个裂开的西瓜一样，里面的东西流了出来。我想，要等我静下心来沉思自己了解到的和看到的诸多东西，才能逐渐理解过去这一个月我身上究竟发生了什么”[55]。而且，事情远不止工作中或巴比松的那些闹剧：很有可能还发生了性侵事件，或至少是性侵未遂。就在给弟弟写信的前一天，西尔维娅去森林小丘（Forest Hills）参加了一个乡村俱乐部舞会，遇到了一个名叫何塞 · 安东尼奥 · 拉 · 维亚（Jose Antonio La Vias）的秘鲁男人。[56]从日历上的记录看，她跟他回了曼哈顿东区的公寓，又在别的地方说他“很残忍”。珍妮特 · 瓦格纳当晚与西尔维娅同在乡村俱乐部，却有着完全不同的回忆：她们的四人约会对象是两名巴西男子，是珍妮特被迫击退了一次光天化日之下厚颜无耻的性侵犯，她打碎了那男人的白色假牙贴面。[57]据她说，跟杂志透露了她们要去的地方后，《少女》派了一名助理编辑跟踪她们，就是为了看顾，以防万一。正是这位助理救了她们，让她们上了自己的敞篷车，一路将二人送到了巴比松。她们开心地跑向巴比松的围墙，筋疲力尽，同时笑着谈论这场侥幸的逃脱。

但这个版本很难让人信服，尤其是和《钟形罩》放在一起来看。小说中，女主人公兼西尔维娅的另一个自我埃丝特在森林小丘的一个郊区乡村俱乐部被一个名叫马科（Marco）的秘鲁人侵犯，差点儿就被强奸了。这个秘鲁人十分富有，还是那位 DJ［阿特·福特，当时正在和卡罗尔·勒瓦恩约会，他是《钟形罩》中虚构角色莱尼·谢泼德（Lenny Shepherd）的原型］的朋友。从一开始，这场侵犯就带有强烈的厌女症：马科使劲抓了她的手臂，都掐出了瘀青，还高兴地让她看那掐痕。

无论西尔维娅是否遭遇了性侵，纽约的这段经历都让她感到身心不适，对于一个总在规划人生的人来说，这样的混乱与困惑实在让人不安。西尔维娅向弟弟总结了在纽约的这一个月："我感到心醉神迷，非常抑郁，十分震惊，欢欣鼓舞，醍醐灌顶又萎靡不振。"[58] 她说，写完信后，她打算去巴比松大饭店的游泳池，再去日光浴台，聊胜于无地尝试一下在城市中复现她最爱的地方之一——海滩。

《钟形罩》中有个著名的情节：在酒店的最后一晚，也就是在乡村俱乐部被马科性侵的第二天晚上，埃丝特从亚马孙酒店的屋顶把自己的衣服扔了下去。但在"现实生活"中的巴比松大饭店，西尔维娅把衣柜清空，把衣服扔到列克星敦大道上的行为就没那么诗意了。最后一个晚上也和第一个晚上一样，所有的客座编辑都在晚上 9 点聚集在格蕾丝的房间里：其实那天是她的生日。房间里有香槟、葡萄酒、喝剩的烈酒和蛋糕。她们原计划第二天为《少女》的编辑们表演一轮打油诗作为欢乐的告别，但这个计划很快就在蛋糕和酒精的作用下烟消云散了。在大家的啧啧称奇与开心欢笑中，涅瓦讲述了她在罐头厂工作时的一段故事，主角是个穿短裙的黑发女孩，她经常在停车场为钱出卖身体，用可口可乐灌洗私处，作为一种预防性节育措施。其他人会排在自动售货机前，数出那晚她买了多少瓶可乐。有时会有 12 瓶之多。

在大醉的状态下，西尔维娅和最好的朋友卡罗尔把前者的衣服各自抱了满怀，走向电梯，准备上到屋顶，还拦住涅瓦问她有没有看中其中哪一件。涅瓦回答没有，想着西尔维娅还得穿这些衣服。她根本不知道两人接下来要干什么。西尔维娅和卡罗尔耸了耸肩，按下了电梯按钮，走到了屋顶上。微风轻拂，夜幕深沉，太阳在几个小时前就已落山，西尔维娅从她精心挑选且花费不菲的那堆衣服中抽出了几件，一件一件地从巴比松大楼的一侧扔了下去。不管是西尔维娅的家信、其他客座编辑的回忆，还是《钟形罩》，都没有对这一行为提供令人满意的解释，但这种姿态可以从多个方面来解读：张扬、浪漫主义、心如死灰、疯狂。

西尔维娅会穿着珍妮特·瓦格纳的绿色少女裙和白色网眼田园风衬衫回到马萨诸塞州韦尔斯利镇的母亲家中。[59] 作为回报，西尔维娅把她剩下的最后一件衣服给了珍妮特：一件绿色条纹浴袍。她的手提箱里已经没有衣服了，只有牛油果和一副塑料太阳镜，两个镜框都是海星形状。[60] 她已经完成了自我净化，至少她自己是这么认为的。

一个月前，西尔维娅准备充分，即将去巴比松和《少女》编辑部展开人生中难得的历险，那时的她一想到要离开史密斯学院，获得比以往任何时候都要丰富得多的人生经历，就无比兴奋。她明白，接触外面的世界，正是她的写作所需："我意识到，当务之急就是和人一起生活和工作……而不是永远被庇护在这个无忧无虑的象牙塔中，这里所有的女孩都是同龄人，都有大体一致的神经紧张与种种难题。过去的事实已经证明，我暑期的经历才是最多样，最能选作故事背景的。"[61] 然而，"现实世界"的过分展露，已经超过了西尔维娅的承受能力，而在那年 6 月底，她那关于仙女教母挥舞魔法棒的幻想，一定显得可笑而幼稚。

✦

离开巴比松两个星期后的 7 月 15 日，西尔维娅裸露着双腿从母亲家的楼梯上走下来。[62] 母亲一眼就看到了她腿上的伤疤，既不是新的伤口，也没有愈合。很明显，这是女儿对自己进行的伤害。西尔维娅恳求母亲，希望两人能当场一起寻死，因为“这个世界太腐朽了”！两小时内，西尔维娅被送去做了心理咨询。1953 年 7 月底，电击治疗开始了，以最粗暴、最残酷的方式进行，没有麻醉，所以每次电击都不断在西尔维娅的身体里产生余震，将她劈开撕裂，正如她心中纽约对她的所作所为。在随后的日子里，西尔维娅给同届客座编辑中的摩门教徒佩姬 · 阿弗莱克写信。[63] 摩门教相信肉体凡胎灭亡后灵魂尚有来世，西尔维娅想多了解一下摩门教的相关看法。

8 月底，再度回到家中的西尔维娅撬开母亲的金属柜，取出五十片安眠药，写了张字条说她要去散个长步，一天左右都不会回来，然后带着药片和一杯帮助吞药的水，躬身匍匐进房子下面窄小的架空层。接下来发生的事情将被全国的报纸广泛报道：一场全国范围的搜寻展开，寻找这位史密斯学院的女孩、天才作家、《少女》的明星。最后是弟弟在房子下面发现了她，尽管她吞下了药片，但仍然活着。这是西尔维娅第一次自杀未遂。

从纽约回来的她已经完全变了一个人 ——只是与她希望的方式不同。一方面，西尔维娅用专属于她的生活所带来的一切特权来粉饰和包装自己；另一方面，她又要逃避这种特权，把精挑细选的所有财产都从巴比松大楼的一侧扔了下去。没有任何事情是名副其实的，没有任何事情达到了预期的美好。她所热切渴望的完美的确只是一个童话故事。

第六章 琼·狄迪恩

——1955年的夏天

这很可能是琼·狄迪恩最早也最不为人知的公开照片。距离从加利福尼亚大学伯克利分校毕业还有一年的时间，狄迪恩于1955年来到纽约，作为《少女》杂志客座编辑住在巴比松大饭店。她看起来非常年轻，非常开心。在采访普利策奖得主、短篇小说家简·斯塔福德（Jean Stafford）时，狄迪恩面对镜头，摆好了拍照姿势

西尔维娅·普拉斯强烈地感受到了20世纪50年代的各种矛盾。她本身体现了这些矛盾，也与之抗争；她既不能顺从社会强加给女性的要求，也不能勇敢地拒绝这些要求。然而，两年后，另一届客座编辑来到纽约，她们中间有不止一人会在未来成为作家。她们在巴比松和《少女》编辑部度过的夏天，也在某种程度上很像"最终审判"，然而，她们却得出了与西尔维娅·普拉斯不同的结论。

琼·狄迪恩后来家喻户晓，跻身最优秀的作家之列，也是美国政治与文化剧变的优秀记录者。1955年，她入住了巴比松大饭店。她到来之时，也和西尔维娅一样，已经得了满抽屉的奖，也是名声在外，很多人都说她能取得伟大成就。她收到了贝茜·塔尔伯特·布莱克维尔发来的那封令人羡慕的电报，但她在加利福尼亚大学伯克利分校最亲密的一位朋友佩吉·拉维奥莱特[1]也收到了。《少女》杂志很少在同一所大学同时择录两名学生，但琼和佩吉很高兴能彼此携手，共

[1]　即致谢中的佩吉·拉维奥莱特·鲍威尔（Peggy LaViolette Powell）。——编者注

同走上这段旅程。[1]虽然已经自觉成熟老练，但两人毕竟都只是土生土长的加州人，用佩吉的话说，她们的圈子仅限于“白人盎格鲁-撒克逊新教徒”，那些穿着“开司米[1]羊毛衫、裙子，脚蹬马鞍牛津鞋，头发光泽闪亮”的女孩。对外面更大的世界，她们知之甚少。

飞往纽约，是琼·狄迪恩第一次坐飞机。那是1955年5月下旬，航空旅行还是一种乐趣，而非一种折磨。航班都有名字，仿佛暗示着登上飞机就是旅程的开始。她们乘坐的那趟美国航空公司航班被称为“金门号”（the Golden Gate），将她们从旧金山带到纽约。狄迪恩年仅20岁，个子很小，骨骼纤细，面带酒窝，浅褐色的头发剪到略高于双肩的长度。这与两年前西尔维娅·普拉斯作为客座编辑前往纽约时的发型基本相同。而这并非佩吉·拉维奥莱特第一次坐飞机（前一年的夏天她曾坐飞机去墨西哥城），琼紧紧抓着座位扶手时，佩吉就成了半个专家，对她加以指导。

空姐当时还被称为“女乘务员”，她们为乘客送上贝尔茨维尔[2]调味烤火鸡，配上内脏杂碎做的酱。[2]显然，那时拥有名字的不仅仅是航班，还有火鸡。贝尔茨维尔火鸡是20

[1] 山羊绒的俗称，cashmere的音译。——编者注

[2] Beltsville，美国马里兰州乔治王子县的一个人口普查指定地区。——编者注

世纪 30 年代培育的一个品种——终于有火鸡的体形比较小，能放进公寓里常用的烤箱了。琼和佩吉俯下身子吃着烤火鸡，很小心地不让酱汁溅出来。两人都为了坐飞机打扮得漂漂亮亮的，这在当时是所有飞机乘客的一项基本礼仪。佩吉的母亲坚持让她去旧金山最好的马格宁百货（I.Magnin）买旅行装。[3]一进门，她们就直奔“中档”楼层。“高级时装”在上一层，她们很少敢于涉足；而去“低档”楼层则意味着得在纷乱的货架上翻来找去。“中档”楼层配备了一位“服装顾问”，她叫出了佩吉母亲的名字，向她问好，把她们领到一个包裹着锦缎的双人沙发边，并请佩吉描述这身衣服的用途。佩吉解释说，她将去纽约度过 6 月，住在巴比松人饭店，并在麦迪逊大道的《少女》杂志编辑部工作，与编辑、广告商和纽约的文艺名流打交道时，她需要显得成熟精干。服装顾问点点头，消失在一扇镜门后，再出现时，抱了满怀的衣饰，铺在双人沙发上。佩吉、她的母亲和服装顾问一同商讨交流，触摸感受面料，评论剪裁和风格，缩小选择范围，挑出值得试穿的衣服。佩吉离开马格宁百货时，带走了一套伏毛两件套海军裙装：一件长款前系扣罩衫和一条百褶裙夏装，甚至还配有一个可拆卸的白色领子。

午餐结束后，乘务员分发了明信片。一张上面是一架 DC-7，和她们乘坐的飞机同型号；另一张上是几个乘客在飞机休息室高举鸡尾酒，为飞行干杯。这就是 20 世纪 50 年代的机上娱乐：你有机会给亲朋好友写明信片，告诉他们你在云端高高飞翔。但是，写完明信片之后，内心就会被枯坐的无聊占据，飞行中的金属机身“嗡嗡”响着，也很烦。“金门号”经停了两次，一些乘客下了飞机，一些乘客又上来了。[4]在达拉斯（Dallas），佩吉和琼趁飞机加油时下去买了一份盒饭。飞往纽约的最后一段旅程要比之前两程糟糕得多，佩吉坐在浑身颤抖的琼旁边，安慰说空中颠簸不会让飞机突然向下俯冲坠毁，不过她自己也逐渐拿不准了。

琼·狄迪恩当时在伯克利上大三，还有一年才毕业。但佩吉是大四学生，眼看就要错过毕业典礼，母亲觉得很难接受。无论佩吉如何解释“没有一个美国女孩会不选择《少女》而去参加毕业典礼”，母亲都不能理解。加利福尼亚州在身后远去，纽约正在前方招手，琼和佩吉互相倾诉，两人都很高兴能摆脱男朋友（琼在回到伯克利后会和男朋友复合，即便她觉得两人的关系“没有希望”，让她感到“无聊”和“意兴阑珊”）。[5]佩吉觉得，把男朋友留下也没什么可失落的，其实没有他也挺开心的。但拥有“稳定伴侣”的压力却很大。过去一年里，作为一个大四学生，佩吉好像几乎每个周末都要去参加某个朋友的婚礼——伯克利的女孩们一个接一个办理退学手续，陪着新婚丈夫去本宁堡[1]服义务兵役。6

随波逐流的压力有多大，佩吉逆流而上的渴望就有多强。父母一直按照职业女性的标准养育她：她母亲之前一直有一份工作，早些年，父亲当教师的时候，从没想过暑假时需要在当地豌豆罐头厂打工来补贴家用。（即便如此，有一天，佩吉帮忙擦餐具时，母亲还是转身对她说："佩吉，你知道的，你不用读完加州大学。你应该能在两年内找到一个丈夫。"剩下的时间里，佩吉脑子里嗡嗡的，无法清醒地思考：她对母亲大喊大叫，说她热爱伯克利，母亲为什么要建议她去卖淫呢？！）7

1950 年，佩吉从伯克利高中毕业时，她的大多数朋友都收到了一个"嫁妆箱"[2]作为毕业礼物。8 箱子里面铺着雪松枝，装着亚麻布质地的客用毛巾和床单。佩吉不想要嫁妆箱，只想要一台打字机，最好是一台带旅行箱的好利获得[3]便携式打字机。琼·狄迪恩出现在伯克利时，就带着那种旅行箱打字机，而且，佩吉带着艳羡之情得知，琼根本不用争取，

[1] Fort Benning，美国步兵大本营，开设了著名的步兵学校。——译者注

[2] hope chest，一种未婚年轻女性用来收集物品（如衣服和家用亚麻制品）的传统家具，以表达对婚姻生活的期待。——编者注

[3] Olivetti S.p.A.，意大利一家生产台式电脑、平板电脑、智能手机、打印机、计算器、传真机等商业产品的制造商，公司建立之初曾生产打字机。——编者注

就得来了这份礼物。现在两人都带着自己的打字机上了飞机。她们一只手拿着手提包，另一只手紧握着打字机。

她们要努力坚持自我，或成为想成为的人，这并不容易。美国又在打仗了，先是和朝鲜，现在对越南的战争也慢慢拉开序幕。曾被乔治·戴维斯紧抓不放，作为借口来指责女性抱负，攻击西里尔·埃布尔斯的冷战恐惧，正越发被煽动起来，愈演愈烈。大多数女性的解决方案是退避。女权主义者贝蒂·弗里丹（Betty Friedan）在其名作《女性的奥秘》（*The Feminine Mystique*）中写道，这个时代的特点之一是女性“对婚姻、家庭和孩子压抑的渴望”，而“在战后美国的繁荣当中，突然人人都能满足这种渴望了”[9]。不断扩张的美国郊区就是这种情况的佐证，在那里，单人收入家庭和可容纳两辆车的车库已成为新常态。而对这些价值观的悄然反叛，必然是单枪匹马且低调无闻的，在佩吉和琼的例子里，还得有“开司米加身”。她们带着打字机，没带男朋友，没有经济负担，穿着开襟羊毛套装，准备玩转纽约。琼已经被选为客座小说编辑，那是最受追捧的职位，也是西尔维娅曾经热切渴望而不得的职位。佩吉则将担任客座购物编辑。

在飞机上，两人都穿着尼龙长筒袜和鞋跟将近 4 厘米的高跟鞋。[10]但琼预料到了纽约的暑热，穿着更为轻便凉爽：

她是萨克拉门托（Sacramento）人，比佩吉更了解炎热天气的威力。尽管如此，等琼最终在纽约皇后区爱德怀德航站楼（肯尼迪国际机场当时的名称）下了DC-7飞机，她立刻感到自己为了到达目的地那一刻显得合乎时宜的这身新裙装，虽然“在萨克拉门托显得非常时髦”，此时“已经不那么时髦”了。[11]她们甚至还没看清纽约的面貌，就已经有点应接不暇了。

然而，从机场到曼哈顿的大巴之行却毫无时髦与格调可言。琼把车窗开得很大，“看着天际线”，却只看到“皇后区的荒原和写着‘此车道通向市中心区隧道’的大招牌”[12]。但车一开进曼哈顿，一切都变了。看到高耸摩天大楼和熙来攘往人行道的第一眼，琼就被注入了一种“感觉，独一无二属于纽约的感觉，即任何时刻、任何一天、任何一个月都会有不寻常的事情发生”[13]。终于到达位于列克星敦大道和第63街交会处的巴比松大饭店时，她们抬头看着那座从前只在照片上见过的，有着多座角楼的鲑鱼红建筑。这座建筑俏皮地融合了摩尔式（Moorish）、新文艺复兴（Neo-Renaissance）和哥特式复兴（Gothic Revival）三种风格，又很有品位地采用了装饰风艺术的线条和角度，在建成后的将近三十年里不曾有过分毫变化。门卫奥斯卡穿着精致的制服，在门口立正站好。

琼和佩吉进入酒店大堂，这是巴比松大饭店最宏伟、最豪华的地方（酒店非常懂得第一印象的重要性），她们抬头看了看夹层，成群的年轻女性正从那里往下看，留意着她们的约会对象，也很可能同样在留意着别人的伴儿。佩吉和琼上了房间所在的第 14 层，高兴地发现她们的房间彼此相邻，在走廊尽头紧挨电梯的地方，而且旁边就是公用淋浴间。两人各自在床上发现了一朵红玫瑰和一份 6 月的行程表，这是《少女》一直以来的传统。但有件事和西尔维娅·普拉斯住在巴比松时不同：现在有了空调，可以抵御纽约夏季的湿热。琼在搭乘前往曼哈顿的大巴时打开了车窗，感冒了，接下来的 3 天都躺在巴比松的床上，蜷缩着身体与发烧作斗争。[14] 她憎恨把房间温度降到冬寒一般 2℃上下的空调，却关不掉，也不敢给前台打电话，因为不清楚要是让他们上来帮忙，得付多少小费。相比之下，还是挨冻但保住面子比较好。她反倒给自己分分合合的男友鲍勃打了电话，他是贝克斯菲尔德市（Bakersfield）林肯 - 水星（Lincoln-Mercury）汽车经销公司老板的儿子。[15] 她告诉鲍勃，窗外就可以看到布鲁克林大桥（Brooklyn Bridge）。其实那是皇后区大桥（Queensboro Bridge）。

✦

同一天，后来也成为作家的客座编辑珍妮特·伯罗薇从亚利桑那州赶往纽约。她自称“詹”（Jan），认为这样不会让编辑一眼看出自己的性别（在她甚至还不知道“女权主义”这个词时，就用行动践行了女权主义）。[16] 她还描述自己是“亚利桑那土包子”，不过，她却带着一种先发制人的厌世情绪来到纽约，仿佛给自己上了个保护罩。[17] 她给父母的信，看起来仿佛写的时候在对着信纸打哈欠，说第一次坐飞机是“令人兴奋和美妙的”，然而又“出乎意料地毫无可惊叹之处”。事实上，飞行经历和她之前想象的一模一样：飞到图森市（Tucson）上空时，她都能辨认出自己的大学宿舍，“落基山脉看起来像一张盐和苏打做的地图，中西部像一块巨人的拼布被子，密歇根湖像一片海洋”。不过，和琼 · 狄迪恩的遭遇一样，珍妮特精心准备的面具在飞机降落到纽约的那一刻便消失了。珍妮特原计划要摆出一副“冷酷而美丽”的样子，但一到纽约机场，她就确信“‘亚利桑那’几个字像霓虹灯字母一样印在我额头上”。像之前无数抵达纽约的人一样，她立即有了“孤身一人”的感觉。她茫然地站在航站楼中间，不知该何去何从，还挡了那些明确前行之人的路。终于，她瞥见一个拿着帽盒的年轻女子。她相信任何携带帽盒的人都清楚自己要去哪里，于是就径直跟着那个女子穿过机场大厅，上了一辆开往曼哈顿的巴士。[18] 等上了车，和那位女子隔着过道坐下，珍妮特才看到她的行李标签：艾奥瓦州埃姆斯市（Ames）。

巴士最终驶出了狄迪恩口中“皇后区的荒原”，在曼哈顿把乘客们放下。[19]珍妮特招手叫了一辆出租车。车堵在路上，出租车司机通过后视镜注视着她，也许他看到了她额头上的“亚利桑那”标志。

“纽约啊，”他说着，转过身来面对她，“就像一大杯冰激凌汽水——想要一口气喝完，你会觉得恶心；一次喝一点，就会很美妙。”

她很快就会知道这话多么正确。和其他客座编辑一起入住巴比松大饭店后，她立刻从房间的书桌抽屉里拿出一张酒店的明信片，给家里写信：“1426 号房间——和面上说的相去甚远”[20]。第二天，她对此做了详细说明，否定了明信片上所谓的巴比松“典型房间”。[21]那是假的，是个谎言。她的房间，也就是真正的巴比松房间，其实是“兄弟们房间的大小，而且很旧”。她说“兄弟们房间的大小”，是因为在亚利桑那的家中，在那阳光充足的中产阶级牧场房中，珍妮特拥有比所有人都大的卧室，也习惯了在宽敞的空间活动。[22]即便如此，她也不得不承认，巴比松本身是“美丽的、非常壮观”[23]。就算像珍妮特·伯罗薇这种武断的人，也不可能否认酒店的吸引力与神话色彩。

佩吉·拉维奥莱特见到珍妮特后，立即认定她就是个土包子。珍妮特来时穿着印第安风格的便鞋，还有一身五颜六色的玩意儿，佩吉怀疑这很可能就是亚利桑那州的日常穿着，但在纽约肯定不是。[24] 她认为有件衣服特别应该留在亚利桑那别带来：一条既有很多皱褶，又向外大幅蓬起的蓝绿色棉布裙子。话虽如此，珍妮特身上也有佩吉欣赏的闪光点。佩吉认为她可能是那种潇洒风趣的西部女孩，可以在一瞬间跳上马背。珍妮特却没有特别赞赏其他客座编辑，包括佩吉。她在家信里说，她觉得她们“人很好，但到目前为止没什么令人惊叹之处”[25]。不过，几天之后，情况有了起色，有三四个人变得“很棒”，两三个人“厉害极了”，而“其余的人还行，但没有我期望中的那么出色”。

✦

1955 年 6 月初，很难说未来作家盖尔 · 格林在客座编辑等级制度中究竟处于何种地位，这很难说，但到了月底，她可没有赢得什么人气。申请《少女》的竞赛时，盖尔 · 格林是密歇根大学（University of Michigan）的一名大四学生，毕业在即，一切都还没有着落。她便开始努力，一如十年前的纳内特 · 埃默里，为得到令人羡慕的客座编辑职位百般计划，越过重重关卡。她写申请时，各种朋友和鱼龙混杂的人在她家厨房里进进出出，那里有一个随意出酒的酒桶，一天 24 小时可用："啤酒泡沫不断涌动，某人最喜欢的教授在厨房里煮了一锅意大利面，留声机播放着巴基斯坦情歌和巫毒教祈雨的吟唱，而我却戴了一顶既能帮助获取灵感又能争取一点隐私的宽边软帽，坐在打字机前准备回复《少女》的问题。"[26]收到邀请她去纽约的电报时（她对此并不惊讶，因为"我知道自己很优秀"），她对自己的衣装"大动干戈"，就像西尔维娅·普拉斯一样。[27]盖尔解决问题的办法是"扫荡"了父亲在底特律的服装店，不过，后来她会后悔自己没有减几磅体重再到纽约，以便显得更为上镜和时尚。

也许是为了遮掩没能减下来的那几磅，也许是为了模仿她向往成为的那种无畏的记者，盖尔·格林穿了一件军用雨衣。一位客座编辑如此回忆道："一个穿着巨大军用雨衣的大姑娘。"在密歇根大学，盖尔曾为《时代》做过校园记者，现在她则对着1955届的其他客座编辑摆架子耍威风。只要盖尔一提《时代》，琼和佩吉就会翻白眼，往后退。盖尔给人的印象是，她不喜欢其他19位客座编辑中的任何一位——事实上，她确实也不是很喜欢她们。她觉得这些人对自己的抱负不够全情投入，而她根本没空搭理这种事情。她怀疑，她们虽然很可能是一路奋斗走到纽约的，但最终理想的目的地还是有着白色栅栏的郊区住宅，家里的孩子满地跑。盖尔与她们不同，她总是不加掩饰地表露自己对这些东西的蔑视。[28]

她想要一份事业，而且一直无所畏惧地表达这个愿望。

不管客座编辑们对彼此看法如何，她们都属于同辈人中最有抱负的女孩，是各自校园里百里挑一的佼佼者。到达巴比松的第二天，20位客座编辑聚集在《少女》编辑部的办公室里，心情紧张，其中有琼·狄迪恩、她的闺中密友佩吉·拉维奥莱特，以及后来成为作家的盖尔·格林和珍妮特·伯罗薇。她们彼此打量，竞争意识高涨。1955年这届客座编辑的领导是简·特鲁斯洛（Jane Truslow），客座主编，史密斯学院的大四学生——史密斯学院也是西尔维娅·普拉斯的母校。简负责将她们第一天的工作情况以紧张刺激、不得喘息的口吻描述给读者："'芝麻开门。'《天方夜谭》的主人公如是说，一扇门为他应声而开，门后是一堆宝藏，绚丽耀眼得叫人不敢相信。而对于20名无比兴奋的客座编辑来说，那句带有魔力的咒语虽不如'芝麻开门'这么奇异独特，却拥有同样的效力：'请到六楼……《少女》编辑部！'在那最令人期待的日子里，电梯门应声滑开，我们与《少女》初见，由此进入了一个闪亮的新世界，开始了梦幻般的四个星期。编辑布莱克维尔、埃布尔斯和费切海默[1]，曾经都只是刊头上神话般的名字，此刻却在会议室里欢迎我们。她们，以

[1] 即后文的玛格丽特·费切海默（Margaret Fechheimer）。——编者注

及其他工作人员让我们放轻松，而纷繁与忙乱却就此开始了……我们每个人都在努力完成 8 月刊的任务，在麦迪逊大道 575 号和巴比松大饭店的上空，创造的能量如同炎夏的闪电，炸裂作响……”[29]

事实并不尽如所述。特鲁斯洛有件事没讲。大学委员会编辑玛格丽特·费切海默瞟了她们一眼，然后叹了口气。她真想“炸了伊士曼柯达公司（Eastman Kodak）的人”，因为他们要对“曝光不足的快照”负责，而她正是根据这些照片（再加上必须提交的文章和图画）挑选出了这个编辑小组。[30]亲眼看到自己要应对的情况之后，费切海默立刻召来了美容编辑伯尼斯·佩克，佩克又迅速召集了所有助手，她们围着 20 个女孩，用镊子除毛、修剪，提出相关建议，并匆忙分发胎盘霜的小样，希望能取得快速改善。盖尔“脸上被涂了整整四层”，还有人毫不客气地告知她从此时此刻起就需要节食，目标是减重 20 至 30 磅。[31]

不过，客座编辑对杂志常驻工作人员的评头论足，也不输给她们对彼此的挑剔。盖尔·格林觉得，由 BTB 对她们进行健康方面的说教，真是一种讽刺，因为她“总要在说话时深深吸几口烟，还发出刺耳的咳嗽声”[32]。珍妮特·伯罗薇第一次看到 BTB 时，后者正在“主编室的镜子之间穿梭”[33]，“穿着黑色紧身连衣裙，戴着珍珠短项链，拿着很长的烟嘴，那拿烟嘴的仪态风度，确实很像奥黛丽·赫本”[34]，她一边把烟嘴举到空中，一边教育所有20名客座编辑“信仰粉红色”[35]！珍妮特一见BTB就反感，这无疑与她从小在卫理公会的教养下成长有关，她的家庭一直以从不与吸烟饮酒者交往为荣。[36]而贝茜是烟酒都来，而且瘾头很大。佩吉·拉维奥莱特与其他人不同，她很喜欢BTB，觉得BTB相当有个性，“就像所有那些办杂志的女人一样”[37]。她注视着BTB午餐时慢悠悠地只吃一个煮鸡蛋，觉得由衷地愉悦。

完成对20名客座编辑的“美化”之后，《少女》编辑团队对她们进行了新一轮面试，面试最后，编辑团队进行了一次秘密会议，讨论还未被指派的客座编辑应该被派往哪个部门。整个编辑部达成了一个共识：尽管客座编辑项目口碑很好，8月号的大学专刊也带来了财务上的巨大收益，但客座编辑们带来的更多是阻碍而非助益。面试过程中，珍妮特·伯罗薇发现，除了商品促销版面编辑艾达·麦克尼尔（Ida McNeil），其他人都非常良善可亲。结果，她的上司编辑当然就是麦克尼尔——“这些纽约人实在是非常奇怪”。珍妮特总结道。[38]上班第一天，珍妮特应邀与职业版面编辑帕特·韦弗（Pat Weaver）在德雷克酒店的常春藤厅共进午餐，吃了一份“法式金箔豪华鳎目鱼，花费3.95美元，咖啡0.5美元，冰激凌0.7美元”。她向母亲保证说，是《少女》买的单。

然而，纽约即便确实“嘈杂、闷热”，却不会让人失望。[39] 第二天晚上，珍妮特从第63街和列克星敦大道交会处的巴比松大饭店走到第45街和百老汇大道交会处，“完全被征服了”，把当晚散步经过的地标列成了一份叫人目不暇接的清单：“我看到了萨克斯精品百货店（Saks）、邦威特·泰勒百货公司（Bonwit Teller）、蒂芙尼珠宝（Tiffany）、I.米勒女鞋（I. Miller）、中央车站、时报广场、联合国总部大楼、雷电华电影公司（RKO）、美国广播唱片公司（RCA）……百老汇，还是百老汇，依旧是百老汇。”几天后，她在百老汇瞥见了哈里·贝拉方特[1]，“实在太美妙了！”[40] 第一次到第五大道上雄伟壮丽的著名圣帕特里克大教堂（St. Patrick's Cathedral）做了周日礼拜后，她对此更是津津乐道。[41] 她描述了一场十分华丽的仪式，在场信众里有“15 000名穿着毛皮大衣的妇女，并不美丽的巨大柱子，3%的情绪，91%的刻意制造，5%的资本主义，以及，当然可能存在于某处的1%的宗教。如果耶稣在场见证这场仪式，他应该会呕吐……”在珍妮特带有审视意味的目光下，纽约现代艺术博物馆（The Museum

[1] 哈里·贝拉方特（Harry Belafonte），美国著名歌手、演员、唱片制作人。——译者注

of Modern Art）也好不到哪里去。在家里寄钱来之前，她一直在刻意节省用餐开销，“每天吃饭只花 2 美元”。她发现，只要小心谨慎，是能把花费控制在这个范围内的。因此，纽约现代艺术博物馆 1.5 美元的入场费并不让她赞赏——这让她又大大缩减了自己当天的饮食开销。

佩吉和琼住在第 14 层尽头，彼此相邻，因此很容易就成了朋友。她俩没有和珍妮特一起进行上述冒险。事实上，两人觉得没必要与其他客座编辑进行那么多的社交。盖尔·格林觉得琼·狄迪恩的表现“介于害羞和害怕之间”。佩吉·拉维奥莱特喜欢一个人早早地去《少女》编辑部，闲庭信步般走过全是高档艺术品经销商的第 57 街，一直走到第五大道拐角处的“定制女装”（The Tailored Woman），这是“一战”结束后不久开业的女装店，店主崇尚简约之美，拒绝店里出现任何带有太多“花哨装饰、褶边、亮片和珠子”的东西。[42] 佩吉会在店前站定，欣赏橱窗里的服装。等她走到编辑部，即便时间还早，模特们都已坐在大厅，手里拿着帽盒等待审核，希望能得到拍照机会。一次，佩吉在等电梯的时候，特勤局（Secret Service）的人突然出现，杜鲁门总统跟在后面。“你到底怎么样啊，哈里？！”有人大声喊道。总统挥手回礼：“很好！”

麦迪逊大道 575 号的大厅地面是米色大理石，两边电梯的材质是装饰风艺术的黄铜和华丽的金属框架。[43] 大厅后面有个小咖啡馆，摆放着凳子和几张小桌子。你可以订购那里的午餐，由服务员用手推车送到办公室。《少女》编辑部的某些窗户上挂着空调外机，所以在炎热的夏日，会有人在编辑部流连。办公室内部陈设极其简单，装饰很少，挂着软百叶帘。大多数员工都在小小的格子间办公，只有像 BTB、西里尔·埃布尔斯和丽塔·史密斯这样的高层编辑才拥有带单独小门的真正办公室。艺术部也在那里，紧挨着文字编辑部（这种情况并不常见），占据了窗边有自然光的空间。客座编辑们要么在为大学专刊拍摄照片，要么在与杂志的广告商参加精心安排的午餐会，要么就是在工作，或者试图工作。6 月 7 日，珍妮特·伯罗薇在家信中表示，她已经厌倦了被要求写一些无趣的杂志稿件，然后被编辑们撕成碎片。[44] 而且，其实“所有客座编辑”都心情低落。无法实现抱负让她们沉沦，而《少女》的正式编辑们并不认可，她们仿佛在经历一场没有回报的单恋。

晚上，回到铺着蓝色花朵床单、挂着配套窗帘的小房间里，渴望超越女大学生身份的客座编辑们，还是被“打回原形”了。佩吉在床上一边看书一边吃饼干和奶酪。她不是一个经常外出的人，晚上 10 点女服务员来查第一轮房时，她常常都在房间里，查房名单上佩吉的名字后面总是勾选着“在场”。不过，如果有人不在房间里，查房就会继续，每小时一次，一直到清晨5点。和佩吉相比，琼晚上出去得更频繁一些，无论何时何地，只要她可以，都会接受聚会邀请。晚上回来的时候，要是佩吉房间的灯还亮着，她就会进去，讲讲自己一晚上经历的有趣故事。

就是这样的一个晚上，琼一阵风似的冲进了房间。佩吉还从来没见过她那个样子：“仿佛着火了似的。”

“我遇到了一个人！”琼宣称。接着解释说，对方是个南方人，信奉天主教，而且已婚。

“完美。”佩吉慢吞吞地说。

原来，这位“完美先生”是作家诺埃尔·帕曼托（Noel Parmentel），一个缺乏责任心的浪子。[45] 他后来帮忙安排琼出版了第一部小说《奔跑吧，河流》（*Run, River*），她则把这本书献给了他。琼第二次在纽约工作期间的一个晚上，帕曼托表示自己对纽约的圈子感到厌倦，于是琼答应带他去参加一个有“新面孔”的聚会，结果他一进门就大笑起来。[46]“房间里的15个人中，他已经和其中5个女人睡过了，还欠除其中两个男人之外所有男人的钱。”事实上，对于将男人严格限制在大堂的巴比松“堡垒”，如果说有谁能突破，那很可能就是诺埃尔·帕曼托。

✦

琼越来越频繁地与他在外共度良宵，佩吉只好一个人去探索纽约。她经常在巴比松咖啡馆吃晚餐，或者就在对面第63街临街的牛排餐厅，餐厅前面有个露台。每当被人邀请吃晚餐，她都建议去那里。对佩吉来说，这家餐厅是她想象中的纽约的缩影：红白相间的格子桌布，态度冷淡的服务员为那些正测试“纽约新自我”的热切顾客服务。整个纽约都喝曼哈顿鸡尾酒和超大杯马提尼，而在第三大道的任何地方吃一顿帕马森干酪配茄子的晚餐都只需1美元。

在伯克利的时候，琼和佩吉都曾为《加州日报》（*Daily Cal*）工作过，却从未向对方提及自己正申请参加《少女》的客座编辑比赛。佩吉什么都没说是因为她确信自己必败无疑。她会申请，只有一个原因：兑现对汤姆的承诺。她与这个年轻人在前一年暑假于墨西哥相遇，对方对她很感兴趣。当时佩吉本想和一些联谊会姐妹一起去欧洲，但母亲说那里刚刚发生了战争，她不能去。于是佩吉才想到去墨西哥旅游，会有年长的监护人陪同，这样就保证能取得父母的同意。参加这个项目的美国学生都住在不同的寄宿家庭，但下午会在某个酒店聚会喝酒。一天，她遇到了汤姆，他在宾夕法尼亚大学（University of Pennsylvania）的同学是《周六晚邮报》的

“报二代”。两人聊天之后，汤姆极力说服佩吉，说她非常适合参加客座编辑项目。他让她保证会申请，还说会写信询问相关进度和情况。他说到做到。那年 6 月，他还会开车去纽约，带佩吉去巴比松对面的牛排餐厅，或者去他的住处——宾夕法尼亚俱乐部（Penn Club）吃午餐。用她的话来说，在那个俱乐部，她可以在常春藤联盟学生的“自然栖息地”观察他们。

自始至终，佩吉都觉得琼·狄迪恩一定会入选客座编辑。她早已斩获“一卡车”的文学奖，尽管在伯克利的各科成绩并非最优，但教授们都喜欢她的作品。其实，就像 1953 年的西尔维娅·普拉斯，1955 年的琼·狄迪恩也被《少女》的工作人员另眼相待，尤其是小说编辑丽塔·史密斯，还特意把她介绍给纽约的文人圈子。而琼也被丽塔迷住了，从不拒绝她的任何要求。一天晚上，已经过了十点，琼跑进佩吉的房间：丽塔刚打电话找她，喝得酩酊大醉，一遍遍地说她没关办公室的窗户，担心如果窗户一直开着，她可能会忍不住跳下楼去（这显然是丽塔“发癔症”的例子之一，乔治·戴维斯以前就抱怨过）。她要求琼立即去《少女》办公室关好窗户，再向她报告已经完成任务。“但我不会一个人去的。”琼一边说一边把佩吉从床上拽下来。佩吉这个总是真心诚意的朋友陪着琼从巴比松走到了第 57 街和麦迪逊大道的交会处。斯特里特与史密斯公司所在的大楼有人在值夜班，琼撒谎说她把东西落在了办公室里。以此为借口，她在警卫的监视下冲上楼去，迅速扫视了一下丽塔的办公室：窗户关得严严实实。一切都是丽塔的想象。就在那时那刻，佩吉认定，《少女》编辑部的所有人都疯了。

✦

和佩吉一样，珍妮特·伯罗薇也在慢慢摸索纽约的生存之道。起初，她总是写信回家要钱，但过了一阵子，她学会了如何尽可能避免坐出租车，尽管脚后跟因此受伤了（她愤愤地指出，自己多了一笔计划外的医疗开支）。她是商品促销部门的客座编辑，但觉得这个职位与自己的实际兴趣完全不匹配。一开始，奔走于一个又一个时装秀的珍妮特欣喜地写道："来自秀场的赠品像小山一样越积越多。"[47] 还有越来越多的免费午餐。参观完贝特斯（Bates）军靴的工厂之后，她们被招待了一顿"丰盛的午餐"。不过要是让珍妮特来选，她可能更想要免费的样品布料，因为她的很多裙子都是自己设计的——被佩吉嗤之以鼻的那些裙子。兄弟（Brother）缝纫机的揭幕仪式，是在皮埃尔酒店的屋顶午餐会。然而，时日久长，即便礼品多多，也难以弥补秀场的乏味沉闷："我要的是纽约，你们尽可以占有时尚界，从纽约收入最高的模特用来化妆的眉笔，到编辑艾达·麦克尼尔脸上可疑的甜美笑容。”像所有客座编辑一样，珍妮特满怀进行严肃文学工作的期待而来。她们没有一个想的是去做促销、广告或宣传。

但渐渐地，珍妮特开始享受这个《少女》之夏的光鲜与魅力。日子一天天过去，她觉得自己在巴比松的房间似乎不再那么小了，也喜欢室内配备的电话和水槽，可以洗掉白色手套上的“纽约污垢”。前台给了她 10 美元的赊账额度，可以在第一份工资到账之前解燃眉之急。她喜欢女服务员把房间收拾得一尘不染，不管那天早上她离开时里面有多么脏乱。她已经学会了享受孤独，还在格林威治村发现了一个叫作“香槟画廊”（Champagne Gallery）的神奇地方——“年轻奋斗者最爱去的地方”[48]。那个地方的装潢好似一间巨大的客厅，有沙发、地毯、画作、落地灯和一架任人弹奏的大钢琴，尽管总有源源不断的古典音乐响起，但要是有人弹奏铿锵明快的《筷子华尔兹》[1]，也不会引来什么意见。两个小伙子为正在创作的乐谱而争论。还有人在画速写，但并没有“伪波希米亚或附庸风雅”的感觉。还有一名黑人腹

[1]《筷子华尔兹》（*Chopsticks*），一首简单却广为人知的钢琴华尔兹舞曲，创作于 1877 年，是英国作曲家尤菲米亚·艾伦（Euphemia Allen）唯一的作品。——编者注

语师，带着他的假人四处转悠，每个人都会和假人进行政治与美学上的交谈和讨论。两个女侍者偶尔会站起来唱歌。于珍妮特而言，这当然比去鹳鸟俱乐部的体验要好。她觉得鹳鸟俱乐部“非常糟糕”，那里“难喝的柠檬汁”让她实在想不明白有些地方为何出名。[49]珍妮特虚假的厌世情绪至少正在变得更有针对性。

6月过到一半，西尔维娅·普拉斯出现了。她已经出名了，至少在广大年轻女大学生中间是人人知晓的，原因之一是她闹得全国皆知的自杀未遂事件。[50]东海岸的客座编辑们尤其“对她津津乐道”。她们窃窃私语，议论她精神崩溃，带着一瓶药片消失在母亲的门廊下，还谈及随后对她展开的搜查等，但这些议论只不过增加了她属于特定时代的神秘感。佩吉后来才想清楚，在那个时代，“女作家要神经质，这几乎是取得女性创作界成员资格的一枚必要徽章”[51]。普拉斯到《少女》编辑部的那天，来自上流阶层亚当斯家族的客座主编简·特鲁斯洛坚持要佩吉来见见这位已经声名鹊起的年轻诗人。[52]对此不为所动的加州人佩吉，与西尔维娅进行了还算愉快的交谈，觉得她是一个典型的美国女大学生，衣着得体，气质文静。但佩吉不太明白大家怎么都对她的到来这么大惊小怪。珍妮特那天没能见到普拉斯，却明白大家为什么这么重视普拉斯，还对见到她的人表示艳羡。她带着一些抵触情绪开玩笑说西尔维娅其实姓“普拉西”（Plass），但她说话爱咬舌，所以成了“普拉斯”[53]。

✦

之后的很多届客座编辑，还会持续争论一个永远没有答案的问题：她们在《少女》编辑部时，是否必须工作，名副其实地工作。是不是其实她们的工作已经有人做了，只需要她们最后轻轻松松地收个尾，挂个名？从这个意义上说，西尔维娅·普拉斯是个异类。她工作努力到精神崩溃的地步，桌上永远放着一摞任务，做也做不完。但其他客座编辑会禁不住扪心自问：自己真正的工作是为摄影师摆拍照片，向急于了解美国女大学生需求的一群推销员和广告商详细介绍自己的品位与欲望吗？争论的焦点是“在服装区招摇过市以便制造商分析我们的消费倾向”是否能被定义为工作。盖尔·格林认为这就是工作。

当然，如果盖尔被杂志选中，在阿斯特酒店举行的“大学诊所”活动中穿着最新时装走秀，她对这种剥削的看法也许还会更加温和友好。然而现场的情况是，一位来自犹他州的客座编辑旋转着指挥棒，在T台上引领走秀，盖尔·格林却被要求坐在一旁，在露台区的边线上观看。[54]客座主编简·特鲁斯洛在8月刊上写道：在“时尚触地得分”[1]的阿斯特酒店，“米莉们”见到了华纳[2]精心设计的“风流寡妇”（与拉娜·特纳主演的电影同名）长款紧身胸衣，因此“获得了……未来腰臂苗条的新希望”55。珍妮特·伯罗薇在大学诊所秀场只有一个十分简单且直接的目标：从著名的恩里科·卡鲁索（Enrico Caruso）那里“骗”到一个免费的发型（他的价格贵到离谱，一次要10.5美元）。这位恩里科·卡鲁索是明星和顶级模特的理发师，也是大学诊所的发型和妆造总监。珍妮特成功地免费理了发，也坐在正中心的位置观看了T台秀。她在给父母的信中说，和这台秀的制作比起来，圣帕特里克大教堂的周日礼拜就像不入流的小地方杂耍。

那一年，即1955年，大学专刊的广告之多，开了所有时尚杂志之先河。所有广告商品都在阿斯特酒店的大宴会厅里展示，“买家、店主、零售商、批发商、促销经理、橱窗

[1] 橄榄球比赛中的得分方式，也叫“达阵”（Touchdown）。——编者注

[2] 19世纪末，纽约医生卢西恩·华纳（Lucien Warner）放弃了行医生涯，开始就妇女健康问题进行演讲，包括紧身衣的影响。1873年，他设计了一种紧身胸衣，既能使人拥有理想的时尚外形，又不失灵活性。次年，他和兄弟成立华纳兄弟紧身胸衣制造商，随后于1915年买下玛丽·菲尔普斯·雅各布（Mary Phelps Jacob）的胸罩专利，在20世纪30年代提出字母罩杯尺寸的概念，又在1952年成功推出“风流寡妇”（Merry Widow）基础款内衣。——编者注

艺术家、广告商、设计师”人山人海，前来观看那“变幻的场景、各种吸引眼球的噱头和华丽的舞台设计”[56]。现场还有一盏水晶吊灯，打开之后飞出 3 000 只五颜六色的气球。铺了软垫的金色带夹写字板被当作派对赠品送出，参会的客人能吃到精致小菜，喝到苏格兰威士忌和苏打水，每个人都“紧张得有些好笑……20 名懵懂的年轻客座编辑在拥挤的人群中转悠，甜美而空洞地表达着《少女》促销部门的诚意，同时努力避免被搭讪”。盖尔·格林算是没说错，这部分至少是工作。

和其他编辑工作一样，参加各种公司的午餐会以及去各类聚会上争取拍照机会，占去了年轻女性的大把时间。每年 6 月，护肤品巨头赫莲娜·鲁宾斯坦（Helena Rubinstein）家中都会举行年度聚会，佩吉在那里惊讶地看到“一个矮小肥胖的俄罗斯犹太人，脚蹬 5 英寸高跟鞋，梳着大发髻，身穿不可思议的小礼服”（其实鲁宾斯坦是波兰人）[57]。她位于市中心区的公寓装修得过于不同寻常，其中一层是画廊，隐藏在深色天鹅绒帘子后面，收藏了很多大师之作，可乘电梯直接到达。佩吉欣喜于自己能如此接近其他人永远无法看到的艺术品，而珍妮特却看着那些私人展出的毕加索（Picassos）和夏加尔（Chagalls），想着这到底是怎么做到的，竟然搜集了最优秀画家最次的画作，然后都塞进一个房间里。[58]贝茜·塔尔伯特·布莱克维尔也在她位于第五大道的巨大公寓里为客座编辑们办了个聚会，佩吉觉得这还算个比较好玩的聚会（即便是她，也已经意识到并非所有聚会都是有趣的）。[59] 金贝尔百货公司［就在强劲竞争对手梅西百货公司（Macy's）对面］的老板是 BTB 聚会的常客。6 月 27 日，珍妮特一面扼腕叹息"今天下午，布莱克维尔夫人的鸡尾酒会实在令人厌恶——我不想显得无礼，但真是不敢相信，这么多名人能如此沉闷无趣"[60]，又一面后悔没有逼自己更多地活在当下，没有充分享受那些铺展开来的红毯、时装秀、午餐会，以及坐飞机去西点军校（West Point）拍照，还有《少女》赋予她的其他一切。她怀疑自己在未来很多年都不会再有机会体验这些了。

但在某种程度上，珍妮特其实已经充分体验了纽约所提供的生活。6 月 10 日，客座编辑之月已经过去了三分之一，《少女》举办了一年一度的圣瑞吉酒店舞会，这是该杂志众多派对中最受追捧和重视的盛会。盖尔·格林在大学诊所上遭到冷遇，但在圣瑞吉酒店的活动中万众瞩目。[61] 她带来了童年时代的朋友西德尼（Sidney），他当时定居纽约，在父亲手下做围巾销售工作。盖尔之前就已经和一个大学委员会的编辑提过此人，当时那位编辑在找能一同参加舞会的男伴，还提出了具体要求：对方得是个"长相拿得出手的共和党人，住址也要体面，能与 B 夫人同桌谈话"。幸运的是，等西德尼开始讲述他为左翼进步党的总统候选人亨利·华莱士（Henry Wallace）筹办竞选活动时，“B夫人已经有些醉意，和一个穿着过膝袜和正式苏格兰短褶裙的蓝眼睛苏格兰人跳舞去了”。曼哈顿真正的钻石王老五或伪单身贵族们都在放肆地开怀畅饮，并公开谈论客座编辑们的“身材和线条”，猜测谁会上钩，谁又不会。最终他们认定，只要摆出美酒佳肴，前戏得当，手段到位，她们都会成为囊中之物。色情注视被拙劣地伪装成风流调情，挑起这个头的是《生活》杂志记者希金斯·温特格林·冯·莱姆尔（Higgins Wintergreen Von Lemur）。他发誓自己的伤疤不是决斗留下的痕迹，而是7岁时与自己的情人——匈牙利家庭教师爆发争吵后，后者咬了他。醉酒的他召集众人，吵着还要喝白兰地。大学委员会编辑玛格丽特·费切海默拦下了服务员，把酒换成了咖啡，并恳求盖尔·格林采取点什么措施，因为光是她那一桌就已经消耗了大学委员会两周的比赛预算。

在佩吉眼里，这个舞会太精彩了：那是真正的舞会，大家一直欢聚到凌晨。她邀请了汤姆，就是前一年暑假在墨西哥遇到的小伙儿，他曾鼓励她申请参加《少女》比赛。她告诉他：“你是这一切的始作俑者。”[62] 凌晨时分，圣瑞吉酒店的派对终于结束了，汤姆建议开他的名爵车去哈莱姆区兜风。曼哈顿黎明破晓，佩吉穿着她的华服上了车。他们开车穿过哈莱姆区和西区的每一条街道，都是之前一直待在上东区巴比松大饭店的佩吉见所未见的东西。二人兜风到清晨6点，汤姆终于把她送回了巴比松大饭店，她穿着昨晚的衣服下了那辆名爵车，惹来大堂里人们的纷纷侧目。佩吉却自顾自地咯咯直笑。

与此同时，欢聚的夜晚接近尾声，盖尔在半梦半醒之间“踉跄着走上巴比松大饭店门前的路沿，穿过了旋转门。好多双手扑了过来，扶我站稳”[63]。她感觉上衣要掉了，伸手去摸，却发现原来母亲的披肩已经被她弄丢了。她听到脑子里响起强劲的敲打声，原来是奥斯卡在拍她的肩膀，说他在消防栓上发现了那条披肩。那天晚上，盖尔在她窄小的床上睡着了，那条披肩就缠在她的头上。窗户敞开着，披肩的一端垂在窗外。第二天早上，房门突然打开，一位巴比松住客朝她扔了一打克拉克巧克力棒（Clark Bars），还咬紧后槽牙，以上流社会特有的拖腔宣称：“宿醉的次晨，花生酱[1]总能让我头脑清醒起来。”

珍妮特·伯罗薇也享受了属于自己的好时光，不过她的头脑完全清醒。她是《少女》历届最年轻的客座编辑，也奉行滴酒不沾的准则。[64]不过，即便在舞会上的风头完全比不上盖尔·格林那群人，珍妮特也并没感到难堪，作为一个

[1] 克拉克巧克力棒的配料中含花生酱。——编者注

“18 岁的处女、烟酒不沾的卫理公会教徒、来自菲尼克斯的大一新生”，她也受到了一些关注，并享受其中。第二天清晨，大约就在佩吉坐着名爵车在城里疾驰时，珍妮特回到了巴比松大饭店，给家里写信。“如果说《少女》的员工在撰写杂志文章上并不专业，他们办舞会却绝对是专业的。”[65] 晚会一开始就很顺利：恩里科·卡鲁索在大学诊所与她交谈过，提出了发型建议（“中分，两边都弄成大波浪，一边比另一边别得更往后一些”），而头发竟然也服服帖帖地听话了，令她十分吃惊。作为鸡尾酒会上唯一不喝酒的女孩，珍妮特很受欢迎。圣瑞吉酒店这场屋顶派对的装饰风格让她联想到好莱坞的晚餐俱乐部：“铺了粉红衬垫的墙壁，两个管弦乐队，平均每四人分配一位侍者。”《少女》“满怀好意”地把珍妮特的座次安排在“一个其貌不扬却很有智识的男孩旁边，晚餐期间他一直在谈论令人着迷的严肃话题，比如政治、欧洲和文学”。跳舞的时候，她的舞伴都是英俊的男孩。尽管如此，舞会结束后，她还是把时间留给了那个“其貌不扬却很有智识的男孩”，希望这位很快要去牛津（Oxford），名叫迪克·奥尔德里奇（Dick Aldridge）的富布赖特学者[1] 主动提

[1] 富布赖特项目（Fulbright Program）由美国参议员詹姆斯·威廉·富布赖特（James William Fulbright）设立，是美国在全球范围内开展的大规模国际合作交流项目。参与这一项目的学者被称为“富布赖特学者”。——译者注

出送她回家。他也的确这么做了，两人叫了一辆双轮马车，穿过了中央公园。她在家信中写道："这，就是我心目中的纽约！"

从那以后，珍妮特心目中的纽约就与迪克·奥尔德里奇难解难分。她写道，这人看上去似乎不再那么其貌不扬了（正如她在巴比松的房间似乎没那么小了）。她开始与他共度所有空闲时间，还经常去他家的纽约大公寓探望对方的家人。她答应母亲弄清他的宗教信仰，之后报告了"至关重要的信息：他是新教徒"[66]。为了再给父母吃一颗定心丸，她写道："我明白，你们觉得纽约是个生活艰难的可怕大城市，但即使是那些一生都生活在没有后院草坪的公寓里的人，也养育出了没有做街头黑帮混混，也不会入室盗窃的孩子。"迪克·奥尔德里奇既没有在街头混帮派，也不是梁上君子，他的家庭非常富有且备受尊敬——父亲是纽约著名妇科医生，母亲是在印度长大的英国人，对他要求严格。令珍妮特又钦佩又嫉妒的是，迪克已经在《纽约客》上发表过诗歌，《纽约时报》还将他与著名诗人罗伯特·弗罗斯特（Robert Frost）相提并论。佩吉后来回忆，有一天晚上，珍妮特冲进巴比松说道："我和一位重要的诗人有约会！"这使佩吉更加确信珍妮特"从不羞于自吹自擂"。但这话其实特别离谱。珍妮特也和其他人一样受到不安全感的强烈困扰，而且这种感觉会在月底达到顶峰（1968 年，演员斯碧尔·谢波德也坐在她的巴比松房间里“苦思究竟如何在这精英济济的巨大城市里出人头地”[67]）。

除了诸多聚会，1955 年 6 月，客座编辑们还参观了《纽约时报》办公室，在帝国大厦（Empire State Building）与设计师会面，在第五大道的萨克斯精品百货店吃午餐，等等。8 月号大学专刊的传统大合照为这一切画上了句号，拍照时每个人都被迫穿得一模一样。1955 年，所有 20 位客座编辑都坐在体育场的露天看台上，对着镜头露出灿烂的微笑。那年的服装很可怕：一件扣子扣到最上面的车缝褶衬衫，搭配厚厚的羊毛裙。这一身装扮让 1955 届的客座编辑们俨然成了 19 世纪家庭教师的模样。简·特鲁斯洛写了一通溢美之词呈现给杂志读者：“还有很多纽约的公司铺开深红色的地毯，把我们像王族一样招待，就连我们之中最在意热量摄入的人，也把警惕之心抛到了哈德孙河！不过，我们对这个城市的印象也由一幕幕画面构成：佩吉坐在绿色名爵车里，飞驰在公园大道上……琼在得知她赢了加利福尼亚大学两个短篇小说比赛时的表情……早上 6:45，我们所有 20 人都睡眼惺忪，歪歪倒倒地下了出租车，来到哥伦比亚大学的贝克球场（Baker Field）。（这是极其独特的经历——我们中很少有人曾为了拍照片，在天刚亮时对着一个有回音且空荡荡的体育场大喊

‘茄子’。）”[68] 正如佩吉洞若观火的真知灼见，她们说到底是“一个行走的焦点小组”，让编辑部了解最新流行趋势。[69] 这群女孩中比较漂亮的那些，为阿斯特酒店的 T 台秀和 8 月号的大学专刊做了免费模特。

然而，最后那张合影上的一张张笑脸背后，是只有《少女》杂志客座编辑项目才能激起的种种不安全感。两年前，客座编辑一职让西尔维娅·普拉斯备受考验和煎熬。但其实每年 6 月，都会有女大学生们来到纽约，惊讶地发现和自己相似，却更优秀的女孩们——更有才华、更有抱负、情绪波动更大。当然也更漂亮。这场一年一度的佼佼者游行，会集了衣品良好、成绩优异，怀揣作家和艺术家之梦的学生们。她们从大学校园来到熙熙攘攘的麦迪逊大道，执行主编西里尔·埃布尔斯等人用标志性的蓝铅笔在她们的稿件上批来改去。这种情况下的她们，面对的是严峻的现实。

珍妮特·伯罗薇刚下飞机，踏上纽约的土地时，迎面看到的是个广告牌，“上面是巨大的韦薇卡·琳德佛斯（Viveca Lindfors）……鲜红的霓虹灯”[70]。这其中有种美好的偶然：当时珍妮特已经选定正在百老汇演出的瑞典籍演员韦薇卡做她的采访对象，文章会发表在大学专刊颇受欢迎的“顺风马车”专题。这次采访将成为珍妮特纽约之月的高光时刻。1955 年的 8 月刊上有一张珍妮特与韦薇卡·琳德佛斯（高颧骨、深发色的迷人女子，身穿艳丽的波希米亚风格层叠装）的合影，作为采访配图。韦薇卡双手放在身前，仿佛话说到一半时停下来沉思。坐在她对面的珍妮特正在倾听，她双腿交叉，一副“全神贯注要显得全神贯注”的样子。她头戴一顶小帽子，双臂交叉放在腿上，手里拿了个带夹写字板，很像《少女》编辑部在“大学诊所”上分发的那种。

珍妮特把这段经历讲给了父母，她写下韦薇卡说的话：“现在的人都想快乐。为什么呢？你不会从快乐中学到任何东西。智慧来自不快乐。”珍妮特百思不得其解，自己为什么要在采访中态度坚定地反驳这句话，即便这也是她一直以来的信念。

6 月中旬，她在一封印有粉红色《少女》信头的家信中承认，她最初在纽约的“强烈不快”跟韦薇卡 · 琳德佛斯的那次采访有很大关系。[71] 珍妮特本想用她“别具一格的真诚”打动这位女演员，而摄影师却在喊“看镜头，宝贝儿”，还有人在一旁快速记笔记，珍妮特膝上摊着一大堆事先打印好但她根本不在乎的问题。而且整个过程中，珍妮特被弄得心烦意乱：“我问学校的问题，她大谈自己的艺术之美；我问她瑞典的生活，她却谈起不快乐之中的智慧。”珍妮特支支吾吾地想说点得体的应对之词。采访进行到中途，韦薇卡，这位以其形象欢迎珍妮特来到纽约的著名女演员，侧身对她说：

“你并不听人讲话，是吗？”那感觉好像“她直接对着我的脸扇了一巴掌”。

几个星期后，珍妮特终于看了韦薇卡主演的百老汇戏剧《真假公主》(*Anastasia*)。珍妮特坦言：“我羞愧极了，因为采访的时候我还不知道她是多么伟大的艺术家。”演出之后，她逼着自己去了后台，即便这是她当时最不想做的事情。珍妮特哭着求见琳德佛斯，才让守在舞台门口的那个“面无表情、声音嘶哑”的女人让了步。这是一个转折点。韦薇卡让她进去了，而且立即为采访时自己的“粗暴态度”，没有意识到珍妮特年轻又紧张而道歉。珍妮特也坦诚道，《少女》希望她突出强调自己对戏剧的兴趣，然而她的真正梦想是当一名作家。从某种意义上说，不顾灾难般的采访而鼓起勇气去找韦薇卡·琳德佛斯，珍妮特为自己寻回了应得的尊重。

在那之后不久，就到了她们要离开的时间。1955 年的客座编辑项目和以往每年一样，在 6 月底画上了句号。但纽约在她们心中留下了不可磨灭的印象。珍妮特·伯罗薇在巴比松的房间里给父母写信总结道：“一个亚利桑那女孩身在亚利桑那，纽约就是闪烁着微光（说得更准确一点，是闪着巨大光辉）的遥远之地，所有这一切都在那里发生。要是她能去那里，她也许会发现，那里的光辉永恒闪烁，她也能成为其中一部分，她的生活中可以有比家庭教师协会会长、三个孩子和锅碗瓢盆更重要的东西。所以，她来到了纽约，而真正最令人惊奇的，不是大学、剧院、模特，也不是在《十七岁》（*Seventeen*）杂志上发表诗歌或成为设计师等其他事情，而是近距离看纽约，其光芒和从远处看一样灿烂辉煌，那些重要人物都是真实的，而她可以成为其中一部分，可以成为一位重要人物。”[72] 纽约揭示了人生的各种可能性。

佩吉和琼也就此分道而行。琼想在回家的路上进行一次冒险，决定乘火车绕路回到加利福尼亚州。她在给佩吉的信中说："简单概括一下昨天早晨我在巴比松女子酒店与你告别之后的活动。我到达中央车站，找不到人帮我拿行李，也没人告诉我去哪里，甚至都没人看我一眼。上午 10:00 越来越近，我沮丧又难过，就那么站在车站里，悄悄地哭起来，而所有人就在我身边匆忙而过。”[73] 她最终成功上了前往波士顿的火车，再从波士顿前往魁北克，然后是蒙特利尔，最后是芝加哥，在那里她登上了造型优美的加州“微风号”（Zephyr）列车，穿越整个美国回到西部：“我不想离开纽约，但此时此刻我的确想要回家。不过，我也的确很高兴自己开始了这趟旅程——这是一堂多么有意义的临床病理课啊。”

为了让佩吉看得高兴，琼记录了路上遭遇的动手动脚、讨厌的搭讪、波士顿公园草坪上那些变态的悄悄话，以及看到一个年轻女子独自坐火车旅行而大惊小怪、多管闲事的乘客。回到家后，文字就变成："萨克拉门托真要命。我从来没见过这样的地方，一切都流动得这么慢，这么漫无目的。每个人似乎都被冻结在 6 个星期前我离开时的原地。"[74] 她的男朋友鲍勃是汽车销售商的儿子，老家在加利福尼亚州贝克斯菲尔德，那里也乏善可陈，而她觉得鲍勃本人也和以前一样乏味，这无疑让眼下的情况雪上加霜："我真想身在纽约啊。"她宣布。琼很清楚自己想要什么，即便目前还无法拥有。8月号大学专刊的"本年度米莉"简介中，狄迪恩如此介绍自己："假期时，琼会在萨克拉门托谷地如风景明信片一样的环境中划船或者玩河上漂流。"[75] 写到个人兴趣，她说自己想读"几乎所有出版的书"，也想出版一本自己的书。据佩吉回忆，接下来的一年，升入伯克利大四的琼，用最近两次在写作比赛中获得的奖金（正如简·特鲁斯洛在《少女》文章中写的："琼在得知她赢了两个加利福尼亚大学短篇小说比赛时的表情……"）购买了 AT&T[1] 的股票，在大学毕业之前就启动了自己的投资基金。[76]

佩吉留在了曼哈顿。她在《少女》的自我介绍中写道，她"渴望留在纽约"，还随身带来了高级救生员证书，"以

[1] 美国一家电信公司，全称为 American Telephone & Telegraph。——编者注

防我在自己的领域找不到工作”[77]。佩吉四处找工作时，因为年轻而天真的琼建议说，《少女》出版商斯特里特与史密斯公司的总裁史密斯先生在那年6月她们都在纽约时刚刚去世，佩吉应该以重要候选人的姿态去竞争不久前空出来的某个工作岗位。“想想也是明年很好的宣传材料，我是说她们的前客座编辑专栏。”[78]接着，琼“再接再厉”，补充道：“伯罗薇会不会回到巴纳德学院，和那个古板的年轻人及他的家人‘驾车’穿越阿迪朗阿克山脉[1]？”考虑到琼 · 狄迪恩当时正觉得男朋友鲍勃“无可救药”，她自己倒很可能宁愿去上位于纽约市的巴纳德学院，和一个古板的年轻人在一起。[79]

《少女》主编BTB帮佩吉在同属斯特里特与史密斯公司的《家居》（*Living*）杂志找到了一份工作，但佩吉的起薪已经负担不起巴比松大饭店的租住费用。她在没那么高级的东端女子酒店（East End Hotel for Women）找了个房间。在等待那个房间空出来期间，简 · 特鲁斯洛邀请她做室友，住在第五大道上简的叔叔和婶婶的公寓里。“你不介意的话，我们就住在用人的小屋里。”她进行了这样的具体说明。当时简的

[1] 即阿迪朗达克山脉（Adirondack Mountains），琼在这里错拼为Adironacks。——编者注

叔叔和婶婶去别的住处消暑了，这间公寓的家具盖着白布。公寓有专属直达电梯，而且在佩吉眼里，内部的房间多得数不清。用人卧室有两个，都带独立卫生间，里面没有盖白布，方便简借用。两位前客座编辑每晚都做晚餐，也尽可能多地去看戏剧，只买便宜的站票。

✦

两年之内，佩吉·拉维奥莱特就会回到加利福尼亚州。之后就轮到琼·狄迪恩回到纽约了，这次她是去 *Vogue* 杂志社，也是因为赢了一场著名的写作比赛，她利用这个机会找到了这份工作。工作地点与《少女》编辑部同在一栋大楼，她旧地重游。那是 1958 年，后来成为著名女演员的艾丽·麦古奥是当年的 20 名客座编辑之一（惊艳迷人的麦古奥因其艺术作品而入选，并成为 8 月号大学专刊的封面人物，这是没有先例的）。

琼坐在自己的 *Vogue* 办公室给佩吉写信，回忆起 1955 年她们一起坐“金门号”到达巴比松的那天。那时的她以为自己在房间里看到的是布鲁克林大桥，因为“我只听说过那座”[80]。她曾认为佩吉“毫无疑问是属于世界的女性”，因为至少她在那以前就坐过飞机。“我真是没见识啊。”

二度旅居纽约的琼·狄迪恩大胆地去波士顿拜访了

简·特鲁斯洛，后者是前客座主编，也是1955年佩吉的暑期室友。简的丈夫彼得·戴维森（Peter Davison）是《大西洋月刊》（*The Atlantic*）的诗歌编辑，和普拉斯有过一段旧情。一年前他在英国寻找作家，有人告知他："有个非常出色的美国女子，她不仅是文学圈子的核心人物，还像《黛西·米勒》（*Daisy Miller*）、《西部女孩》（*the Girl of the Golden West*）、《牛津情事》（*Zuleika Dobson*）这三部文学作品中女主角结合起来的化身。"[81] 这个"非常出色的美国女子"，这个在大西洋彼岸成为传说的离经叛道而又倾国倾城的美人，原来不是别人，正是珍妮特·伯罗薇。琼·狄迪恩当时几乎嫉妒到汗毛倒竖，即便珍妮特早就和"古板的"迪克·奥尔德里奇分手了，她还是疾言厉色地打断了对方："关于那个（珍妮特的小说），简能做出的唯一评论，就是彼得已经说过的话：这小说曾经也算是受过那么一点关注。"

琼、佩吉、盖尔、珍妮特和简将走上截然不同的人生道路。但最初那段纽约的时光都对她们的性格形成有重大影响。珍妮特总结说，虽然她"并不总是热爱这个城市"，但它对她有着"奇异美妙"的"牵引作用，我想，迪克一直是这牵引力的一部分，但即便没有他，这种牵引力也是很奇妙的"[82]。纽约在帮助她建立信心的同时，逐渐瓦解了她从前的信念。在那一年的6月底，她已经满怀年轻张扬的激情做出决定，如果自己愿意，如果能够减掉 20 磅体重，就可以成为一名模特，甚至成为“住在顶层豪华公寓的富豪”。但时尚和普通促销商品的世界肯定不在她的考虑范围之内，“那个世界廉价、贪婪、表里不一、虚情假意。我要自己设计衣服，对那个世界敬谢不敏，不会成为其中一分子。”同时，她意识到过去所有的奖项和荣誉“让我自我膨胀，阻挡了我的视线，让我无法实现自我超越”。如今的她“之所以感觉艰难，是因为用这些奖项和荣誉来衡量自我价值，动摇了我的根基”[83]。客座编辑项目是一个试炼场，即便最优秀的人在里面走上一遭，出来的时候也已然脱胎换骨。

这样的环境很不一般，也很必要。主编 BTB 利用《少女》的版面制造继而维持了新的美国式青年主义：这片土地让你改头换面，到处是朝气勃勃的年轻人，她们脸上挂着自信的笑容，她们的梦想尚未破灭。BTB 悟道可谓及时：“审视这个国家对‘青春’长久而狂热的爱恋时，我经常有种自食其果的感觉。”[84] 她的杂志兜售的是青春，而客座编辑们就是售货员。

即便如此，《少女》为年轻女性提供的机会也称得上具有突破性。该杂志不加掩饰地为年轻女性读者提供了视觉和智识上的刺激，又为客座编辑提供了一个重要的“起飞坪”，让一届又一届最有冲劲的年轻女性从这里起跳。这在 20 世纪 50 年代尤其可贵，因为在那个时代，男性，尤其是白人男性，是社会的主宰，他们的地位不容挑战，不容反对。男性支配，女性顺从，这完全是当时的常态。银幕上，20 世纪 40 年代气场强大的琼 · 克劳馥（Joan Crawford）和凯瑟琳 · 赫本已经让位给 20 世纪 50 年代的多丽丝 · 戴（Doris Day）和黛比 · 雷诺斯（Debbie Reynolds）。正如演员克里斯 · 拉德（Chris Ladd）所指出的那样，在那个时代，"高等教育是白人男子精心设计的'保护区'，他们以此将少数族裔拒于千里之外，也杜绝来自女性的竞争。几乎所有的高校行政人员、教授和招生负责人都是白人男性"[85]。

同样的特权实现了教育与工作的无缝衔接，不会遭到哪怕一点点质疑："每个银行家、律师、会计师、房地产经纪人、医生或官僚……都是白人男性。"正是在这样的时代背景下，BTB、她旗下女性占绝大多数的员工，同年轻的客座编辑在《少女》编辑部以及巴比松的走廊里创造了一个另类的世界。在这两个地方，女性（尽管肯定是白人中产阶级女性）被看到，被听到。她们是和 BTB 一样的主宰，既是生产者，也是消费者；既有美丽的外表，也有睿智的头脑。据珍妮特 · 伯罗薇回忆，当时没谁知道"女权主义"这个词，但这并不意味着女权主义不存在，即便是在 50 年代的严格限制之下。[86]

第七章　被忽视的女性

——盖尔·格林和“孤独的女人”

这张照片捕捉到了巴比松传统的诸多经典元素。一位盛装打扮的年轻女子与她的约会对象见面，而其他的住客在旁围观。更年轻的女孩们在上面夹层打量着她的约会对象，年长些的则舒舒服服地坐在大堂里，随时准备对酒店的各种事情发表评论

1950年，《纽约周日新闻》（*New York Sunday News*）刊登了一篇配有插图的巴比松大饭店专题报道，标题是《没有男人，但谁需要男人？》。

他们实在是大错特错。

未来十年的状况其实恰恰相反：任何自重、体面的女性都需要一个男人，没有男人的女人什么都不是。属于独立女性“铆工罗茜”的时代早已一去不复返，20世纪20年代放纵恣意的“新潮女郎”与30年代自信自立的职业女性同样也是过眼云烟。所以西尔维娅·普拉斯、琼·狄迪恩和其他所有女孩仍然惊觉自己在摇摆不定，一边是实现自我梦想，一边是遵循社会对她们的期待。这样的矛盾还让她们极度焦虑和沮丧。

当然，她们确实需要男人，用来约会、确定恋爱关系、结婚和搬到郊区，也包括流言蜚语中格蕾丝·凯利式的“需要男人”。不过，这一点必然不会被摆到明面上来讨论，否则她们将被迫直面这十年间的自相矛盾，尽管它本就暴露无遗了。格蕾丝通过婚姻成为摩纳哥王妃后，马拉奇·迈考特依旧能听到有关她的传闻，说她和“那种丑陋、野蛮、有着粗浓眉毛的男人”去迈考特离巴比松大饭店不远的街角酒吧。而他唯一能给出的解释也是传闻，即“她喜欢有某种夸张特征的男人”[1]。的确，即便在婚前，她的一系列天雷地火的桃色事件也是声名远播，还有些绯闻是经过精心策划的。以电影《后窗》让她一举成名的导演阿尔弗雷德·希区柯克称她是一座“被积雪覆盖的火山”，但也不那么委婉地说她是自己见过的最滥情的女人。[2]

女性的种种欲望与美国社会对她们的期望并不一致，这种矛盾引发了愤怒、焦虑和道德上的扭曲。《少女》上两篇与性有关的文章在年轻女性读者中激起了最强烈的反对声浪。其中一篇是 1958 年的短篇小说，讲两个大学本科生的异性关系：他被她弄得心烦意乱，既无比渴望得到她，又憎恶她放纵随意；而她则容易厌倦，同时又喜欢取悦他，情绪上过度紧张。最终，为了缓和两人之间的这种张力，他们在女生宿舍后面寻找那种“可使用”的车——这些车故意没上锁，车上还放了一盒纸巾，换了干净的座套。她选定了一辆旅行车，但就在她毫无防备之时，他的性欲摇身一变，成了侵犯袭击。另一篇是 1959 年的报告，内容是与大学毕业生就婚前性行为的作用进行的坦诚讨论。大家的共识是，男人都希望娶到保有处子之身的妻子，自己却希望成为有经验的情人，于是便对那些“放纵”的女孩趋之若鹜，与她们进行“练习”，为与新娘的婚姻做准备。尽管这些内容让读者震惊到反感，《少女》还是一如既往地走在了时代前列：讨论困扰读者的问题，而不是忽视它们。

女性的欲望不是可公开讨论的话题，女性的孤独也是如此。如果女人没有男人就什么都不是，那么抓不住或留不住男人的女人又算什么呢？孤独的女人和性生活丰富的女人都不符合20世纪50年代为女性设定的路线（就此而言，快乐的单身女性或女同性恋也不在符合社会期待之列）。

巴比松大饭店广泛宣传的一项关键优势就是同伴友谊。《少女》常常告诉纽约之外的读者，如果要到大城市来，巴比松大饭店是她们的安身首选。1940年，《少女》称这家酒店为“天赐之助”，一个“绝不拘泥刻板的舒适”之地，有“一大群与你兴趣相投的年轻女性”[3]。杂志给出承诺：住在巴比松大饭店，你都不用说出寒暄的话，就能交到新朋友。在酒店内部能做的事情，都会让人应接不暇：有健身房、壁球场、“一个高级的游泳池”、每月都会上架最新畅销书的图书馆、每月4美元就能每天租用一小时的音乐和绘画工作室，还有每月的戏剧、音乐会和讲座。要享受这一切，你只需要以每周12美元的价格租一个带自来水的房间，或以每周15美元的价格租一个带独立卫浴的房间，而房间的景色也是无与伦比的。数十年来，巴比松大饭店传递的讯息始终如一。

1957 年，旁边配了巴比松广告的《少女》杂志某文章就做出了如下承诺："如果你无人护送，且略有忧虑和恐惧，那就住在巴比松大饭店吧。你可以加入与自己兴趣相投的同龄人，与她们手拉手共同闯入大城市。"[4] 而字里行间并未明说的是，在巴比松轻松获取的友谊，是为了帮你暂渡难关，直到找到你的真爱，你的男人。

盖尔·格林曾经作为《少女》客座编辑住在巴比松。两年后，她再次入住了巴比松。这一次，她的身份是《纽约邮报》(*New York Post*) 调查记者，被指派撰写"孤独的女人"专题系列文章。这家报纸承诺读者，将揭开纽约那些不为人知的故事："我们这座城市，以及任何一座大城市，都充满了这些故事。她们来到这里，追寻事业、爱情、冒险，或为逃离无聊沉闷的生活。等她们到了目的地，后续如何？她们满怀期待想要取得巨大成功，她们梦想与英俊的白马王子喜结连理，这些愿望实现了吗？大城市单身女孩普遍存在的那些恐惧——害怕失败，害怕成为老处女，害怕遭遇性侵……这一切她们又能否克服呢？"[5]

如今盖尔已经 23 岁，她为自己预订了巴比松第 10 层的一个 L 形转角房间，配有"象牙色的书桌和梳妆台"，"墙壁是淡黄色的，还有配套的印花窗帘与床单"。她将这里称为一间"牢笼"。她没有告诉读者自己曾经住过这家酒店，就在短短两年前，1955年6月，当时的同伴还有琼·狄迪恩、佩吉·拉维奥莱特、珍妮特·伯罗薇和简·特鲁斯洛。盖尔以初来乍到者的口吻为《纽约邮报》的读者撰文，仿佛自己是第一次来到这家酒店，以前从未见过奥斯卡。“小姐，你认识奥斯卡吗？”出租车司机发问的同时，一个穿着制服、满脸堆笑的矮个子男人打开了车门，往车里张望。“奥斯卡会好好照顾你的。他很有名。人人都认识奥斯卡。”

“我会照顾所有女孩子，”开车的矮胖门卫轻声说，“尤其是你这样的漂亮姑娘。”

当然，盖尔并不算特别漂亮——担任客座编辑期间，她一直穿着那件可怕的军用雨衣。而且她未能入选《少女》的时装秀，只能坐在冷板凳上当观众。

第二天早上，巴比松的早餐一定唤醒了她旧时的记忆，因为她在文章中对《纽约邮报》的读者说：“正是在早餐时，我看到了巴比松之中两个世界的鲜明对比。”一个世界属于格蕾丝·凯利和卡罗琳·斯科特——“戴着帽子，穿着高跟舞鞋，身材苗条的女孩们四人一组，叽叽喳喳，占据了酒店咖啡馆中部的桌子和卡座。一个女孩吃完早餐，急匆匆地走向门口，另一个女孩就会急匆匆地走进门来，把高跟鞋踩得嗒嗒作响，坐上刚刚空出的位子。”然而，还有另一个世界，属于“孤独的女人”们：“另一些女人独自一人吃早餐。她们没有戴帽子，总是坐立不安，很不自在，眼神总在闪避着什么，小口啜饮着咖啡和橙汁。她们一个接一个地悄悄溜进餐厅，急切地四处寻找熟悉的面孔，如果没有发现，就在柜台前坐下来。还有些落单的女人，坐在绕着餐厅外围摆了一圈的双人桌旁，她们面无表情，双臂紧贴在身侧，吃着早餐，每隔几秒钟往门口瞟一眼，随后目光又落回书或报纸上。晚餐时，此般情形又会重演。”

盖尔坐到了孤独的女性身边。她腋下牢牢夹着一本书，开始了解巴比松的另一个世界。她遇到的第一个人是珍妮（Jenny），盖尔和她同坐一张双人桌，吃了一盘冷切肉和土豆做的沙拉。[6]“面部扁平的年轻女孩”珍妮，正在阅读小说《冲动》（*Compulsion*）。故事以20世纪20年代的芝加哥为背景，两个聪慧的上流社会犹太小伙随机谋杀了一个男孩，以感受超越法律而活着的快感。这本书在当时很是畅销。珍妮年方二十，在东海岸一所女子大学读了两年书，却以退学告终，离开了就在邻近一所男子大学上学的男友雷吉（Reggie）。预科学校曾为她勾勒的笃定理想生活，是先上完大学，再结婚，然后生孩子。珍妮将这一切抛诸脑后，因为她想做一些让自己有激情的事情。然而，如今她却总在等待着能与雷吉共度周末。作为一个出身良好的女孩，她最终选择住在巴比松，主要是看中酒店的声誉、被父母认可的地位，以及安全的周边环境。讲述自己的故事时，她神秘兮兮地往盖尔那边靠。

然而，珍妮对巴比松的大堂并不感冒，还颇不以为然地指出，很多男人都把这里当成“看看漂亮女孩来来往往的歇脚地”。问题在于，有时候他们还会跟着女孩们走出大堂，走到大街上。年轻的住客们总会相互提醒：“事情可能会在街角发生——任何街角。”她们口中的“事情”就是骚扰，甚至是攻击。晚餐后，珍妮抛下盖尔扬长而去，这位《纽约邮报》的年轻调查记者在酒店大堂闲逛。盖尔看着一对对有说有笑的情侣出去享受夜生活，又看到一大群女孩一起去看电影。她们出门时，奥斯卡一定会拍拍她们的脸颊，笑得很开心。盖尔侧耳听起周围的聊天。

“他们都一个样，都是想勾引你。”一个年轻女子警告自己的朋友，后者正看着对面的一个人，觉得他可能是个不错的约会对象。

“可是，妈妈，我想回家——”电话亭里有个年轻女孩在低语。

“没有我的信吗？”一个穿着短袜，相貌平平的女孩问收发员，后者正把一摞信件和地方报纸递给另一个女孩。盖尔独自徘徊在列克星敦大道上，突然下起了雨。

《纽约邮报》给盖尔·格林的任务是“到她们中间去生

活”，融入“年轻的孤独女性”。她们“奋力掩盖”了暴露自身窘境的种种明显迹象，最终人们只能去拼凑一系列碎片化的印象。盖尔邀请读者与她肩并肩，在巴比松大饭店的大堂里旁观和聆听。“一个凝固在脸上，充满希望与希冀的微笑。/ 她房间门外托盘上充满泡沫的代基里鸡尾酒。/ 一个因为她在看电视时傻笑而口出恶言的老太婆。/ 饼干与她在下午茶时分索然无味的交谈。/ 她把泪流满面的脸贴在电话亭的玻璃上。/ 没有响起的电话。/ 思乡的泪水。/ 表示认可的温柔微笑。”[7] 这些就是《纽约邮报》之前承诺的“纽约那些不为人知的故事”，就是盖尔·格林在 1957 年进行的报道。

✦

一个星期六的晚上，巴比松的幸运儿们（也可以说是“美神”们）穿着天鹅绒与皮草的华服，乘坐电梯来到大堂。紧张的约会对象们正在那里等着她们。娇小的女电梯操作员喊着“上，上，上！”，去接另一批幸运儿。而剩下的那些，也就是不那么幸运的人，则聚集在休息室，听着佩里·科莫（Perry Como）唱的“你会发现幸福就在你的眼皮底下，就在你家乡的自家后院”。盖尔写道，似乎没有人明白其中的讽刺意味：佩里·科莫说不定唱出了真理，她们回到自己的家乡，可能会比在这里过得更好。一个黑发女孩拽着手中的毛线（她在织毛衣），而就在她对面，两个迷人的女孩正摆弄一个拼图。她们都坐在巴比松顶层的一个小休息室的地板上。短短几分钟以后，又有一个女孩跳起来，大喊道："我真是饿饿饿饿坏了！"在她之前，已经有人这样做过，之后也很快会有人喊出同样的话。她用手指摆弄着零钱，等着电梯把她带到大堂的杂货店。盖尔想，她会买"某种香甜的、柔滑的、浓郁的东西，来填补被误认为食欲的空虚"。

然而第二天，空气中却弥漫着兴奋：夹层铺着木板墙的独奏厅要举行婚宴，通常这个地方都是用来喝茶，或者给夹着发卷儿的女孩看电视节目《深夜秀》（*The Late Late Show*）的。要结婚的是一位巴比松住客，典礼就在街边的教堂举行，之后她将回"家"办婚宴。她在巴比松的朋友艾伦（Ellen）觉得这婚礼标志着每个人都有希望。新娘 28 岁（太老了！），即将成为她丈夫的那位 45 岁。"所以现在她有工作，有家，有车，有丈夫——这些全都是她在一年之内拿下的。"（后来，另一位巴比松住客会怀疑这一切到底是不是值得羡慕：原来新郎比新娘矮。）艾伦是凯蒂·吉布斯女孩，住在学校专属的三层中的某一层，那里有尽职尽责监督她们的舍监，宵禁早早便开始了，天黑后离开或进入都需要在专门的记录簿上签字。按照学校的强制规定，她总是穿着丝袜、高跟鞋，戴着帽子去上课。她们甚至不被允许穿针织衫，因为它会过于凸显身体曲线。艾伦把约会平均到每月一次。

有时，晚间的娱乐就是观察巴比松对面大楼里的人：穿着红色法兰绒睡衣的女人，穿着四角短裤走来走去的男人。另一种现成的娱乐方式是看电视，整个酒店共有两台电视机。电视上直播“牛仔之夜”舞会的当天，盖尔去了一趟电视厅。[8]女孩们深陷在扶手椅的靠垫之中，脚搭在木凳上。这时候通常会有年轻女性和长期居住于此的年长女性突然争吵起来，要么是因为节目选择，要么是因为观看礼仪的问题。电视厅的入口处有个标志，写着禁止吸烟、禁止饮食，但根本无人理会。第 18 层的休息室是唯一允许女住客们从前台获得通行证后带男客进入的地方，但这里很寂静。盖尔穿过空荡荡的房间，走到露台上，望着眼前霓虹灯闪烁的城市。南边的帝国大厦和克莱斯勒大厦尽收眼底，提醒她正身处曼哈顿最中心的位置，这让她颇为震惊。

在巴比松独奏厅兼电视厅举行的一次茶会上，盖尔认识了安娜（Anna）。与其他女性不同，安娜主动向盖尔做了自我介绍。她自封为“这个女性堡垒的社交主管”，并急于了解盖尔的房间在哪一层，还掏出了笔记本。[9]安娜自己住在第 5 层，并称她们在那里过着“欢乐时光”。换句话说，第 5 层就是欢乐天堂。但盖尔住在第 10 层。安娜翻了翻笔记本，指出已经有段时间没看到“774 号”了。接着，她想起了“1090 号”，脸上放光——这人和盖尔住在同一层，她必须得见见。1090 号房间的住客名叫西尔维娅，她“浮肿的脸上没有血色”。尽管安娜一再坚持，西尔维娅也不是很愿意见她们，她堵住了门，似乎并不想放她们进屋。盖尔窥见她身后有一个打包到一半的行李箱，成堆的衣服，旁边放了个空酒瓶；梳妆台上放着很多护肤品和药水，都够摆满布鲁明戴尔百货公司的化妆品专柜了。西尔维娅是费城人，职业是护士，她说：“格蕾丝·凯利的妈妈说这里是最佳住处。”这话让盖尔想起不久前在一家商店橱窗里看到的一副太阳镜，旁边摆着标牌：“与摩纳哥王妃格蕾丝殿下戴过的太阳眼镜完全同款。”

还有艾琳（Irene）。在一次事先对对方一无所知的相亲场合，她遇到了现在的“情郎”（那是她第一次成功的相亲），对方照例是一名律师。但现在他想和她发生关系，性关系，艾琳拒绝了，却不知自己是该觉得受宠若惊呢，还是被冒犯侮辱。盖尔·格林只比艾琳大两岁，阅历上却成熟老练许多。盖尔·格林看着她，说：“受宠若惊吧。”这都是 20 世纪 50 年代女性面临的现实。

即便身边都是这些孤独的女人，盖尔还是遇到了一个完全不在此列的私人故交。[10] 唤起盖尔记忆的并非她“低沉而性感的嗓音”，而是那“长睫毛下的绿色双眸”。这个年轻女子叫琼（Joan），是她密歇根大学的校友。彼时琼正在等职介所为她找工作，事情还没办成。没有工作让人越来越疲惫，有一天，她甚至坐了四次斯塔滕岛（Staten Island）渡轮，然后从码头步行到第14街。不坐渡轮的时候，她就洗头、购物，和一个又一个年轻单身汉约会。有时，如果相亲对象带了别的朋友来，她就帮忙介绍给其他女孩。

琼不是孤独的女人，而是幸运儿之一。每天早上她都会迈着欢快的步子走进巴比松咖啡馆，自由选择各种各样的桌子与朋友。但她也向盖尔透露了自己见证的一些事情：一天晚上，她隔壁房间的一个女孩“喝得酩酊大醉，继而失心疯了”，也是在那天晚上，她才见到了大部分住客。当时她听到嘈杂的声音，于是偷看了几眼，发现有个女孩正在往墙上扔东西。琼问她是否没事，对方却朝她发出凶狠的嘶吼。短短几分钟之内，随着事情的发生，琼的房间里聚集了40个女孩，她甚至考虑给她们提供鸡尾酒。消息传来，说酒店叫来了警察，女孩们冲回自己的房间，拿出卷发发夹，穿上性感的便服。而琼，漂亮的琼，讲到这个故事时翻起了白眼。

恼人程度有过之而无不及的是那些“既不年轻也不老，面容憔悴，眼神中正逐渐透出丝丝绝望”的女人。但琼说，最最糟糕的，还要数那些老太太——“巴比松内部的深渊”。有些人已经在这里住了二十七年之久，在酒店建成后两三年就搬进来了。她们每周付的租金仍然是 8 美元（反正琼是这样认为的），而琼这些后来的住客却要付 39 美元。老太太们的房间如同博物馆，她们的周租金额和旧式的房间内部陈设仿佛让人穿越回了另一个时代。

琼很清楚，要摆脱在巴比松的这种生活，她必须找到一份工作。但她没有读完大学，不会打字，也不会速记。而有人又说她头脑聪慧，要是去做硬性条件符合的打杂工，又大材小用了。她和盖尔闲聊之间，电话响了，是职介所打来的，说为她安排了一个外资电影公司的面试。琼又翻起了白眼："外资电影就是黄色电影。我还做过所谓的电话联系工作，就是接电话。还有所谓的数字工作，就是记记账。存档重要记录——翻译过来就是'我得记下老板下的赌注'。这些个鬼工作啊。"她没去面试，而是给职介所打了电话，说她得了 H2N2 流感，然后出门和泰德进行最后一次约会，因为她打算在当天晚上甩掉他。

另一位住客杰奎琳（Jacqueline）是来自英国的酒吧歌手，在一个叫"奇妙之家"（Wonder Room）的地方演出。[11] 她个子不高，身材苗条但有曲线，象牙色皮肤，淡金色的头发打理成整齐的法式卷儿。和盖尔说话时，她一直盯着镜子里的自己，熟练地往眼睑处扫上海绿色的眼影，同时用镊子修整眉毛。她住在第 5 层——"欢乐天堂"。她的晚餐是四块糖，也总是错过看电视时的大部分争论，因为她的工作从晚上 11 点开始，到凌晨时分结束。她 23 岁，和盖尔一般大，却已经是 30 岁的面相了。她与隔壁房间的邻居海伦（Helen）关系不一般。海伦时年 18 岁，把杰奎琳当作母亲一样的角色，渴望她的呵护和照料。同时，海伦代替杰奎琳过着后者向往的生活，有仰慕她的男人，还有深夜的约会与无数的电话。她和杰奎琳经常相互敲敲两人房间之间的那堵墙，看看对方在不在。海伦有个习惯：想关灯但又太累不想下床时，就向墙上的开关扔东西。前不久她扔了一瓶滴鼻剂，没关上，于是又拿起房间里重重的烟灰缸扔了过去。巨响之后，杰奎琳冲了进来。即便杰奎琳毫无疑问充当了母亲的角色，两人其实是互相照顾的。她们楼层有个年长些的住客形容杰奎琳的歌声是惹人嫌的噪声，海伦就在这位老太太的门上挂了一个“油漆未干”的标志，还沿着她的门槛喷上了剃须膏。

比莉·乔（Billy Jo）是一个 20 岁的大学肄业生。她的父亲是个南方人，一位备受尊敬的牙医，对她辍学这事颇为恼怒。[12] 尽管很不高兴，但如果比莉住在只有女性居住的地方，他还是愿意为她支付账单。因此，她来到了巴比松，“一个高个子、大骨架的女孩，鼠灰色的头发，水汪汪的浅色瞳仁和完美无瑕的皮肤”。她从大学辍学是因为一个男孩，那男孩读大二，剪着平头，并不喜欢她。她厌倦了在校园里一见他就躲，辍学反而是更轻松的选择。她又找了个男朋友，这次是在纽约，她会在很晚的时候离开巴比松，就在午夜之前，因为他工作到很晚，她想去那边给他准备点晚餐。离开的时候，她会在门上挂一个“请勿打扰”的牌子，到目前为止，她似乎成功糊弄过去了。“有时我觉得自己一定有问题。我是说，我从小就被教育要做个好女孩——和其他人一样。好女孩，无论这三个字究竟是什么意思……我是个非常好的女孩。我从不在同一个晚上和两个男人上床。我有原则。”她一直认为，只要不滥交，即使是好女孩也可以做爱。但即便如此，她也遇到了重重阻碍。“结果总是发现他们已婚，有5个孩子，或者突然被调到西雅图，或者——就那样彻底消失了。”她最近在和一个可爱的年轻人约会，两人一起在街上散步时，他买了一束紫罗兰送给她。但在那之后，他再也没有打电话来。

比莉·乔讲述着那些关于男人的私密烦恼，越说越起劲。盖尔结束了与她的谈话，去看洛伊丝（Lois）是否想在咖啡馆里吃晚餐。洛伊丝是位苗条迷人的褐发女郎，戴着厚厚的猫眼眼镜[1]，镜片后面有一双淡褐色的大眼睛。她举止得体，腰板直挺，身上的衣服总像刚从干洗店取来的一样。她

[1] 当时的流行单品，镜框的两侧微微翘起，从正面看恰似猫眼，因此得名“猫眼眼镜”。——编者注

的房间则截然相反，是个“老鼠窝，堆满了空烟盒、一摞摞报纸和杂志，以及装在熟食店饭盒里没吃完的食物”。她 28 岁，大学毕业，眼睁睁看着周围的人都结婚了：她的妹妹，她在老家的朋友，她以前的纽约公寓室友。她不知不觉又回到了巴比松大饭店，因为没有单身室友可以合租了。她们和一群年轻女孩一起走出电梯，后者的约会对象们已经在大堂里等着了。洛伊丝抓紧盖尔的手臂。“你看啊，这不公平。我并不丑，也不笨。我的衣服和其他人一样好看，甚至更好看。这算什么？也许我应该长一张漂亮脸蛋？18 岁的时候，我总是告诉自己，22 岁就会变漂亮了。我会做白日梦，想象自己会成为一个多么漂亮的女孩。到了 22 岁，我向自己保证，到 25 岁肯定就会变美了。但到了 25 岁，我年纪已经太大了，没法再骗自己玩这个游戏了。这很疯狂。但我真的相信过。”洛伊丝改变了主意，转身上了楼梯，走向电视厅。

✦

即便不喜欢电视厅，盖尔还是很享受巴比松的茶会时间。每天下午 5 点到 6 点，在工作、上课，或忍受“商业世界的铝制品与荧光”的一天之后，她们总会开个茶会。[13]茶会地点是夹层上铺了桃花芯木墙板，挂着酒红色天鹅绒窗帘的房间。一位身穿淡彩针织衫的丰满女士在那里弹奏风琴。

演奏间隙，她会和其他挤在休息室一角的老年住客坐在一起。这一天是个特别的日子，万圣节，茶会供应的不是惯常的茶和饼干，而是苹果酒和甜甜圈。[14]休息室被围得水泄不通。在一个广告公司高层手下工作的埃莉诺（Eleanor），照例在顺手做市场调查，今天的调查主题是纸巾。玛格丽特（Margaret）说，昨晚她把梳妆台上的抽屉拉开得太多，结果它们全部掉了下来，连玻璃桌面都掉到她脚下摔碎了。琳达（Linda）正找人当晚和她一起去剧院，她多出来一张票。她环顾四周，若有所思地说，学了表演之后，她都不喜欢看戏了。罗伯塔（Roberta）裹了一件大风衣，里面只穿了泳衣，她打算在享用完苹果酒和甜甜圈后去地下游泳池。

盖尔去洗头了，但巴比松的非官方社交主管——那个拿着笔记本的安娜找到了她。她打电话告诉盖尔，自己正在安妮特（Annette）的房间，盖尔应该一起来玩儿。安妮特是个艺术生，正在分发一个去了国外的仰慕者寄给她的巧克力。安娜不久前去“好久不见吉卜赛茶室”（Bide a While Gypsy Tea Room）见了个算命的，对方说“明年是她的幸运年，她会结婚，生两个孩子”。海伦硬要所有人一起去算命，尤其今天还是万圣节。虽然盖尔不太乐意，还是跟着去了，英国裔酒吧歌手杰奎琳和她的“小妹妹”邻居海伦也去了。她们到了目的地，那地方看起来像是“曼哈顿有上千家的廉价小餐馆”。有人把她们领进不同的包厢去算命，听到的完全是她们想听的话。她们离开的时候，三个戴着怪物面具的孩子经过，向她们讨要便士："不给糖就捣蛋！"海伦、安娜和盖尔陪着杰奎琳来到演出的鸡尾酒吧，杰奎琳匆匆忙忙地进去为表演做准备。剩下的人回到巴比松，安娜瞧见大门外停着一辆车，里面有三个男人。她告诫大家走慢一点，但不要把头转向车的方向。安娜的妹妹也到了盖尔的房间，和大家待在一起，她说当天下午看电影时，一个陌生男人把手放在她的膝盖上。海伦仍然气不过那个说杰奎琳唱歌是噪声的年长住客，她拿起电话，请接线员转到582号房间："您好，582号房吗？对吗？您的扫帚在楼下等着呢。"她顿了顿。"您的扫——帚。晚安。"[1]

✦

在为《纽约邮报》撰写的关于巴比松孤独女性的系列文章中，有个话题盖尔·格林并未进行正面探讨，但潜台词已经很明显了：孤独的女人很可能变成非常不快乐，甚至非常绝望的女人。多年来，巴比松大饭店也发生过自杀事件，但酒店很擅长封锁这种消息。几十年来，此类事件只有少数被

---

[1] 英语里"扫帚"是Broom，和"新郎"Groom谐音。这句话既讽刺了对方是找不到新郎的老处女，又讽刺了对方是个骑扫帚的"老巫婆"。——译者注

走漏给了媒体。1934 年 3 月，一位来自皇后区贝赛德街区（Bayside），人称伊迪丝·拉图夫人（Mrs. Edith La Tour）的 30 岁女性，早上登记入住，到晚上就跳楼了，只留下一张字条："我再也无法忍受这痛苦了。"[15] 1935 年 4 月，来自芝加哥，已经在纽约定居两年的 27 岁女性哈丽特·宾（Harriet Bean）死于服用过量镇静剂。对此事件，只有《芝加哥每日论坛报》（*Chicago Daily Tribune*）隐晦地写道，"大约两个月前，她接受了一次手术"——想必是非法堕胎。[16] 1939 年，毕业于芝加哥大学（University of Chicago）的朱迪思·安·帕尔默（Judith Ann Palmer）被发现死在巴比松大饭店的房间里，22 岁的她往自己头部射了一颗子弹。[17] 她留下了两张字条，一张的抬头是"敬启者"，说梳妆台抽屉里有 30 美元用于支付丧葬费用；另一张写给她的母亲，后者住在芝加哥的一家公寓式酒店。从 20 世纪 40 年代开始，巴比松大饭店似乎已经摸清了门道，基本上阻止了内部自杀事件在媒体上的曝光。

然而，即便媒体报道销声匿迹，自杀事件却仍在继续。"永不沉没的莫莉·布朗"在巴比松唱完她的最后一首咏叹调后不久，雷吉纳·雷诺兹（Regina Reynolds）入住了巴比松。当被问及自杀事件时，雷诺兹女士推测，在她住在巴比松的这些年里，大约发生了 55 起自杀事件。每逢星期天，住客总要从窗户望一望验尸官是否在场。自杀总发生在星期天，因为星期六的夜晚是“约会之夜”，接着就有人伤心失望。有些女人在窗帘杆上上吊。仅是马拉奇·迈考特就知道20世纪50年代中段，至少有3名女性在巴比松自杀：“两个人服药过量，一个人从窗户跳了下去。消息都被封锁了。跳楼的那个好像叫卡罗尔·安德鲁斯（Carol Andrews）吧？她和一个男人约会……然后对方甩了她。”[18]

行为举止一定要符合某种准则，外表一定要遵循某种规范，在某个年龄段一定要结婚，这些东西给女性施加了很多压力。马拉奇的第一任妻子是一名模特，为了逃避住在附近公园大道的父母，她搬到了巴比松。她发现，大多数模特都患有暴食症，卫生间外总是排着长龙。长着湖蓝色眼睛的格洛丽亚·巴恩斯·哈珀（Gloria Barnes Harper）读完大一就从韦尔斯利学院辍学了，因为她被福特公司签下做了模特。[19]和其他年轻的福特模特一样，她选择住在巴比松。她见证了同伴们经历的不同寻常的绝望——饥饿，但不是自愿挨饿。每天晚上，她们都会来到她的房间，看看她是否能在当晚给她们安排个约会（她高中还没毕业，就已经是《生活》杂志的封面模特了）。一个约会，真正的约会，意味着会有一顿名副其实的晚餐。如果没有约会，就意味着晚上只能啃苏打饼干。

对于那个年代，马拉奇·迈考特印象最深的，还要数虚伪，尤其是在涉及性的问题上。“冰清玉洁的”女人们能熟练使用所谓的“法式手段”，即避孕，但避孕套也有一定概率不起作用。要是中了招，就只能去非法堕胎。[20]堕胎地点是你绝不想去的地方，即便在堕胎手术中侥幸活了下来，也会留下各种炎症。“巴比松有艾森豪威尔时代的气氛，”他说，“体面是重中之重。作为一个女人，可羞愧之处数不胜数。但你可以靠做秘书工作或者结婚来挽回自己的尊严。”但有时候尊严就是无法挽回。

20世纪50年代，有太多东西秘而不宣。据马拉奇回忆，那时候，在尊贵的曼哈顿上东区，年轻人会私下议论室友可能是“女同”“男同”“基佬”，还谣传这些人有“黑鬼血统”[21]。人们会毫不犹豫地说出各种带种族歧视意味的蔑称。上东区是纽约“白人飞地”当中最“白”的。后来，马拉奇如此描述当时的纽约：“1956年的夏天……黑人无处可见。唐人街是游客体验异国情调的地方，只带有些许危险的气息。格林威治村吸引着外人惊异的眼球，那里有波希米亚人，有‘垮掉的一代’，还有在公开场合厚颜无耻地接吻或牵手的男同性恋者。”[22]马拉奇的印象既对又错：因为恰恰是在1956年的夏天，芭芭拉·蔡斯来到了巴比松。

✦

当时，无论到什么地方，女人都要被男人定义。但在巴比松，女性还得是白人。这一点从未被宣之于口，它已经得到了普遍默认。无论来自什么阶级，美国的白人总能因为白皮肤而心意相通，他们唯一能彼此确定的就是这一点。就算你是个走投无路的穷光蛋，只要你是白种人，就能享有某种特权。20 世纪 20 年代，“自由、白人、21 岁”成为一句流行语，并出现在 20 世纪 30 年代的一系列电影中。比如，1932 年的电影《亡命者》（*I Am a Fugitive from a Chain Gang*）中，在一家地下酒吧里，一位社交名媛和一个陌生人进行了如下对话：

神秘陌生人：我们能在这儿待一会儿吗，还是你必须得回家了？

（女人往后一退，瞪大双眼，一脸受到了侮辱的表情）

年轻名媛：我的生活中没有什么“必须”。我自由、白人、21 岁。

到了 20 世纪 40 年代至 50 年代，这句话仍然没有过时，就连《钟形罩》中以西尔维娅·普拉斯本人为原型的那个角色都说了这句话。[23] 这句带有种族歧视意味的流行语源自 1828 年的一项法案，该法案规定禁止将财产作为拥有选举权的先决条件，选民只需是自由人、白人、年满 21 岁（当然还得是男性，但在这句话以流行语的形式重出江湖时，这一点不知为何被忽略了）。美国首位问答专栏作家多萝西·迪克斯（Dorothy Dix）在 20 世纪 20 年代对这句话进行了“回收利用”，并将其作为某种现成的解放口号摆在年轻白人妇女面前。迪克斯的真名是伊丽莎白·梅里韦瑟·吉尔默（Elizabeth Meriwether Gilmer），其笔名取自她们家族的一个奴隶，该奴隶在内战期间守住了她家的银器。多萝西·迪克斯毫无顾忌地将这句源于 1828 年的话与 20 世纪上半叶的白人妇女赋权运动紧密结合在一起。

然而，满足“自由，21 岁”这两个条件的芭芭拉·蔡斯却不是白人。她是天普大学学生，非裔美国人，也是《少女》的读者。那年夏天，她和其他许多女大学生一样，决定申请著名的客座编辑项目。她究竟是真的对身边的种族主义没有意识，还是故意选择忽略，这很难说。但她不会多想这些问题，这是她的生活方式。而且，她觉得自己当时正鸿运当头，之前赢得的奖项能提高申请的胜算——西尔维娅·普拉斯和琼·狄迪恩就是先例。不久前，芭芭拉·蔡斯赢得了《十七岁》杂志的插画奖。那幅获奖的插画在纽约的 ACA 画廊[1] 展

[1] 全称为美国当代艺术家画廊（American Contemporary Artists Galleries），由赫尔曼·巴伦（Herman Baron）于 1932 年创立。——编者注

出，纽约现代艺术博物馆的版画和素描馆长碰巧看到了那幅作品，并为博物馆买了下来。

与此同时，纽约的《少女》编辑部从春末就开始考虑1956年夏季的客座编辑入围者，芭芭拉·蔡斯是领头羊之一。但也有人明确表示，很担心选择一位非裔美国年轻女性会引发什么后果，毕竟到目前为止，还没有任何一家时尚杂志刊登过黑人女性的照片。作为客座编辑，芭芭拉必须出现在8月号的大学专刊上，这是全年杂志中读者们最期待的一本。《少女》的客座编辑项目最重要的就是曝光，客座编辑们说到底就是读者的同龄人，因此读者能够和她们同行，在她们激动人心的讲述中体验那让人应接不暇的纽约神奇之月。8月号的大学专刊还有客座编辑们的个人小传（附照片）、"顺风马车"名人访谈录（附照片），她们在巴比松短暂却光鲜的生活中留下的日常快照，以及最后传统的大合影——所有人穿同一套行头，也就是赞助商付费请《少女》刊登的衣服。

就在芭芭拉·蔡斯可能落选客座编辑时，斯特里特与史密斯公司的总裁致信《少女》主编BTB："我不会对任何人关于种族隔离的观点提出异议。就个人而言，我是同情种族隔离受害者的。然而，在我看来，此时我们是想在没被要求的情况下，首开先河。"[24] 他认为杂志社的人"被自由主义支配了"，他们充其量只能争取到"一些有色人种的读者，却可能失去很多南方背景的白人读者，还可能会失去一些广告商”。“在这种情况下，究竟谁的观点更重要？”他发出如此质问。其他人担心的则是后勤问题。即便芭芭拉·蔡斯“极富魅力”，也是“杰出程度远超他人的艺术型参赛者”，但如果选了她，编辑部的人势必会经历一场安排协调上的噩梦。还有很多问题，《少女》甚或斯特里特与史密斯公司办公室的人都没能找到答案：“她可以和其他客座编辑一起住在巴比松吗？”“圣瑞吉酒店的盛大舞会上，她找谁做男伴呢？餐馆的午餐会，她怎么办？怎么安抚我们的南方广告商？”[25]没人能给出对策。

不过，其实早在一年前，斯特里特与史密斯公司就预见了最终可能遇到这个问题，于是找到BTB这位有个沙文主义丈夫的忠诚共和党人，讨论非裔客座编辑入围的可能性。[26]BTB当时的回答是她并不担心这个问题，甚至到现在观点也没变。因此，芭芭拉·蔡斯成了1956年的20名客座编辑之一。她来到纽约，目之所及，觉得这里的“种族隔离和南方一样严格且僵化”，即便旁人都假装并非如此。[27]芭芭拉·蔡斯的肤色并不浅。她已经习惯了被人盯着看，原因有很多，不仅仅是她的肤色。但她也真心觉得在巴比松，没有人向她投来过“奇怪的眼神”，或者也许是她选择性忽视了那些眼神。1956年6月1日，她第一次走进这家酒店，觉得这里实在宏伟豪华、魅力非凡，尤其是大堂。但这并不意味着她会觉得没有归属感。芭芭拉一直觉得这就是她该来的地方。

《少女》的一份内部备忘录显示，芭芭拉很有魅力，短直的波波头刚到肩膀上方，发尾卷起（有时她会把头发往后梳，戴上白色的珍珠耳环），一双杏眼，还有舞蹈家的身材。在《少女》的小传中，客座宣传艺术主编芭芭拉·蔡斯向读者自我介绍说，这个年轻女子，“赢得了 7 所大学的奖学金，有一幅版画被纽约现代艺术博物馆收藏。在天普大学，她是现代舞蹈团的团长，也是大学年刊的艺术编辑，还在做一个 6 英尺高的黏土作品并参与了 20 个艺术项目（压力会让她表现得更好）。‘但我生命中最大的事件，’她谦虚地坚称，‘是拥有一个谷仓般冰冷的工作室。’……现在她最想要的，是一个‘个人艺术展，而最终想要的，是一个男人’。”[28] 在某种意义上，芭芭拉通过最后这句话表明了自己和其他女孩，也就是巴比松的白人女孩们并无不同。

即便如此，其他客座编辑也不太拿得准该怎么对待她，《少女》那些女性高管也毫无头绪。她们对各种事情都有明确的想法，芭芭拉也是如此。有冲突矛盾出现，但芭芭拉觉得它们无关种族，而关乎阶级和年龄。芭芭拉猜测，《少女》的编辑们应该惊讶于她的成熟、有教养和善于表达。[29] 她们似乎不知道该如何对待芭芭拉这个自称“来自另一个星球的女孩，她还没有找到明确的生活定位，没有攻击性，也不愤怒，不算特别友好，而是比较矜持，总是冷眼旁观，自我感觉极好”。芭芭拉参加这个项目的目的和所有客座编辑一样：“享受美好时光，穿漂亮衣服，做一名编辑。”她也准确描述了每个人对她的反应。时尚编辑伊迪·洛克[1]在“二战”期间从维也纳来到纽约，当时的身份是一名十几岁的犹太难民。她明白，从多方意义上讲，邀请芭芭拉·蔡斯参加客座编辑项目的决定，其实满足了《少女》员工们想做“第一人”，总想开先河的愿望，这件事就是在鼓励她们内心自由主义的冲动。[30]她们也希望得到感激的回报，而芭芭拉却没有兴趣感恩戴德。

1956年的《少女》大学专刊同样带着暧昧不明的感觉：在一本主流（迎合“白人”）时尚杂志的版面上展示一位黑人女性，这在美国还是开天辟地头一遭，难免显得笨拙尴尬，她既有曝光度，却又仿佛隐身。1956年的8月刊没有只言片语提及芭芭拉的存在，她只是以图像形式出现，常常是曝光过度的糟糕快照，令她的黑皮肤成为难以辨识的特征，仿佛只是技术问题导致的污浊。然而，这本厚厚的大学专刊中，也有很多文章在不经意间提及了她的存在（或者说是有意为之的隐晦挑衅？）。一个占据多页版面的时尚画报专栏题为《周六夜间预报：天会黑》，配图里有一些白人客座编辑，穿着黑色

[1] 即本书致谢中的伊迪·雷蒙德·洛克（Edie Raymond Locke）。——编者注

衣服，和一群爵士乐手合影。大部分乐手是白人，但也有一些黑人。芭芭拉不在配图之中。另一篇文章讲述阿拉巴马大学（University of Alabama）取消种族隔离的情况及随之而来的问题，那里之前爆发了一连串的学生示威，之后还有针对第一个“黑人学生”的群体暴力，而当时的社会背景是“像威廉·福克纳（William Faulkner）那样有良知的南方人已经在努力劝说，取消种族隔离有着道德上的正当性，然而目前大众在感情上尚不能接受这一事实”[31]。文章作者是《少女》特约撰稿人，在阿拉巴马大学走访了很多人，其中有一群男大学生正在整理和汇总过去一周事件的广播稿，稿子必须经过大学行政部门的审核，后者认可稿件的所有内容，除了将一位黑人学生称作“露西小姐”。“大多数南方白人反对称黑人为‘小姐’‘夫人’或‘先生’。”阿拉巴马大学的许多学生反对的，其实是露西小姐出现在校园的方式：衣着光鲜，坐着一辆凯迪拉克。从某种意义上说，芭芭拉·蔡斯也是以同样大胆的方式来到纽约的。

芭芭拉以自如的“归属者”姿态在纽约城、巴比松、《少女》的派对与午餐会上游刃有余。原因之一是，她认为所有的派对，即便是圣瑞吉酒店的盛大舞会（男伴是“她喜欢的类型”：金发碧眼），也都是纽约的常态。不过，BTB 的公寓和在那里举办的 6 月传统派对倒着实让她念念不忘。芭芭拉记得公园大道上那座美丽的装饰风艺术建筑，戴着白手套的侍应生递来装着香槟的高脚杯，酒杯形状经过精心设计，能让气泡保持得更久。不过，让她的一些同伴如痴如醉的一次派对，芭芭拉似乎不怎么感冒。她们走进赫莲娜·鲁宾斯坦在公园大道上的三层公寓时，一位客座编辑立刻心生敬畏。那位传奇人物“正端坐在长形房间一端的豪华沙发上，穿着精致的中国礼服和绣花鞋”[32]。鲁宾斯坦生来身材矮小，但因为年事已高，又缩了不少（此时她已经八十多岁了），所以她“双脚悬空，几乎像个小孩，不怎么能碰到地板”。她带着客座编辑们参观一个又一个房间，展示自己的艺术收藏：“献给亲爱的赫莲娜，巴勃罗[1]……爱你，萨尔瓦多[2]。”当然，前一年，即1955年，客座编辑珍妮特·伯罗薇曾嘲笑过这些藏品之平庸。也许已经是个才华横溢艺术家的芭芭拉，也觉得鲁宾斯坦的收藏不怎么样。

在某些人眼中，芭芭拉的举止做派轻松随意，但她并非一切顺利。芭芭拉从未在巴比松附近发现过别的非裔美国人，更不用说在酒店内部。[33]但她被文明友好以待，带有种族隔离意味的唯一明显表现是没有人告诉她地下室有个游泳池。不过话说回来，她不会游泳，所以也并不在意自己被限制入池。身在《少女》编辑部的BTB仍然保持着警惕，芭芭拉回忆道：

[1] 即巴勃罗·毕加索（Pablo Picasso）。——编者注

[2] 即萨尔瓦多·达利（Salvador Dali）。——编者注

“如果有南方的客户，她会把我拉到棕榈树后面躲着，或者突然找个理由让我出去。”不过BTB从未与芭芭拉对坐，好好解释南方白人情感上的现实状况，因为这是既定事实，不需要解释。BTB和芭芭拉都很直率，两人也因此有了共同语言。如果BTB因芭芭拉的种族而遇到潜在问题，她会直接告诉后者；反过来，芭芭拉也会坦诚说出自己的感受，告诉BTB应该或不应该做什么，当然，这也要取决于其他编辑的说法或做法。

然而，“大学诊所”如期而至，在这场盛大的时装秀上，客座编辑们会穿着将出现在大学专刊上的时装在T台上走秀，卖家会在秀场观看并交际应酬，秀场觥筹交错、衣香鬓影。就此，BTB直言不讳：“芭芭拉，我们不能让你去走时装秀，因为在场有些人会大惊小怪。”言尽于此，芭芭拉也没有反驳。从时装秀开场到结束，她一直躲在后台的椽子下：“他们是真的把我藏起来了。”但此事并未激怒芭芭拉。她的母亲，一个在修道院长大的加拿大黑人天主教徒，没能成功让女儿认识到黑人在50年代的美国有多艰难。或者，也许一切都归功于芭芭拉自己的努力。多年后，她的母亲指出：“芭芭拉，你的问题是不知道自己是有色人种。”

按照年度惯例，客座主编会用轻松欢快的笔调总结米莉们旋风般的6月，芭芭拉在这份充满少女情怀的快乐清单上只占据了一行：“在纽约现代艺术博物馆的下午，迷失在地铁中的下午，还有朱丽·哈里斯（Julie Harris）的《云雀》（*The Lark*）最后一个日场演出后，芭芭拉在雨中独自步行回去，借以‘冥想’的下午。”[34] 也许像其他巴比松住客一样，芭芭拉也是孤独的。然而，拍摄 1956 年大合影时——客座编辑们围着一个特大号风向标站成 X 形，抬头看着镜头（大合影

芭芭拉·蔡斯很可能是第一位住到巴比松的非裔美国女性，1956 年，她与《少女》的客座编辑同事们合影

总是从半空俯拍），今年她们都穿着相同的红色雨衣——照片里的芭芭拉看起来很高兴，脸上露出灿烂的笑容。

《少女》下一次开先河，要到五年以后了。1961 年，非裔美国大学生维莱特·墨菲（Willette Murphy）出现在杂志第 229 页，展示了一套学院派的服装："仿羊羔绒，带条纹，人字形粗花呢，这就是第 61 届大四班长维莱特·墨菲随意的穿搭。白色开衫是仿羊羔绒质地，搭配丝绸质地的灰色条纹内衬，塑形短裙是黑白粗花呢质地。"[35] 维莱特·墨菲是第一个出现在美国时尚杂志上的黑人模特，就连《纽约时报》也专门提到了这一民权方面的重大进步。但芭芭拉早在整整五年前就已经在那里了，即便被藏在房椽之下。

客座编辑项目结束后，BTB 为芭芭拉在《魅力》杂志找到了一份带薪暑期实习的工作。芭芭拉付不起巴比松的房费了，而且如果没有《少女》明星客座编辑的光环加身，她在那里很可能不会受到如此欢迎。她没有留下来，而是回到了费城的家，每天早上 6 点起床，坐火车赶往宾夕法尼亚车站。她拥有一份令她"狂喜入迷"的工作：负责版面设计，粘贴安迪·沃霍尔创作的鞋子的插图（他当时以此谋生，支付房租）。后来，芭芭拉很后悔没有保留当时沃霍尔被弃用的作品。但事实证明，真正改变芭芭拉人生的，还是她在巴比松和《少女》编辑部的日子。每位客座编辑都要挑选一个最想采访的人参加“顺风马车”专题的撰写，芭芭拉的选择对象是《财富》艺术总监李欧·李奥尼（Leo Lionni）。[36]她在“顺风马车”的采访文章中写道：“李奥尼先生生于荷兰，父母都是意大利人，他批判美国的主要观点是：‘我们花了生命中太多时间去娱乐，都没有真正生活的空间了。’艺术和生活一样，‘都涉及某些情感，你不能觉得一切都是可爱的或锦上添花的’。”李欧·李奥尼发现了芭芭拉身上的潜力，同年，他帮她拿下了罗马美国学院（American Academy in Rome）的约翰·海·惠特尼（John Hay Whitney）奖学金。

芭芭拉后来写道：“我离开家乡，去探索外面的世界，一如美国向内窥探，探索自身的种族隔离制度，该制度带来了重大变化，造成了不可磨灭的影响。当时我并不知道被称为‘民权运动’（Civil Rights Movement）的事件正在走向顶峰，在运动发生的世界里，这将成为独一无二的重大里程碑。我将从一个完全不同的有利位置来体验这一切——我是身在西欧的美国人，一个‘异国他乡的异国人，最终成为身在巴黎的美国人’。费城的格蕾丝·凯利嫁给了兰尼埃三世亲王，玛丽莲·梦露嫁给了犹太知识分子阿瑟·米勒，杰奎琳·鲍维尔嫁给了约翰·肯尼迪，詹姆斯·鲍德温（James Baldwin）出版了《下一次将是烈火》（*The Fire Next Time*），约翰·肯尼斯·加尔布雷思（John Kenneth Galbraith）写了《富裕社会》(*The Affluent Society*)。在欧洲，我将适时见到上述所有人。" [37] 芭芭拉有意学 BTB 的样子，在结婚时没有放弃之前的姓氏，而是在后面多加了一个姓。她成为芭芭拉 · 蔡斯 - 吕布 [1]——著名视觉艺术家、畅销小说家和优秀诗人。

从表面上看，芭芭拉 · 蔡斯有着独特经历，取得了巨大成功，与巴比松那些"孤独的女人"并无相似之处。但她们有一个共同点，那便是"能见度"。无论是芭芭拉还是"孤独的女人"，都不是巴比松常见的女性形象，更遑论成为其某类形象的代表。当然，她们也没有正式出现在《少女》的版面上。巴比松的目标住客和《少女》的目标读者都是年轻的白人女性，她们是待嫁的准新娘，有趣、活泼、受欢迎。然而事实是，并非每个人都如此。

如果说芭芭拉 · 蔡斯和"孤独的女人"暴露了 20 世纪 50 年代虚假理想的裂痕，那么西尔维娅 · 普拉斯则记录了为实现这种理想而付出的代价。这是许多女性共同承担的损失，也最终成为她们强烈要求改变的动力。

---

[1] 芭芭拉的第一任丈夫是法国著名摄影师马克 · 吕布（Marc Riboud）。——编者注

第八章　无名的难题

——缅怀西尔维娅·普拉斯和 20 世纪 50 年代

西尔维娅·普拉斯是 1953 年《少女》客座编辑中最著名的一位，站在这颗星星的最尖端（最上）。她留下的文化遗产（以及自杀事件）一直萦绕在这些人的生活当中，巴比松也让她们久久难忘。多年来，她们数次旧地重游

乍看上去，你很难发现西尔维娅·普拉斯内心的挣扎。[1]曾与她一起从马萨诸塞州韦尔斯利镇前往巴比松的劳里·托顿觉得西尔维娅是“一个典型的女大学生”，“没什么了不起的地方”。在某些方面，西尔维娅非常符合她所处时代的特色。后来写出《曼哈顿回忆录》（*Manhattan Memoir*）三部曲的玛丽·坎特韦尔（Mary Cantwell）和西尔维娅很像：两人都来自东海岸的女子学院，因此同属“东海岸的知识阶层”（正如一位客座编辑对西尔维娅带有嘲讽意味的评价）。[2]玛丽·坎特韦尔于 1953 年 7 月抵达纽约，就在西尔维娅离开后一个月。那个夏天很热，很闷，潮湿的空气让人无法呼吸。玛丽·坎特韦尔像西尔维娅一样，在渴望纽约的同时对其充满恐惧。她“害怕坐地铁，害怕迷路，甚至不敢问办公室里的女同事女厕所在哪里”，她胆小到只能离开办公室，去街角的邦威特·泰勒百货公司上厕所。[3]

“七姐妹”职介所（Seven Sisters Placement）专为东海岸精英女子学院的毕业生服务，公司派玛丽去《少女》杂志接受执行主编西里尔·埃布尔斯的面试——正巧是上个月带西尔维娅的那位编辑，在《钟形罩》中，西尔维娅将她改名为“杰伊·茜”，描写这个角色头脑聪慧，面孔却“丑得要死”。比起西尔维娅，玛丽·坎特韦尔没那么畏惧埃布尔斯。在她看来，埃布尔斯本质上是“穿着更精致的康涅狄格学院（Connecticut College）女教师”，一个“朴实无华的四十多岁女性，声音低沉而圆润”[4]。玛丽·坎特韦尔认为自己并不迷人，并且确信会遭到杂志和编辑部时尚人士的拒绝，因此决定在他们拒绝自己之前先拒绝对方。为了展现她超越于轻浮女性杂志的气质品位，她面试时穿了一件朴素的粉红色布克兄弟（Brooks Brothers）衬衫和黑白条纹棉布裙。她打算用自己的“冷静镇定”来“羞辱”麦迪逊大道的这位执行主编。但玛丽恰恰就是西里尔·埃布尔斯愿意雇用的那种年轻女性：她和埃布尔斯很像，都是来自优秀女子大学的智慧女性，而且不是时尚的奴隶。埃布尔斯遵循一个原则：每年秋天的置装不超过“两条简约的羊毛绉纱连衣裙，剪裁要有公主线，以突出据说让她非常引以为豪的胸部，外加一件绝对不会出错的特里格尔（Trigère）百搭外套”[5]。面试时，玛丽明确表示她读了很多书，而埃布尔斯则明确表示玛丽读过的所有作品的作者和她都是亲密朋友。[6]说清楚这个问题后，她雇用了玛丽·坎特韦尔。玛丽没有真正的技能傍身，而她的一些大学同学已经去凯蒂·吉布斯学校学习必要技能了。从这个方面来说，这是她人生“千载难逢”的幸运突破。

斯特里特与史密斯公司所在大楼位于麦迪逊大道，夹在第56和第57街之间，办公楼内不仅有《少女》编辑部，还有《魅力》编辑部，而《时尚芭莎》就与其对街相望。奇克出租车“不停载来杂志编辑，其中一些长得不好看，却永远时髦”[7]。玛丽很快就学会了区分编辑和秘书，不仅通过出租车，还通过她们对待帽子的忠心程度：编辑从不摘下帽子，BTB则是她们之中最常戴帽子的人。午餐也像帽子一样，有助于确定编辑部的等级秩序：主编们经常去“雏鹰”餐厅（L’Aiglon），点法式牛肉饼和血腥玛丽酒。[8]西里尔·埃布尔斯则经常出现在德雷克酒店的月桂厅，与时下风头最劲的作家共进午餐：“餐前喝半干雪利作开胃酒，再来点小牛肝这类健康食材作主菜。”负责文案与其他书面工作的人在“法式小屋”（French Shack）小口吃着内脏香肠，或者在一家名叫“巴尼”的餐厅（Barney’s）喝马提尼。即便在那时，找到任何东西中的“最佳”，在杂志女性之间也已经象征着一种荣誉。[9]通晓行情的人如果要买一对金耳环，绝不会去蒂芙尼，而是要去东57街一家叫奥尔加·特里特（Olga Tritt）的小店，就连温莎公爵夫人[1]也是那里的主顾。服装就像帽子、食物和珠宝一样，是有等级之分的：“年轻的时尚编辑穿的是

[1] 即华里丝·辛普森（Wallis Simpson）。——编者注

在第七大道上买的衣服，最有权势的老编辑穿的是几周前刚在巴黎的T台上亮相的衣服，而在商店里随便买衣服穿的那些人，不说也罢。”[10]

玛丽·坎特韦尔没有另外19位客座编辑做伴，只得在自己毫无立足之地的午餐等级制度中自力更生。即使拥有如百事可乐广告女孩般清新、年轻的外表，她还是独自在亨利·哈尔珀的杂货店（Henry Halper's drugstore）用餐：“所有年轻的时尚编辑都去那儿迅速解决一餐（他们总是要去‘美食广场’，或刚从那里来）。”[11]杂货店“雇了一个中年黑人，只负责把高脚椅推到柜台前。[12]鸡蛋沙拉三明治里夹满了西洋菜，是‘纽约最佳’”。杂志从业女性还发现了其他的“最佳”：汉堡天堂（Hamburger Heaven）的浓郁巧克力恶魔蛋糕、女性交流中心（Women's Exchange）的椰子蛋糕、第57街施拉弗特的圣代。汉堡天堂其实就在巴比松大饭店的对面，是很重要的午餐地。“客人坐在木椅上，右臂一弯，就形成了一张小桌子”，还有“顾客们戴着金色的圆徽章，谈论青年联盟的舞会和乔治亚风格套房（Georgian Suite）里的婚宴”。西尔维娅·普拉斯和涅瓦·纳尔逊经常去那里吃55美分的汉堡。[13]《钟形罩》里写道：“……汉堡天堂……有个非常干净的柜台，对面是一溜亮晃晃的长镜子，柜台供应巨无霸汉堡和当日例汤，还有四种花里胡哨的蛋糕。”[14]

一方面，战后的纽约孕育着全新的希望，西尔维娅·普拉斯和玛丽·坎特韦尔等年轻女性渴望开始她们梦想已久的生活；另一方面，全体都为女性的《时代生活》（*Time-Life*）杂志剪报员们被人告诫，说她们永远不可能成为记者，而女性时尚杂志支付的报酬可谓杯水车薪，因为人人都觉得你很快就会离开，去结婚、怀孕，或者你有父母和祖父母支援的所谓“邮箱”钱，不用担心下一份薪水什么时候发。1951年，一份请愿书在《少女》编辑部流传开来，所有55名员工（大部分是女性）都签了字，请愿内容是拒绝参加圣诞晚会，要求发放奖金。[15] 为了体现问题的精髓，有几个人要求将“奖金”一词改为“慈善援助”。BTB并不觉得好笑。

玛丽·坎特韦尔被安排在宣传部担任新闻编辑助理。她最初的任务之一是翻阅报纸，寻找西尔维娅·普拉斯在她母亲房子下面的狭小空间中自杀未遂的相关文章。[16] 西尔维娅的失踪演变成了一场全国上下的寻人行动——史密斯学院的女孩失踪了！——直到她被找到，虽然奄奄一息，但好歹还活着。玛丽一共在全国性的报刊上找到了200篇相关文章，她的工作是把一些文章剪报贴到新闻编辑的剪贴簿上。她不太明白这样做的原因。她很疑惑这样的宣传对已经上架的8月号大学专刊来说是好是坏。在专刊上，西尔维娅·普拉斯在客座编辑之中显得很出挑。玛丽·坎特韦尔问上司格雷厄姆先生（Mr. Graham）西尔维娅是什么样的人。[17]“和其他人一样，”他说，“很急切。”当时的助理时尚编辑伊迪·洛克记得她“只是一个非常漂亮的金发女郎”——但当时很多女孩都是这样的。[18]许多年后，玛丽·坎特韦尔会看一部关于西尔维娅的纪录片，觉得她们当时确实都一样——即使是那些雄心勃勃、决心抵制（无论是否长久）郊区、婚姻和白色栅栏的人也一样。[19]看西尔维娅从史密斯学院毕业的模糊照片，玛丽·坎特韦尔觉得和自己的毕业场景没什么不同：她没有史密斯学院的雏菊链，而是戴了月桂链，但时间都在 6 月，两人都剪着童花头，都喷了琶音香水。

当然，所有客座编辑都是有一番雄心的。她们是因为这雄心，才来到《少女》和巴比松的。1956 年，《少女》杂志的职业编辑、后来成为女权活动家的波莉·韦弗（Polly Weaver）撰写了一篇文章，讲述了自 1949 年以来不断涌入纽约，年轻、单身、雄心勃勃的女性，她们想找到立足之地，创造属于自己的辉煌。[20]韦弗将这篇文章命名为《野心又如何？》。这篇文章收到了很多反馈：一位读者在信中谴责有野心的女性“忘记了成熟女性真正的职能、职责和优雅的生活乐趣——为他人创造，而不是为自己”，并称野心是“不自然的、令人恐惧的”。另一位读者则大放厥词：“我可能会一枪崩了第一个去做男人工作的女人。”

✦

如果说雄心勃勃还不足以引起焦虑，也不用为之感到羞耻，那么另一项社会禁忌——性——绝对能产生更大的影响。在那个没有避孕药和合法堕胎途径的时代，婚前性行为可能造成毁灭性的后果。西尔维娅·普拉斯在日记中代表自己这一代人写道："我只能满怀羡妒地靠在边界上，对那些可以自由发泄性欲的男孩只有恨，恨，恨。"[21] 而作为一个年轻女性，她的命运是"湿软的欲望"永远存在，却也永远无法得到满足。

西尔维娅敏锐地意识到了这些焦虑，而同年夏天，"金赛报告"系列的《女性性行为》(*Sexual Behavior in the Human Female*）出版，引发了震惊和愤慨，也让整个国家被同样的焦虑所笼罩。阿尔弗雷德·金赛（Alfred Kinsey）是动物学家出身，专门研究瘿蜂。后来他应邀教授一门关于婚姻的课程，却发现几乎没有可供参考的研究资料，于是便将研究重点从瘿蜂转向人类性行为。五年前，他发表了关于人类男性的研究结果，已经算是引起轰动了，但 1953 年夏天出版的，厚达 843 页、有关女性性行为的著作，引发了愤怒的狂潮。尽管这是基于数千次访谈写出的枯燥方法论研究著作，却完全勾起了人们阅读的欲望，该书出版不到一个月就狂销 27 万册。要是人们都能买到的话，销售量还会更多。这本书在许多地方被禁，一些牧师禁止教众阅读这本书。上次引发这种骚动的书籍，还是达尔文（Darwin）的《物种起源》（*On the Origin of Species*）。金赛的研究方法受到了批判［在印第安纳大学（Indiana University）的校园里，处女受采访的时长是一个小时，而非处女则要多出一个小时。消息传出后，男学生们到处打听谁的采访时间是两个小时］，但该著作的革命之处在于研究了女性性行为，甚至将其进行了严肃认真的对待。

研究结果也令人震惊。报告里的统计数据包括参与同性关系、通奸、手淫，以及巴比松年轻女性特别感兴趣的婚前性行为的女性的数量（事实证明，一半的单身女性有婚前性行为）。1953 年 6 月，西里尔·埃布尔斯想在《少女》杂志上发表一些关于金赛性学报告的文章。她托人撰写了长篇评论文章，以中立但谨慎的方式向杂志读者列出报告中的研究结果。写好后，她把文章发给《少女》杂志的员工征求意见。他们发来一份又一份的备忘录作为回应[22]："这会让那些做母亲的，还有做牧师的都大动干戈，不是吗？这是一种会引起轰动的热点。""我必须说，这与我的预期相去甚远，也因此比我之前想的更有趣。例如，他发现来自中上层白领家庭的晚婚女大学生在性方面的适应能力更强，这一点让我特别惊讶。"[23]"大多数女性应该带着兴趣和满足感来阅读……整本书展示的人类女性形象，很正常，很令人激赏。如果是基于金赛报告里的形象，那我作为女人，是很高兴愉悦的。”24“这将给我们的读者带去更大的震动，绝对超过你侄子那些最高原子机密的任何一页。”25 然而，尽管编辑部成员基本上都很赞赏，还是有人担心作者对金赛的长篇报告缺乏分析，甚至可能会变相鼓励杂志的年轻读者进行婚前性行为。BTB 决定利用现成的“小白鼠”来征求意见——也就是 1953 年 6 月正好在场的客座编辑们。

《钟形罩》里没有只言片语提到关于金赛报告的争论，后来 1953 年客座编辑们的回忆录里也并未涉及此事。但在 6 月 18 日，正参加约翰先生[1] 女帽展的客座编辑们突然被告知要在下午 5 点返回《少女》编辑部，而非巴比松。26 她们都到了那间有镜子的会议室，BTB 说：“我们要利用有一群年轻女大学生在这里的机会，请你们对一篇有争议的文章做出回应……我们承诺对这篇文章的内容绝对保密，你们也一定会保密吗？”为了让那些“更规矩”的客座编辑更容易接受，BTB 要求她们的报告围绕两方面展开：对报告的个人意见，以及文章是否适合在《少女》上发表。当晚，她们要将书面

[1]　约翰 · P. 约翰（John P. John），美国女帽商。据《纽约时报》报道，“在 20 世纪 40 年代至 50 年代，‘约翰先生’这个名字在帽子界的名气就像克里斯汀 · 迪奥在高级定制领域的名气一样大”。——编者注

报告交到西里尔·埃布尔斯的办公室，在那之前，客座编辑之间不允许进行任何讨论。每人都拿到了一份文章的副本，之后就各自解散去读文章和写报告了。

涅瓦·纳尔逊给出了一些可靠的批判性分析，指出文章是基于金赛的统计数据，但“即使是来自 9 460 人的统计数据也不能被视为永恒的真理”[27]。珍妮特·瓦格纳则比较有冒险精神，她喜欢文章中展示的“事实推翻了大众的观念”，同时指出“有婚前经验的女孩能更好地做好婚姻准备”这一发现虽然会让一些人感到被冒犯，但这是金赛先生的发现，而不是《少女》的发现，所以杂志不用对此负责。[28] 珍妮特，虽然西尔维娅把她写成了个乡巴佬，她本人却总是有点精英主义倾向。她很高兴金赛“研究了不同阶层的女性，而受过教育的人最终占了上风”。另一位客座编辑恰恰为此苦恼不已，她认为：“很多人还是‘不知道这一切是怎么回事’的好……对于劳动阶层和没上过大学的女性来说尤其如此，她们本身已经感受到了自己的弱势，有关性的反馈又会加剧她们的弱势。”（这句话让西里尔·埃布尔斯在空白处打了一个巨大的感叹号——这个感叹号可能来自她作为拉德克利夫毕业生自命不凡的一面，也可能来自她内心左翼同情者的一面。）当然，这个客座编辑说的完全正确，后来有人对金赛进行了更严肃的批评，诟病之一就是他样本组里的对象绝大多数是受过大学教育的白人中产阶级女性。

谈及写作“性”相关内容的影响，劳里·格拉泽可能是客座编辑中最直接的：“这报告相当及时（而性什么时候不是及时的呢？人们应该卸下防备，承认性占据了社会大量的时间，其途径包括电影、广告甚至时尚，比如为了取悦男人而穿衣打扮，等等）。”[29] 的确，金赛的报告将成为 20 世纪 60 年代性革命的重要启动引擎，因为它指出了美国社会的虚伪之处。大家拒绝讨论性，即使男男女女私下里都在充分参与各式各样的性活动。卡罗尔·勒瓦恩是西尔维娅在巴比松最好的朋友，也启发她写出了《钟形罩》中道德感淡漠、性欲旺盛的角色多琳。卡罗尔很高兴看到金赛的报告正在破除“一些旧有迷信”——事实上“正是这么做的时候”。但她的“主要抨击点”却和小说里的多琳完全不同：“难道金赛和文章作者都不能消弭爱和性之间隐晦的区别吗？”[30]

西尔维娅·普拉斯写了最长的报告，整整两页。她总是在 20 世纪 50 年代对女性贞洁的要求和自己的性欲之间摇摆，力求平衡，也总在对这两者进行关照和思考，并强烈感受到这种双重标准带来的刺痛感和负担。[31] 然而，报告中她的态度却出奇平淡。西尔维娅起笔便逐条阐述要在《少女》杂志上刊登这篇文章的原因和方式。她希望这篇述评的作者把所有的主观评论都留到最后，因为“一些读者可能会很严肃认真地对待这些统计数字和其中暗含的对体验性的鼓励，认为其表达的态度是性行为是合理的，也是令人愉快的。而为人父母者可能会反感出现这种解读的风险”。西尔维娅认为，作者已经充分论证了这些统计数据必须“与各个读者个人的道德哲学联系起来”看待的观点。西尔维娅的这篇报告中全然不见她以往日记和信件中表现出的那种坦诚直率，而最终说出西尔维娅·普拉斯当时真实想法的，是《钟形罩》的主人公埃丝特·格林伍德：“女人只能守身如玉，男人却可以过着一面纯洁，一面放荡的双重生活，这样的观念我无法苟同。”[32]

当天晚上，客座编辑们读完金赛的文章并提交了报告，之后 BTB 将相关信息发给了出版商杰拉尔德·史密斯。她写道，抱歉打扰了他的周末，不过很高兴他还没有对“金赛事件”感到厌倦。[33]但到了第二天，负责《少女》商业业务的人听说了相关情况后都很生气，给 BTB 写信说，发表这篇关于金赛报告的述评将导致“雪崩一般的广告撤档和退订。这种东西有引发爆炸性后果的隐患……绝不能出现在《少女》上”[34]。赚钱为上，此后再也没人提过金赛报告。

从这事就能窥见《少女》的概况：充满了矛盾，而且完全被当作了这些矛盾的象征。杂志的员工都是受过高等教育的职业女性，每年 6 月又会请类似的年轻女性来到巴比松，帮忙做一本完全迎合同类读者的杂志，读者们期待的也是综合了时尚、前沿小说、艺术和评论的读物。同时，这本杂志开出的女性气质“处方”，却又与自身的性质截然相反。客座编辑丁妮·莱恩（后来的戴安·约翰逊）指出，*Vogue* 是为成熟女性服务的，而《少女》的目标受众是年轻得多的女性，“然而编辑们强加给我们的……女性形象是多么严格刻板”[35]。她们的确是走钢丝的一代。另一位 1953 届的客座编辑做出了如下阐释：“我们是战后的第一代人，也是避孕药普及前的最后一代人。”[36]

社会规则很明确，期望也很高：女性应该是处女，但不能故作正经；女性应该上大学，追求某种类型的职业，然后放弃它去结婚。最重要的是，生活在这些矛盾中的她们不应该感到困惑、愤怒，或者更糟糕地——感到抑郁。她们不应该吞下一整瓶药去试图忘记这一切。玛丽·坎特韦尔多次见证了未能满足这些期望的后果：卫生间里的啜泣、关于堕胎的传言，以及匆忙前往新泽西州霍博肯市（Hoboken）处理问题的情况。[37]

✦

6 月 26 日星期五，包括西尔维娅在内的大部分 1953 届客座编辑都回家了。西尔维娅并不是唯一因这段经历而感到泄气的人。在经历了麦迪逊大道上令人兴奋的种种后，似乎只有珍妮特·瓦格纳不必为重新适应已经远离的常规生活而烦恼——她已经成为福特公司的签约模特。而对涅瓦·纳尔逊来说，这可能是最艰难的回家之旅。提交对金赛报告和婚前性行为的看法时，她并不清楚这一点。直到回到加利福尼亚州后，在一个公交车站等车时感到恶心反胃，她才有了感觉。涅瓦怀孕了。孩子的父亲是约翰·阿普尔顿，她在圣瑞吉酒店屋顶舞会上的男伴。西尔维娅和卡罗尔到底还是猜对了，涅瓦与约翰·阿普尔顿的关系确实朝着她们怀疑的方向发展了。

之前，约翰·阿普尔顿曾希望涅瓦留在纽约，并请他在斯特里特与史密斯公司的祖父帮她找工作。[38] 这位祖父发现涅瓦没有任何家族背景后如临大敌，假装叫她去面试，却当场付钱请她离开——他结清了她巴比松大饭店的账单（她还住在那里，因为飞机票出了点问题），并请她打道回加利福尼亚州。尽管对方也没付多少钱，她还是按他说的做了，坐上了银色子弹般美丽的列车——加利福尼亚州“微风号”（两年后琼·狄迪恩回家时也坐了这种车）。列车的上层是玻璃观景窗，能提供著名的“穹顶观景”体验。上车时，她带了一鞋盒的午餐肉罐头、煮熟的鸡蛋、面包和耐储藏的蛋黄酱。等最终到达加利福尼亚州奥克兰（Oakland）时，她身无分文，却还需要去圣何塞，于是打电话给母亲的一个酒友，请对方让她留宿一晚，并借钱给她买车票。直到后来，站在圣何塞的一个公交车站，她慢慢感觉自己恶心想吐，才明白发生了什么事。孕期的最后几个月，她一直“躲藏”在只有一张床的 12 美元阁楼房，在一家汉堡店工作维持生计。她遇到了一对愿意提供帮助的夫妇，最终在这对夫妇睡觉的时候，在他们家中的浴室里自己把孩子生了下来。几乎可以肯定，这对夫妇在莫菲特机场（Moffett Airfield）附近空手套了个孩子。在他们将男婴带走之前，涅瓦给他取了一个名字，并写在他的襁褓里。迈克尔·马丁·默菲（Michael Martin Murphey），圣公会教徒。之后人生的大部分时光，涅瓦都保守着这个秘密。

1953 届的客座编辑向杂志读者做自我介绍时都写道，自己渴望成为妻子、母亲（最好生 3 个孩子），同时能保有一份事业。但她们的私房话并非如此。那年 6 月底的一天，劳里·格拉泽和西尔维娅在前者的房间里喝完了一瓶白葡萄酒，一直聊到凌晨时分。[39] 和那些日子通常的谈话一样，这次两人也聊起了未来。她们都发誓不会急着结婚，也许甚至不会结婚。说实话，她们愿意付出任何努力，以避免“在郊区的盒子里”终老的结局。西尔维娅在《钟形罩》中写道：“我知道，不管男人在婚前向女人献上多少玫瑰、热吻与正式晚餐，婚礼仪式结束后，他私心里真正盼望的，只是让女人臣服于脚下，就像威拉德太太[1]厨房的地垫一样服服帖帖。”[40]很难说西尔维娅的这种感觉产生在何时，也许是早在1953年坐在巴比松大饭店劳里的房间里时；也可能是十年后，她已然经历了婚姻，创作这部小说时。

事实是，尽管对自己和彼此都做出了承诺，她们还是很快就结婚了。纽约的短暂时光所代表的雄心壮志已经基本被搁置一旁，因为结婚之后，孩子就来了，而且很快。1956年，西尔维娅嫁给了英国新秀诗人特德·休斯（Ted Hughes）。两人结识于英国剑桥，当时她从史密斯学院毕业，作为富布赖特学者在那里学习。他们将成为英国文学界的一对璧人，而她将在1960年生下第一个孩子。戴安·约翰逊回了家，与她在1953年夏天的订婚对象结了婚。[41]一年后，她生下了一个孩子，之后六年内又生了三个。她生活在“50年代典型的陈腐生活中，这种生活并非她之所愿，只是跌撞误入”。安妮·肖伯嫁给了迪克·施托莱[2]，客座编辑生涯期间，她就和他“钉”在了一起，而后者后来成为《人物》（*People*）杂志的创始编辑之一。那年夏天之后又过了两年，珍妮特·瓦格纳与一位律师结婚了。

---

[1] 威拉德太太（Mrs. Willard）是《钟形罩》中的角色，她捍卫贞洁和传统上女性在家中扮演的角色。——编者注

[2] 即理查德·施托莱（Richard Stolley），迪克（Dick）是其昵称。——编者注

各种压力、双重标准、欲望和禁令，综合起来实在让人难以承受。1953 年初夏，《少女》请来分析 20 位客座编辑笔迹的专家告诉 BTB，这群人中有一个人正处于精神崩溃的边缘。[42] 立即有传言说那是西尔维娅，但其实是她最好的朋友卡罗尔（《钟形罩》中多琳的原型），她刚刚失去了父亲，而编辑们也因此对她敬而远之。但有件事很能说明问题：不少客座编辑听到这个传言时，都担心是自己敲响了这心理健康的警钟。得知不是自己之后，她们都大大松了口气。然而关键在于，她们中的任何一个都有可能遭遇这样的命运。

但最终自杀的，还是西尔维娅·普拉斯。1963 年，30 岁的她刚刚与诗人丈夫特德·休斯分居，住在伦敦的公寓里。一天清晨，她把头伸进烤箱，打开煤气，用湿毛巾封住厨房的门，以保护在不远处熟睡的两个孩子。这是她最后一次尝试自杀，她成功了。第一次尝试是在 1953 年 6 月之后不久，再之后她还曾数次试图自杀。

“这么多年，是西尔维娅救了我，”涅瓦·纳尔逊低声承认，“我不想被称为另一个自杀者。”[43]

✦

西尔维娅在她去世那年出版了《钟形罩》，同年，贝蒂·弗里丹正在写作《女性的奥秘》。这些出版物标志着女权运动已经来到风口浪尖，它将挑战20世纪50年代的核心价值观以及它们对女性的种种围困。弗里丹为那一代走钢丝的美国白人中产阶级妇女发声。她说，尽管她们拥有特权，却也被“无名的难题”所困扰。这个“难题”在充斥着安定药品的郊区上演，那里处处是受过大学教育的女性，她们曾说服自己，一个丈夫和六个孩子就是人生的终极梦想，但后来发现并非如此。

在那之前的几年，BTB已经注意到，一到郊区，就能感受到“一种巨大的同质性似乎笼罩着他们中的大多数人。房屋、汽车和电器千篇一律，逐渐抹杀了个性”[44]。此外，本着睦邻友好的精神，人们强烈地认为每个人都应该随大溜。正如《财富》杂志所写的那样，一对住在郊区的夫妇因羞于让邻居看到空荡荡的客厅，在窗户上涂满了宝纳米家用清洁剂，直到餐桌椅运到。

20世纪50年代，女性的平均结婚年龄已降至20岁。[45]有个女人大概是因自己25岁的年龄和仍然单身的状态感到惊慌失措，“在6个月内做了35份工作，希望找到一个丈夫，最终却都是徒劳”。在属于新潮女郎的20世纪20年代，上大学的女性在全体学生中占比47%；而到20世纪50年代，这个数字下降到35%。[46]到50年代中期，有60%的女性从大学辍学去结婚，或通过保持较低的受教育水平让自己更适合结婚。一旦结了婚，她们如果去工作，目的只会是供丈夫完成本科或研究生学业。社会鼓励女孩在 12 岁时就确定恋爱关系，制造商为 10 岁的女孩生产有衬垫的胸罩。生两个孩子已经不够了，四个、五个，或者六个更好，这样更能赢得赞赏。十个女人中有三个会把自己打造成金发，还有更多女性会“吃一种叫作美特克（Metrecal）的代餐粉，通过减肥拥有年轻模特的纤细身材”。百货公司的报告显示，与 1939 年相比，现在的女性体形小了三到四个尺码。

菲利斯·李·施瓦布，《少女》大学委员会前编辑，那个把乔治·戴维斯误认为门卫的年轻女子，为《纽约时报》写了一篇文章，这篇文章成为弗里丹写作她那部著名作品的基础。1960 年夏天，正好是普拉斯开始创作《钟形罩》时，施瓦布写道：“今年 6 月，校园鸣钟送别学生……10 万名女性将从全国各地的大学毕业。对她们中的大多数人来说，包着缎面的那张文凭预示着她们最终将从象牙塔跌至公园游乐场、自动化厨房、超市和装修好的住房当中。从弗洛伊德（Freud）到弗瑞吉戴尔（Frigidaire）电冰箱，从希腊诗人索福克勒斯（Sophocles）到斯波克（Spock）油烟机，这条道路原来如此颠簸不平。”[47] 全国女子大学的校长们争相解释如下问题：如果女性最适合的角色是妻子和母亲，为什么还需要严格的学术训练，这不是让她们陷入抑郁，需要用一张又一张安定处方来消解压力吗?“一个上过大学的家庭主妇经常感觉自己是个矛盾的精神分裂症患者，原因就在于此，”菲利斯写道，“从前，她探讨音乐是否为凝固的建筑[1]；现在她谈的是食品冷藏[2]计划。她曾写过一篇关于墓园派诗人的论文，现在她只会给送奶工写字条。曾经她会证明硫酸的沸点，现在只有一直拖工期的修理工证明她的沸点。”

西尔维娅·普拉斯也无法逃脱属于她这一代人的命运。曾和琼·狄迪恩同为1955届客座编辑的作家珍妮特·伯罗薇对西尔维娅·普拉斯抱有一种异乎寻常的嫉妒心理。但最终在英国大使馆的一个招待会上见到普拉斯时，珍妮特说她真是个“好得不得了”的人。[48]《少女》之后，珍妮特将在许多方面继续追随西尔维娅的脚步：她也将赢得格拉斯科克诗歌奖（Glascock Prize），然后获得英国剑桥大学的富布赖特奖学金。然而，后来珍妮特回忆起来，觉得自己人生中的“天启时刻”，是她在普拉斯伦敦的家中见证的一幕——当时是1960年，西尔维娅生下女儿弗里达（Frieda）5周后。“我记得特别清楚。我站在那个狭窄厨房的门口与西尔维娅聊天，

[1] “音乐是流动的建筑，建筑是凝固的音乐。”18世纪德国作家、政治家约翰·沃尔夫冈·冯·歌德（Johann Wolfgang von Goethe）曾如此描述他那个时代建筑的结构设计。——编者注

[2] “冷藏”和“凝固”在英语中都是frozen。——编者注

她左手臂弯里抱着弗里达，右手晃动着锅子……你不可能在轻轻摇晃婴儿的同时单手做饭……最后，她把婴儿抱到了客厅，交给特德，手上的动作有点重——可以说是直接硬塞给了他。”[49]

同年晚些时候，西尔维娅写了短篇小说《成功之日》（*A Day of Success*），被特德·休斯贬斥为“为女性杂志写的拼凑之作”[50]。故事的主人公是一位作家和他的妻子。作家成功售出了一个电视剧本，然后去和一个“精干强势的职业女性共进午餐，而妻子则照顾孩子，整整一天都在压抑充满嫉妒情绪的幻想”。后来，已故的西尔维娅·普拉斯成为女权主义的偶像式人物，但在自己所处的时代，她绝不是个叛逆之人。17 岁时，西尔维娅写道，她担心婚姻、孩子和家庭生活会占用她希望为写作保留的宝贵空间，但到了 22 岁，她已经接受事实，与之和解了。在写给小说家兼诗人奥莉芙·希金斯·普劳蒂（Olive Higgins Prouty）的信中，她说自己不再把做学术或闯事业当作归宿，而是憧憬把家庭主妇、母亲和作家的职责默默融合到一起。[51] 甚至在与特德·休斯结婚之前，她就已经接受了这提前规划好的人生。

不过，西尔维娅总在创作一页页的文字，与这命运进行搏斗抗争。与此同时，其他人甚至连质疑也没有。然而，所有人都预感风雨欲来。格蕾丝·凯利和她在巴比松的室友们，西尔维娅和她的同侪们，这两拨人同属一代。一位曾在格蕾丝·凯利盛大皇家婚礼上做过伴娘的女性在回忆往昔时写道："20 世纪 50 年代，女孩子们幻想着自己一生只有一个真命天子，找到他就能从此过上幸福的生活。这种浪漫的想法受到了严峻的考验。在场的伴娘中，只有一位没有辞去工作，相夫教子。20 世纪 60 年代，大环境恶劣，各种价值观遭到强烈质疑，也出现了一些令人震惊的突破。到这时，那些伴娘中只有一位没离过婚，有两位还离过两次婚。她们 50 年代的浪漫想法在 70 年代的女权运动中显得十分勉强。"[52] 西尔维娅·普拉斯和她的室友们也并无不同。作家戴安·约翰逊的婚姻延续到 1965 年。安妮·肖伯与《人物》杂志创始编辑迪克·施托莱的婚姻将在男方的花边新闻面前破裂，即便那时对安妮来说，开始新生活为时已晚。最初，当完美规划的生活开始出现裂痕时，她们很难不把目光投向西尔维娅那看似完美的生活。她有丈夫，有孩子，而且似乎还有作为诗人和作家的事业。

对于那些在巴比松与西尔维娅共度 1953 年夏天的女性来说，西尔维娅多年来成了她们的黏合剂，但也变成她们的沉重负担。即便在西尔维娅结束自己的生命之后，她仍然是她们生命中挥之不去的阴影。而于劳里·格拉泽而言，西尔维娅还活着的时候，这阴影就已经存在了。有一天，她突然在一本国家级的杂志上看到西尔维娅的一首诗。“她远在（迷人的）英国，却还是缠扰着我。我坐在那里读她的诗，自己的公寓里全是尿布和未完成的文学梦想，这多么令人讨厌啊。”[53]西尔维娅自杀后，以及后来1971年《钟形罩》在美国出版后，这种缠扰变得更为频繁。劳里在杂货店排队，拿起一本杂志，就翻到普拉斯“充满紧张情绪的新诗作”，她眼前突然浮现出中央公园的那张大合影，那星星形状的队形和格子呢短裙。[54]她心想：“我发现西尔维娅·普拉斯仍然在星顶，而我仍然在星底。”接着，她提着沉重的杂货袋，向自己的车走去，想着“西尔维娅是否也正缠扰着合照里的其他18位前客座编辑”。困扰劳里的不仅是日常生活的负担，还有她的“默默无闻”。即便在《钟形罩》的书页之间，她也被抹除了，没有出现。“西尔维娅写了DJ事件（但是我的呢？），写了已婚女孩——我们当时都为她感到遗憾——还写了一个好女孩（贝茜是我吗？不是）。那个高个子的乡巴佬，瘦弱，苍白，如同麦秆儿，她经过改造，脱胎换骨，她也不是我。……小说中，20个女孩变成了12个，没有我的身影。”[55]西尔维娅在巴比松最好的朋友和邻居卡罗尔·勒瓦恩则扔掉了她的那本《钟形罩》，因为“又痛苦又尴尬”让她备感愤怒。[56]

珍妮特·伯罗薇推断说，每代人都有代表性的理想伴侣，维多利亚时代是布朗宁夫妇（Brownings），新潮女郎们向往菲茨杰拉德夫妇（Fitzgeralds），20 世纪 50 年代那代人则憧憬休斯夫妇。[57] 西尔维娅是“女权运动初期的受困妻子”，“她没有被认真对待”，她被“别人判定为情绪夸张、歇斯底里，没人倾听她的声音”。客座编辑中有很多事业型女性，她们和西尔维娅一样，曾经梦想达成伟大成就，并为之努力奋斗，为了婚姻、丈夫和孩子而把梦想搁置一旁，到头来却发现自己走到了这带有光环的轨迹的尽头，遭遇的是离婚、抑郁，并再次和西尔维娅一样，怀揣自杀的冲动。这确实是普拉斯给她们留下的长久不散的阴影：她选择了逃避歧途，而 20 世纪 50 年代的其他女性却不得不忍下去。1973 年，劳里・格拉泽写信给涅瓦：“我很好奇当初我们那群人中有多少随了 50 年代的大流……成为妻子、母亲、厨子兼洗碗工……然后又在看《女性的奥秘》时疯狂点头！”[58]

巴比松大饭店也像西尔维娅一样，持续地困扰着 1953 年的客座编辑们。在《钟形罩》中被虚构，也因此永生的，不仅是她们，还有巴比松大饭店（书中的“亚马孙”）。她们全都被捆绑在一起，难解难分。在接下来的几十年里，这一届剩下的客座编辑还会在巴比松聚集三次。第一次是在 1977 年的《少女》客座编辑项目四十周年纪念日上。涅瓦・纳尔逊在爱国主义的驱使下，穿着一件红白蓝三色条纹的涤纶连衣裙进入了巴比松大堂。[59]杂志社在通向夹层的楼梯边挂了过去那些著名客座编辑的大幅照片，供来往的人观看。上到夹层，就会看到已经退休的BTB正坐在靠背长椅上威势十足地主持大局。涅瓦选择的涤纶材质爱国主义服装让她感到自己格格不入，直到伊迪·洛克——犹太难民出身的前时尚编辑，现任《少女》主编开口，她才放松下来。伊迪称赞了她的白色手包，涅瓦至少选对了这么一件时尚单品。等每个人手上都有了一杯酒，1977届的客座编辑出现在巴比松大饭店的主厅，随后被逐一介绍。大家在夹层上俯视着她们，热烈鼓掌。

新的客座编辑们与1953年的西尔维娅、涅瓦、珍妮特、劳里等人没什么相似之处。这一届的名额又变回最初的14人，而不是20人，其中3人还是男性。1972年，在工作机会要男女平等的压力下，伊迪·洛克同意向男性开放客座编辑参赛资格（尽管找到愿意参赛的男性是另一回事）。[60]女性客座编辑们对这种追求平等的姿态并不感冒，说来也讽刺，促成这种局面的正是日益兴盛的女权运动。一位1972年的客座编辑，拉德克利夫学院的学生如此问道："女性要在男性杂志社获得较高职位都很困难，那么为什么女性杂志社的董事会还要给男人留出一席之地？"[61]11位女客座编辑仍然住在巴比松大饭店，而3位被禁止进入该女子酒店的男客座编辑在第42街的都铎酒店（Tudor Hotel）开了房间。[62]在《少女》

编辑部，他们不再向西里尔·埃布尔斯报告，而是向新任执行主编玛丽·坎特韦尔报告。1953 届客座编辑劳里·格拉泽很高兴能暂时离开家，她在巴比松大饭店订了个房间，狂欢了一整夜。[63]

1979 年，涅瓦等人再次走进巴比松，这次是为了宣传一部关于西尔维娅·普拉斯的新电影。一位负责迎接大家的年轻女子惊呼道："你们是 1953 届的编辑！"[64] 弄得她们感觉自己是"泰坦尼克号"的幸存者。她们接过对方递来的厚重文件夹，里面有新闻稿和一本平装版的《钟形罩》，就好像她们中还有谁没有这本书似的。现场处处摆满了玫瑰花，致敬西尔维娅在拍摄杂志照片时手中拿着的那枝著名的玫瑰。拍那张照片之前，她刚被 BTB 训斥过，痛哭了一场。过去的客座编辑们相互交谈着，至少有两个人承认她们还保留着拍星形大合照时那件可怕的短裙。西尔维娅·普拉斯的电影正在进行现场宣传，她们看得相当不是滋味，不愿意再进行相关讨论。《钟形罩》已然败坏了她们共度夏天的相关回忆，现在又来这么一出：在这部电影中，她们都像秘密的女同性恋，反正至少在她们自己看来是这样。[65] 安妮·肖伯已经习惯了围绕西尔维娅展开的那种猜测，"西尔维娅大狂热开始"的时候，她和丈夫住在英国。回想起来，安妮将西尔维娅崩溃的主要原因归为《少女》杂志以及她们在编辑配对时的"乱点鸳鸯谱”。[66]安妮毕业于新闻专业，本想抓住机会成为客座主编，却被派去做购物编辑的跟班，这是她完全不愿意充当的角色。而西尔维娅则被迫做那种细节导向的工作，她的艺术气质与之根本不适配，打字技巧更是不适合这个职位。

1953届客座编辑的最后一次巴比松重聚是在2003年——这次她们为自己而庆祝，与《少女》的客座编辑大赛或西尔维娅无关。已经改名为“梅尔罗斯”（Melrose）的酒店里来了8个人，还来了些别的前任编辑。曾在《少女》大学委员会编辑部工作过的吉吉·马里恩（Gigi Marion）回忆，她曾到史密斯学院与西尔维娅聊天，看她是否适合这份工作。那天的下午茶之后，西尔维娅给母亲写信说，不确信自己能得到一个名额，其他参赛者比她想象中的更优秀。马里恩对她们那次会面有不同的看法。她当场就觉得西尔维娅会很出色，但她“略有些担心自己能否适应环境。她的行为几乎是一种表演，这让我觉得稍微有点问题。要是换一天来，你很可能发现她完全不同的个性”。当时已经怀孕的大学委员会编辑玛丽贝斯·里特尔只记得“她有一种很蓬勃的活力”，但又补充说，当时很多人同样拥有这种活力。伊迪·洛克也表达过同样的看法：她们都一样。从很多方面来讲，她们是一代人，是同一种类型的女孩。

西尔维娅已经被凝固在时间长河中，拥有不朽的金发与鲜红的唇色。然而，其他人却并非如此。劳里·格拉泽对自己尚未写出小说表示遗憾，同届的另一位客座编辑试图安慰她，对她说："还有时间。""时光飞逝啊，亲爱的。"劳里如此答道。[67] 这次重聚之后，一位客座编辑给其他人写信："如果不是西尔维娅把头塞进烤箱，就不会有这次重聚。你们是否和我一样对此觉得不太愉快？"[68] 改名为戴安·约翰逊的丁妮·莱恩指出，那个夏天如今还活着的 19 人被称为"幸存者"，"这也许暗示了一种对生活微弱的怀疑、傲气和略微不恰当的韧性"[69]。

这是她们最后一次聚集在巴比松。8 个"幸存者"坐在酒店的露台上。曾经，西尔维娅在巴比松游泳池里游完泳后，心情特别低落，就是来这里躺下的。她们面对夕阳，目光闪烁，追忆着那个时代和那时的纽约，那个既是最好也是最坏的时空，早已成了过眼云烟。

第九章　一个时代的终结

——从女子酒店到富豪公寓

这家酒店的很多故事发生在巴比松咖啡馆。作家塞林格就是在这里流连忘返，与酒店的年轻住客搭讪的。在罗森伯格夫妇被处决的那个早晨，西尔维娅·普拉斯就坐在这里喝咖啡，为全世界对此事的漠不关心感到愤怒。1964 年，模特阿斯特丽德·希伦（Astrid Heeren）在这里拍照，道具是咖啡和香烟——模特们的“主食”

讽刺的是，正是20世纪60年代女权运动的爆发为巴比松敲响了丧钟。这座公寓式酒店建于20世纪20年代，承诺帮助女性独立，培养她们的艺术才华，鼓励她们实现全方位的抱负，但酒店本身也成为同一目标的牺牲品。这场运动将对女性与男性分开居住的必要性提出疑问：在一个没有男人的环境中帮助女性成长和独立，在男人禁入的区域中保护她们，将她们隔绝于外面的世界及其性别差异的现实，这几点之间的界限在哪里?

变革呈现风雨欲来之势。1959年9月，《少女》编辑部联系了住在纽约字母城（Alphabet City）东二街170号的“垮掉的一代”诗人艾伦·金斯伯格（Allen Ginsberg）。为了展现“新十年开始的姿态”，《少女》编辑接触了一些“年轻的创作者”，他们在过去几年里“对根深蒂固的观念表达了强烈抗议”[1]。编辑们想请金斯伯格等人为1960年1月刊创作一篇作品。最终形成的组稿便是《7个年轻的声音对60年代说》，文章以一段编者按开头：“无论人们怎样看待他们，如果有更多这样的声音大声表达，充满生机，特立独行，我们当然便可带着乐观愉快的好奇心期待这十年。”1960年1月刊引起了巨大的轰动，杰克·凯鲁亚克的女友乔伊斯·约翰逊[1]声称，《少女》杂志为“数千名14至25岁的年轻女性”呈上了一张“革命的地图”[2]。这本杂志一如既往地具有前瞻性，预见了只不过初露端倪的变革。

接下来的2月，北卡罗来纳州格林斯伯勒市（Greensboro）发生了一起著名事件：4名非裔美国大学生坐在伍尔沃斯商店（Woolworth）专为白人准备的午餐柜台前，拒绝离开。11月，年轻的约翰·F.肯尼迪当选为总统，并在1961年正式就职时向美国人发出挑战：“不要问国家能为你做什么，而要问你能为国家做什么。”女性纷纷加入民权运动和反战运动，然而，她们往往发现自己在运动中的职责就是煮咖啡，好让男人们去“搞政治”。一场女权运动慢慢开始与那无数杯咖啡一起渗透其中。

1961年，避孕药问世。后来的事实证明，它对性关系和性别平等产生了革命性的影响，但这影响无论如何都不算立竿见影。当时，要想得到避孕药的处方，你仍然必须结婚，或者假装结婚。朱迪思·英尼斯（Judith Innes）——拉德克利夫学院毕业生，巴比松住客——靠撒谎成功得到了这

---

[1] 杰克·凯鲁亚克（Jack Kerouac）和乔伊斯·约翰逊（Joyce Johnson）均是美国作家，同属“垮掉的一代”。——译者注

种药，但这几乎不能算防护到位。[3]西尔维娅·普拉斯和同伴们的性欲曾被各种观念引导和控制，而这些观念仍然根深蒂固：社会先入为主地认为男人就应该有性欲，因此他们无可指摘。责任就这样以各种方式全部落在了女人身上。男人会兴奋起念，女人则必须尽最大努力防止这种情况发生，如果没能阻止，就得为他纾解“痛苦”。某位同学或朋友不小心单独和某个男人困在幽暗的房间里，对方会把她推倒在桌子上——这是女性司空见惯的事情。蒂比·海德莉——希区柯克惊悚片《群鸟》（*The Birds*）中耀眼迷人的金发明星——14 岁时被明尼苏达的唐纳森百货公司（Donaldson's）发掘。[4]20 岁生日那天，她飞到纽约，住进了巴比松，并与艾琳·福特签约。在兜售减肥饮料塞戈（Sego）时，体重约 45 千克的蒂比被希区柯克发现，他喜欢选相对不知名的人来扮演主角，部分原因是折磨她们要更容易些。第一次现场拍摄结束后，蒂比已经确凿无疑地明白了这一点，她看着镜子里的自己：希区柯克为这部电影订购的乌鸦和喜鹊啄破了她的脸颊，伤口就在眼睛旁边。但即便不是希区柯克，当时的其他男性也能拥有这种掌控女性的力量。

因此，巴比松仍然是女性的安全区，也很有存在的必要，即便世界正在发生肉眼可见的变化。新秀作家琼·盖奇（Joan Gage）于 1961 年来到这里，脸色灰白，瘦弱憔悴，她刚刚在香烟、咖啡、玛氏巧克力棒（Mars bars）和“迪西卷”（右旋安非他命）的帮助下勉强熬过了大学期末考试。[5]“迪西卷”是当时流行的非处方减肥药，但摄入这些毒素是值得的。她成功来到了纽约，这座城市将彻底改变她。来自中西部的琼在太阳之家餐厅（La Fonda del Sol）误饮了开胃鲜虾杯[1]，但也在著名诗人迪伦·托马斯最爱光顾的白马酒馆（White Horse Tavern）第一次结识了一位共产党员，甚至学会了吃菜蓟。[6]她喜欢穿宽松的休闲长裤，大多数年轻女性已经不觉得这有什么问题了，不过巴比松前台的“时尚警察”对此不可容忍。她穿着休闲裤，想要轻快地穿过大厅，从电梯走出正门时，她们命令她立刻回房，以免玷污酒店声誉。

1962年，引发巨大争议的《性与单身女郎》（*Sex and the Single Girl*）出版。这本书和《少女》1960年的1月刊一样，传递了时代精神。在升任《时尚》（*Cosmopolitan*）杂志主编之前，撰稿人海伦·格莉·布朗（Helen Gurley Brown）就因这本剑走偏锋的自助主题激进书籍而出名，她在书中呼吁开展性革命，建议女性果断做出激进的决定，很晚再结婚（就像她自己一样）。“我认为婚姻是你一生中最糟糕岁月的保

[1] 开胃鲜虾杯（Shrimp Cocktail）是一道海鲜菜肴，由去壳的熟虾加玛丽玫瑰酱或鸡尾酒酱制成，盛在玻璃杯中。——编者注

险，”布朗这样写道，“在最好的时候，你不需要丈夫。当然，你确实需要男人……但如果一打一打地找，通常需要的情感成本更低，而且更有意思。”[7] 她列举了20世纪50年代女性进入婚姻的普遍后果，并补充说：“这不是很愚蠢吗？男人可以在50岁时离开女人（尽管他可能会因此损失一些钱财），笃定得就像把盘子扔在水槽里一样。”好莱坞明星琼·克劳馥和滑稽剧演员吉普赛·罗斯·李两个看似没什么交集的人都对这本书表示了支持。该著作改变了社会讨论话题的风向，或者说迫使全美开始讨论相关话题，一如1953年金赛报告系列的《女性性行为》。

话虽如此，海伦·格莉·布朗仍然受到20世纪50年代价值体系的强烈影响。她严厉地说，女人应该不惜一切来获得美貌：高蛋白饮食、购买衣服而非食物、鼻子整形、假发、巧妙的妆容。[8] 你周围的环境也是个人形象的重要分支，不容忽视。要想高效地诱惑男人，单身女孩得在自己的公寓里为他准备一台好电视（但不能太大，否则会占用你和他在一起的时间）、一个白兰地专用酒杯（里面要别出心裁地装满香烟）、性感的靠垫和一个储备充足的酒柜。但也要严格讲究投资回报率：你的王子喝下的任何一瓶酒，都应该由他来替换；他在餐厅请你吃20顿晚餐，才能换来你为他做一餐家常饭。这些建议问题多多，一团乱麻，但其中有一条是巴比松的年轻女性早就明白的道理：单身女性必须能够养活自己。只有经济自由了，才能追求性自由。新潮女郎们深谙此理，吉布斯女孩们深谙此理，鲍尔斯模特们也深谙此理。

海伦·格莉·布朗的一些建议，比如过夜的约会对象可以在次日早上于床上享用早餐，最好有一杯半蛤蜊半番茄汁，外加一块柠檬、一份令人惊喜的煎蛋卷、烤面包和咖啡，准确来说，这些建议并不算是她的首创。只不过已经有几十年没人如此公开地挑明了。小说家玛丽·麦卡锡（Mary McCarthy）在她 20 世纪 30 年代的作品中提到了“老处女”（布朗所说的“单身女孩”）：“在一场性冒险后的第二天早上，她的床总会被整理好……西勒克斯（Silex）咖啡机准备好了两人份的咖啡，吐司片从电烤面包机里蹦出来。”[9] 与这类建议同样具有“返祖”性质的，是布朗对女性抱负的再发现。布朗告诉她的年轻读者，每天都要穿干净的内衣，家里要混合各种风格和时期的家具，要追求华丽精致，不要再“做一条懒虫”，要走出去大胆追寻。琼·狄迪恩追踪报道了布朗的洛杉矶售书之旅，并在《周六晚邮报》上发表了相关文章。她在文中指出，布朗的战斗口号是“早已过时的抱负，已经越来越不常见了，她的年轻读者们只有在琼·克劳馥早期的电影中才能看到类似的东西”[10]。换句话说，20 世纪 50 年代对女性性欲和抱负的压抑之深，使得海伦·格莉·布朗的倒退都算是革命了。

1963 年，即《性与单身女郎》上市一年后，贝蒂·弗里丹出版了《女性的奥秘》。虽然两位作者在女性解放的定义上存在分歧，但两人都明白，没有独立生活的女性会遭受各种各样的痛苦。贝蒂·弗里丹写道，社会教给女性“如何抓住一个男人并留住他”，同时又教导大家“怜悯那些想成为诗人、物理学家或总统的女人，她们神经质、没有女人味、不幸福”。弗里丹说得对。BTB 主持过多次市场调查，在 1956 年的一次调查中，拉德克利夫学院的一名学生将她已然烂熟于心的“真言”倒背如流：“我们要将自己奉献给婚姻和家庭——这是培养稳定个人和稳定社会的根基。”[11] 在这个国家最具竞争力的大学之中，一位年轻女性发表了这一宣言，此时距离 1938 年《少女》针对所有新女性劳动力发行第一期职业专刊，已经过去了将近二十年。这就仿佛有一场全国性的洗脑活动持续了近二十年。

海伦·格莉·布朗通过提倡晚婚和有趣的性爱为自己博得名利，而让弗里丹引起轰动的，则是她指出如今女性问自己最紧迫的问题，也是最被社会谴责的问题是：“这就是全部吗？”[12] 三年前的 1960 年，珍妮特·伯罗薇在西尔维娅伦敦的家中目睹她将新生儿“硬塞”给丈夫特德·休斯，珍妮特很理解那个肢体动作的含义，而“这就是全部吗？”恰是这一动作的口头表述。这不是在表达母性，而是在控诉不公平的待遇、破灭的希望与消散的梦想。

数十年来，如果你是西尔维娅那一类的女性，会问自己“这就是全部吗？”，那么巴比松就是你该去的地方。从1928年开业到20世纪60年代中期，已有超过35万名女性入住巴比松。其中一半以上的人是因为酒店在她们美国小镇家乡的口碑而来，其余的人则是被酒店的平面广告所吸引。那些广告展示了一个每个人都永远年轻的世界，这个世界位于一个远看上去十分可怕的城市，身在这个世界中，你将被朋友环绕。电视剧《霹雳娇娃》（*Charlie's Angels*）的主演之一杰奎琳·史密斯［那时她还叫艾伦·史密斯（Ellen Smith）］于1966年从得克萨斯州来到巴比松，在卡内基音乐厅（Carnegie Hall）61号工作室学习芭蕾舞。[13] 和许多巴比松住客一样，杰奎琳花了数月时间做父母的工作，才终于被允许离开家乡，还必须承诺永远不会坐地铁（她也的确没坐过）。在穿着休闲裤的琼·盖奇被勒令回房间的五年后，巴比松仍然“非常得体”：高跟鞋是着装规范之一，休闲裤仍然遭到禁止。房间里依然摆着“像婴儿床一样”的小床，铺着不变的蓝色花朵床罩，挂着配套的窗帘。但杰奎琳是个小镇女孩，就像酒店里的许多住客一样。对于那些还在广告宣传中被称为适合酒店住客的过时生活，她并不介意。在她眼里，巴比松咖啡馆很不错，她还有很多朋友。她常与模特德欧·哈顿（Dayle Haddon）和舞蹈家玛戈·萨平顿（Margo Sappington）厮混。夏日时节，她们都会去屋顶晒日光浴。对杰奎琳来说，这家酒店代表着“一个充满规则和期待的时代”，这很适合她。入住的那两年里，酒店和纽约让她拥有了一种“情感上的独立”，这将在未来的岁月里成为她得以立足的支柱。这是一种自我保护的能力，不仅是经济保护，更是情感保护。从很大程度上说，这也是海伦·格莉·布朗和贝蒂·弗里丹努力想传达给数百万读者的观点。

的确，尽管大环境正在发生变化，一切“女性专属”的东西都渐渐变得过时，有人还有意回避这样的提法，巴比松却仍在推广那种“来到纽约脱胎换骨”的故事。酒店对此引以为荣，且一直积极通过广告和杂志的吹捧性文章进行相关宣传。例如，来自密歇根的达娜（Dana），一位有着“明亮美目”的舞蹈演员，她在茱莉亚学院（Juilliard School）排练完舞蹈后回到巴比松，中途在咖啡店停留，仍然穿着紧身舞蹈服。[14]作曲家吉安·卡洛·梅诺蒂（Gian Carlo Menotti）的工作室就在两个街区之外，他喜欢在巴比松咖啡馆消磨茶歇时间。他叫来熟知每位住客职业与志向的服务员，询问达娜的情况。随后，梅诺蒂在餐巾纸上草草写了留言，托服务员转交给达娜："如果你有兴趣参加意大利的斯波莱托艺术节（Spoleto Festival），请拨打这个电话。"达娜照做了——一位消息灵通的朋友一听她说完留言的事，就立刻把她带到了最近的电话亭。后来在经典电视连续剧《家有八子》（*Eight Is Enough*）中扮演继母的贝蒂·巴克利（Betty Buckley），从得克萨斯到达中央车站，登记入住巴比松，15 分钟后就出门去探索这座城市了。[15] 就在那天，她碰巧走进了百老汇音乐剧《1776》最终试演的排练厅，便排队等着上台，想着既然自己经常在得克萨斯的一家游乐场一天唱 14 场，每周挣 75 美元，那眼前这个场面也能应付。最终她得到了一个角色，在一天之内就实现了"中央车站—巴比松—百老汇"的跨越。同年，著名女演员丽莎·明内利同母异父的妹妹、17 岁的高中肄业生罗娜·卢夫特（Lorna Luft）也来到了巴比松，一如她姐姐多年前在母亲朱迪·嘉兰的坚持下入住巴比松。[16] 几个星期后，她也在百老汇的音乐剧版《洛丽塔》（*Lolita*）中获得了一个角色。

✦

不断有年轻女性入住巴比松，但以此为家的并非只有这一类住客。到 20 世纪 60 年代，在酒店里容身的女性可谓越来越五花八门。《周六晚邮报》在 1963 年发文写道，“今年的住客中有一群数量可观的七十多岁老贵族，还有一位已经年届八十；有一位《花花公子》兔女郎，一位纽约州公职的常年候选人，一位替身演员，一位兼职卖香港二手杂货的模特，一位贵妇人——自 1935 年以来每晚都在巴比松的夹层演奏管风琴，还有很时髦的营销专业学生，单凭她的名字就足以令人难忘——格林斯利特女士（Lady Greenslit）”[17]。常年竞选纽约州公职的是图书编辑爱丽丝·萨克斯（Alice Sachs），她其实是在巴比松住得最久的客人，别人还穿着晚礼服在露台上用餐时，她就搬进了这家酒店。上东区是共和党的大本营，而她是一名坚定的民主党人，却仍然坚持参选，有一次她还邀请当地的中餐馆分发特制的幸运饼干，鼓励顾客为她投票。

贝齐·约翰逊后来成为著名时装设计师，她设计的服装让人感觉把幻梦穿在了身上。1964 年，她作为《少女》的客座编辑住在巴比松。[18] 她被分配到杂志的布料库，当时所有时尚杂志都有这么个库房，一间存放数千件布料的编目室。库房主管 D.J. 怀特（D. J. White）休产假去了，杂志请贝齐·约翰逊留任。她拿过那些没人用的布料，开始为自己设计衣服：T 恤衫、T 恤裙、手工钩编面料和天鹅绒。她想着每个在《少女》《魅力》[1]《新娘》以及*Vogue*杂志上班的人，说到底都得去上卫生间，于是就把这些衣服拿去康泰纳仕出版集团[2]的卫生间卖，最终全部脱销。她还很聪明地在卫生间留下了一本自己设计的衣服的目录册。

杰奎琳·史密斯的朋友梅洛迪（Melodee）经常去6层看她。梅洛迪就是巴比松专门吸引的那种年轻女性：小镇女孩，自问过弗里丹的那个重要问题“这就是全部吗？”。像梅洛迪这样的年轻女性，如果没法靠唱歌、跳舞、表演或做模特离开美国小镇，就会靠打字闯出一片天。梅洛迪把未婚夫留在佛罗里达，去了纽约的秘书学校。母亲陪着她去了巴比松大饭店，这起到了积极的作用，因为初秋巴比松的入住申请尤其多，大约一千份，最多只有一半的申请者能得到房间。母亲在酒店为她办登记入住时，梅洛迪和另外两个也是刚到酒店的年轻女子合谋了一个计划：披头士乐队（The Beatles）会在当天到达阿斯特酒店，她们要去看他们一眼。母亲们都

[1] 此处的《魅力》杂志指*Glamour*，1939年创刊，斯特里特与史密斯公司旗下的《魅力》（*Charm*）于1959年与*Glamour*合并。本书其他地方出现的《魅力》杂志均指*Charm*。——编者注

[2] 康泰纳仕（Condé Nast），美国国际期刊出版集团，1939年创立《好莱坞魅力》（*Glamour of Hollywood*）杂志，后该杂志更名为《魅力》（*Glamour*）。康泰纳仕还曾于1909年收购*Vogue*，于1959年收购《少女》《新娘》。——编者注

离开后，这三个年轻女子迅速安顿收拾好，然后跑到阿斯特，成为数千名尖叫粉丝中的一分子。披头士乐队并未现身，但这件事确实让她们在纽约的第一天永生难忘。[就在同一天，取代乔治·戴维斯在《少女》的职位，一直紧跟文化脉搏的里奥·勒曼（Leo Lerman）对他的助手，多年后被奥普拉任命为《O 杂志》主编的艾米·格罗斯（Amy Gross）宣布："4 月刊要做一个来自英国的男子乐队，披头士。"艾米看着里奥，"这个兼有犹太拉比和奥斯卡·王尔德神韵的男人"。她崇拜他，也总是很信任他对文化风向的感觉，但当时她心想，取了"披头士"这样的名字，乐队注定要失败。][19]

入住巴比松数日后，梅洛迪发现了马拉奇酒吧。[20]她告诉酒店的新朋友们，这家酒吧虽然朴实无华，却是一家真正的单身酒吧。纽约展示了这么多可能性，梅洛迪很快就解除了佛罗里达的婚约，开始约会，并很快学会了如何最保险地对冲风险。一整套体系形成了：她会做好准备，等待约会对象从巴比松大堂打来电话，请一个朋友接电话，说梅洛迪不在，要出去一会儿。而梅洛迪则冲到夹层去看是谁在大堂打电话。如果看着觉得不错，她会跑回去拿上包。如果不喜欢，她要么躲在房间里，要么从咖啡馆的出口溜出巴比松。

上完秘书课程后，梅洛迪在一家广告公司找到了工作。每天早上，她都会穿着符合60年代时尚的全套服装到达公司：迷你裙、“穷小子”针织衫、玛丽珍鞋——还要贴上假睫毛。[21]但是，尽管20世纪50年代流行的束腰和有夸张衬裙的短裙一去不返，时尚已经发生了根本性的变化，但这并不意味着其他一切也随之改变了。她在达彼思广告公司（Ted Bates）上班的第一天，两个客户经理把钱扔在她的桌子上，让她去给他们买烟。第一次，她去了。第二次，她拒绝了。她的拒绝是一种小小的姿态，涓滴成河，将引向巨大的变化。1960年1月的《少女》，就向读者展示了通向这种变化的一种参考路线。私人问题正在变成政治问题，而对梅洛迪来说，扔钱的行为是对她非常私人的一种冒犯。

然而，肤色不同，也会导致变化进展的速度不同。1956年，艺术家兼《少女》客座编辑芭芭拉·蔡斯住在巴比松时，充当了一位先驱，她很可能是第一位这样做的黑人女性，但十多年后，情况几乎没有改变。后来在著名喜剧《考斯比一家》（*The Cosby Show*）中扮演赫克斯特布尔夫人（Mrs. Huxtable）的演员菲莉西亚·拉沙德（Phylicia Rashad），在16岁即1968年来到巴比松，到久负盛名的“黑人剧团”（Negro Ensemble Company）进行暑期演出。[22]作为酒店为数不多的非裔美国住客之一，她最初入住的蓝色房间，太大太贵了，没有必要，所以她换到了黄色的房间，就是西尔维娅·普拉斯住过的那种，有标志性的印花床罩和配套的窗帘，还有一间公共浴室。纽约的艺术界充满活力，菲莉西亚因此激动不已，但至于种族问题，“就是感觉生活在美国”。言下之意是，无论走到哪里，她周围都是种族隔离问题和白人，尤其是在位于纽约上东区的巴比松。20 世纪 60 年代这十年充满了各种疑问，人们的价值观在缓慢转变，70 年代则会成为“迪斯科的十年”，真正的变化将逐渐显现。讽刺的是，这对巴比松来说并不是一个好兆头。

✦

1970 年 8 月 26 日，海伦·格莉·布朗和贝蒂·弗里丹一起在第五大道游行。[23] 上镜的格洛丽亚·斯泰纳姆（Gloria Steinem）也加入了她们的行列，她是《女士》（*Ms.*）杂志的联合创始人之一，1963 年曾扮作《花花公子》的兔女郎进行暗中调查，揭露了该组织内部的性别歧视和种族歧视现象，同时指出其实所有女性都被惯常地当作兔女郎对待。一万名女性，年轻一些的穿着牛仔裤和 T 恤，年长点的穿着夏季印花连衣裙，她们与这三位女权主义偶像一起游行。这就是“争取女性平等的罢工”（Women's Strike for Equality），目的是庆祝 1920 年《宪法》第十九条修正案通过五十周年，正是通过该修正案，女性获得了投票权，这也是 20 世纪 20 年代多家女子酒店建成的推动力。布朗、弗里丹和斯泰纳姆与一群资深的妇女参政论者手挽着手，随着旁观者纷纷加入，游行队伍逐渐壮大，一些游行者高举标语，上面写着："罢工正当时，不要熨衣服！""我不是芭比娃娃！"男人们站在纽约的人行道上旁观，其中一些对此提出了激烈质问，有一个男人身穿胸罩站在第 45 街，还有些则在她们沿第 50 街游行时，朝着队伍大喊："没穿胸罩的叛徒！"[24]

这是一个新时代的开始，而在《少女》，标志这一开始的，是旧时代的结束。主编 BTB 即将卸任。[25] 抽了一辈子烟的她，现在的咳嗽声简直震耳欲聋。即将到来的客座编辑被告知，要假装听不到这货运列车经过一般的声音，尽管 BTB 爱说她就是要用这种方式宣布自己的到来。如今，很多员工都称她为"母亲"，但她依然与时俱进，坚持《少女》要引领创造很多开拓性的"第一"。就在前一年，她"首次同意了在纸质版杂志上出现那个四字母单词"[1]。在写给杂志读者的临别"编辑备忘录"中，她记录了自己从 1935 年到现在的经历："尼龙和电视；拉链、喷气机和免烫织物；戴夸

[1] 即"fuck"。

张的假发彰显存在感……‘黑就是美’[1]校园革命、女性解放运动……这一切都经历了诞生和发展。这个时代给我们带来了全新的词汇：联合国和嗜酒者互诫协会，高速公路和嬉皮士，圆珠笔和披头士，消费主义和公社，还有摇滚乐、雾霾、试管婴儿，以及有关种族的一切。在时尚界，裤装已经成为女性的主要穿着——一直到20世纪40年代，这还是无法预见的情况；超短裙、比基尼、连体紧身内衣、热裤也是如此。”26

对她的送别持续了很长时间，各种各样的荣誉晚宴，很多人送出了代表自己心意的礼物，其中包括演员、前客座编辑艾丽·麦古奥（也曾是格洛丽亚·斯泰纳姆的室友）献上的春花，她感谢贝茜让她登上1958年8月号的大学专刊封面，为她的事业点燃了第一把火。继斯特里特与史密斯公司之后负责发行《少女》的康泰纳仕出版集团在圣瑞吉酒店的屋顶上为她举办了派对，派对名为“蛋糕上的樱桃”[2]（主题色当然是粉色），所有物件都装饰了粉玫瑰。即便周围的人纷纷送上美好的祝福，BTB肯定也有那么一刻，站定沉思，

[1] 原文为Black is beautiful，指20世纪60年代非裔美国人在美国发起的文化运动。——编者注

[2] 原文为the cherry on the cake，除了可直译为“蛋糕上的樱桃”，还有类似于“锦上添花”之意。——译者注

回忆从1937年开始每年6月在同一个屋顶上举办的客座编辑舞会。但她明白新时代已经到了：伊迪·洛克将成为《少女》的新主编，摈弃BTB标志性的帽子、香烟和苏格兰威士忌。

但这并非每个人的新开始，巴比松已是强弩之末。这座为20世纪20年代的新女性建造的公寓酒店，如今的吸引力已大不如前。想找丈夫的女性会觉得，在这里都见不到男人，一位前住客抱怨道："凡是有兴趣结识男人、拥有自己生活的女孩，我真看不出她们有什么理由选择住在那样一个地方。约个会，没法把人带上楼——在门口就把男孩们扔下了。"[27]和以往无数年轻女性一样，如今还有很多人来到这座城市，想要追求最原汁原味的纽约体验，而对她们来说，如今的巴比松有了一种枯燥古板的感觉，具体的表现就是那些年纪较长的住客，即"那些女人"（年轻住客一直这样称呼她们）。曾经，巴比松的文化活动丰富多彩，有音乐会、吟诵会和戏剧表演，现在只剩下夹层的一台电视机。在"大堂上方都铎时代的黑暗洞穴"中，免费下午茶还在继续，但现在几乎没人愿意出现了。[28]来的人大多是上了年纪的女性，围在也是她们中一员的安妮·吉伦夫人（Mrs. Anne Gillen）身边。下午5点到6点，这位夫人会在酒店演奏管风琴，身戴珍珠饰品，头顶药盒帽。年纪轻一些，无别处可去的住客们则聚集在酒店的社交主管身旁。主管觉得和她们玩列举马种的游戏很有趣。这个时期对很多人来说都混乱迷茫，巴比松也是如此。到 20 世纪 70 年代，酒店最终变得彻底黯淡无光。海伦·格莉·布朗的单身女孩们都聚在 54 俱乐部（Studio 54），而非巴比松。

贝蒂·弗里丹、海伦·格莉·布朗和格洛丽亚·斯泰纳姆在第五大道上游行，她们手挽着手展现姐妹情谊，要求性别平权。然而，性别歧视实际上是巴比松使命的核心理念。这是一座严格的女性专用公寓式酒店，有意将男性排除在外。因此，巴比松竟然与纽约大都会棒球队（New York Mets）和包厘街[1]上的一众酒店结成了令人意想不到的合作伙伴，联合向人权委员会（Commission on Human Rights）上诉，要求豁免于新的性别平等强制性要求。大都会队希望继续每年选八个周六举办“女士之夜”，各家酒店认为包厘街上的单间宿舍旅馆对女性来说太危险，巴比松则希望继续做“女性之家”[29]。

如果巴比松要继续充当避难所，就得坚持仅接收女性的原则，这是有道理的正当主张，巴比松也请愿成功，获得许

[1]　包厘街（Bowery）是纽约下东区一条历史悠久的街道，曾因遍布酒徒和醉鬼而闻名。——译者注

可，继续履行其作为女性公寓式酒店的使命。但这一胜利很快就被另一种现实蒙上了阴影：入住率直线下降。1969 到 1970 年的经济衰退自然对现状毫无助益，但真正致命的一击是 1972 年凯蒂·吉布斯的离开，这意味着整整三层楼的 200 个房间都被清空了。然而，即便酒店的入住率下降到 40% 至 50%，前台工作人员仍不愿改变“老一套”：她们总是忙不迭地赶走那些胆敢在没有推荐信还前来要求住店，且穿着古驰（Gucci）的女性。而穿古驰的女性们竟然还愿意在此露面，这本身就令人惊讶：这家越来越破败的酒店已是老态毕现。

雪上加霜的是，20 世纪 70 年代，纽约这座城市本身也濒临破产。听了时任国防部长唐纳德·拉姆斯菲尔德（Donald Rumsfeld）和美联储主席艾伦·格林斯潘（Alan Greenspan）在耳边的“吹风”，时任总统杰拉尔德·福特（Gerald Ford）宣布“政府不会提供紧急救助，纽约去死吧”——这话刊登在《每日新闻》（*Daily News*）的头版，尽人皆知。就连这座城市的警察也在分发名为《欢迎来到恐惧之城》的旅游小册子，上面画着一个戴着兜帽的骷髅头像，并附有如何活着走出这座城市的指南。[30] 恰在此时，琼·费尔（Joan Faier）与巴比松偶遇了。她眼前的悲惨景象正是整个纽约市的缩影：“灯光昏暗的走廊，笨重的红木家具，夹层繁复的水晶吊灯附近，天蓝色油漆之中破了个大洞。”[31] 她的房间有一扇窗户，固定在床上方，如今已经过时的收音机被漆成了胃药包装那种可怕的粉色[1]。另一位住客声称这家酒店让她想起郝薇香小姐（Miss Havisham）——查尔斯·狄更斯（Charles Dickens）小说《远大前程》（*Great Expectations*）里的那位老姑娘，隐居在自己破旧的宅邸中。此外，在 20 世纪 70 年代纽约的残酷现实之中，巴比松大饭店能为其住客营造的“世外桃源”也极其有限。1975 年，79 岁的露丝·哈丁（Ruth Harding）在第 11 层的房间里被勒死。她是一位孤独的住客，喜欢在大堂闲逛，与任何愿意倾听的人交谈。[32] 她的谋杀案至今悬而未破。[33]

✦

就在露丝·哈丁在房间里惨遭杀害的同一年，酒店请来追求时髦又颇惹争议的酒店经营者大卫·泰特尔鲍姆（David Teitelbaum）来挽救颓势。入住率不断下降令巴比松的所有者烦恼不已，于是求助泰特尔鲍姆。他是业内著名人士，不爱细条纹西装，爱穿牛仔裤配金链子；遇事不会过于固执，而是注重灵活性；不信奉东海岸保守主义，更倾向于好莱坞式

[1] 这里的胃药指次水杨酸铋（Pepto Bismol），该药品的经典包装是亮粉色的。——编者注

的魅力风采。[34] 那是 1975 年，迪斯科浪潮空前盛大，泰特尔鲍姆穿着他的蛇皮牛仔靴环顾酒店大堂，特别注意到了“那些女人”，巴比松最年长的住客。她们和已故的露丝·哈丁一样，满脸皱纹。每天，那些更年轻的住客看到她们，都会告诫自己，要在条件还允许的时候，抓紧时间迈入新生活。她们就是盖尔·格林笔下的孤独女人，但时间距离那时又过去了几十年。1979 年，刚从瓦萨学院毕业的洛丽·内桑森（Lori Nathanson）在电梯里与其中一人交谈，对方问她会待多久。“不会太久。”洛丽回答道。“是啊，”老妇人说，“我那时也是这么想的。”[35] 洛丽径直回到自己的房间，哭了一场。

泰特尔鲍姆认定，“那些女人”已经严重影响了酒店的形象。[36] 如果你在酒店盯梢 24 小时，仔细观察这一整个生活周期，就会清楚地看到她们“总是戴着发卷、穿着拖鞋坐在大堂”，群群抱团议论和责骂年轻的住客。一位巴比松住客回忆起两组电梯旁边的长椅，“那些女人”很有心机地占据这个有利位置，于是外出过夜生活的年轻酒店客人会被出其不意地盘问建议一通[37]：

“话说，你要去哪里？”

“话说，我感觉你衣服没穿对。”

“话说，你真确定这鞋子能行？”

泰特尔鲍姆从圣瑞吉酒店请来了新经理巴里·曼恩

（Barry Mann），和他一起在巴比松发动变革。[38] 他们先是清理了大堂的各种桌椅家私，这让“那些女人”很不高兴，其中一人还大喊：“我的座位呢？！”而那些“严厉阴沉的前台”，即便在客人已经不够的情况下，还坚持给她们打 ABC 等，并要求查看推荐信——这些人就是他俩的第二个清理目标。一同出局的还有房间里粉色和淡黄绿色的家具、百叶玫瑰墙纸和哭泣小丑的挂图，取而代之的是巧克力与香草感觉的色调、*Vogue* 海报，以及大量的绿色植物。[39] 此外，餐厅和那间著名的咖啡馆也被装修一新。

泰特尔鲍姆想要重现巴比松的辉煌盛世，或者至少把原来的架子搭起来，有那么点表面荣光，希望如此足以拯救酒店。至此，纽约市硕果仅存的几家仍在经营的女子酒店只剩阿勒顿女性之家、伊万杰琳（Evangeline）和玛莎·华盛顿。然而，泰特尔鲍姆仍然信心满满，相信经他“除尘”之后（光这项花费就达 50 万美元）焕然一新的巴比松可以盈利。他想继续为“新进城的女孩”提供长期住宿，也为那些四处奔忙，特别希望能有个“无男”夜晚的事业女性提供过夜服务。[40] 他把铺着橡木板的音乐厅改成了会议室。巴比松图书馆被关闭，原来的空间被租给了一个健身俱乐部，该俱乐部还占用了丽塔·海华丝曾为《生活》杂志拍摄照片的地下游泳池。原图书馆藏书被搬到夹层的“约会室”。泰特尔鲍姆在每个房间里都挂了一幅装裱好的印象派版画，画中是一个戴着花朵软帽的年轻女孩。这是在致敬有着白手套、下午茶与隆重舞会的旧时光，也是在致敬19世纪的巴比松艺术运动，当初酒店也是以这场运动的名字命名的。

改造妥当后，他组织了一场巴比松大饭店五十周年纪念派对。摩纳哥王妃格蕾丝·凯利未能到场参加，却还是发来一封信，白纸黑字地写明她“在巴比松大饭店度过的三年时光充满了美好的回忆”[41]。但即便泰特尔鲍姆使尽浑身解数，酒店的盛世仍然一去不返，它已经从“容光焕发的新秀变成凋零枯萎的老处女”[42]。之前的住客中，唯一出席派对的名人是20世纪50年代的女演员菲利斯·柯克[43]，她与文森特·普莱斯（Vincent Price）合作出演了立体恐怖片《恐怖蜡像馆》[1]。派对上，菲利斯回忆了门卫奥斯卡和夹层里的下午茶会。1944年到1972年担任酒店经理的休·J. 康纳也在派对上回忆了往事，说朱迪·嘉兰神经质一般地打电话给他，询问女儿丽莎·明内利的下落。

在某种程度上，巴比松目前仅存的优势，就是其独特的风格气质。金·内布利特（Kim Neblett）住进巴比松后，逐

---

[1] 《恐怖蜡像馆》（*House of Wax*），1953年上映的美国电影，是比较被人熟知的早期3D立体电影，2005年上映了同名新电影。——译者注

渐爱上了酒店的古怪。[44]她是一名时装模特，虽然前一周刚刚赚了1 000美元，但就在前一年，也就是她到纽约闯荡的第一年，她的全年总收入只有1 062美元。有一个月，她穷得连自己的房间都住不起，只好在一个朋友的房间里打地铺。然而，酒店对此并无半句微词，甚至把她的电话转接到她“秘密”居住的朋友的房间，一直等到她赚足重新订下房间的钱。酒店住客的年龄段分布极广，她对此也甘之如饴，认为“甚至是那些疯狂的老人”也为酒店的日日夜夜增添了很多“怪异场景”，比如“清晨6点的尖叫”。她发现，面对各种各样的怪异插曲，如果你大笑以对，那么即便是那些疯狂的女人，也会随你大笑。她坚称，通过这种方式，每个人都获得了一定意义上的心理平衡。她觉得“那些女人”代表了某种英雄主义，这些可敬的女士，这么多年就这么坚持了下来：“她们仍在纽约。也许只是躲在属于自己的巴比松小窝里，但她们仍在纽约。这本身就是一项成就。”

作家梅格·沃利策就没这么宽容了。她秀发间散发的香味，一闻就知道来自著名的“天哪，你的发香真好闻”洗发水[1]，那是“20世纪70年代美容界的明星产品”[45]。1979年，

[1]　这款洗发水名为“Gee, Your Hair Smells Terrific”，由安德鲁·杰根斯公司（Andrew Jergens Company）在20世纪70年代和80年代生产。由于产品名过长，此款洗发水曾在《辛普森一家》（*The Simpsons*）中遭嘲讽。——编者注

沃利策与最后一届《少女》客座编辑一起来到纽约。BTB虽不再掌舵，但该杂志的客座编辑项目还在进行。经过观察，沃利策不无挖苦地指出，《少女》编辑部完全是巴比松大饭店的完美镜像，“既想要与时俱进，参与时代竞争，又要坚持那种朝气蓬勃的大学生之感性灵气，而我们，客座编辑们，正是要体现这样的特质”。不过，1979年的客座大学生编辑们身上，并没有这些早已过时的特质。

酒店的衰落、外观的磨损与服务的打折，以多种多样的方式昭然若揭。入住后的第一天早上，沃利策被女服务员吵醒，“她像缉毒特工一样用拳头砸我的门”。她睁开眼睛，拉开橙黄相间的被罩（泰特尔鲍姆所做的改进之一），看着眼前这个简陋狭小的房间，对其不以为然。她觉得这家酒店唯一的可取之处就是这里留下的曾经。沃利策想的“曾经”是西尔维娅·普拉斯。其实，沃利策住的这家酒店，和二十六年前西尔维娅的住处几乎就是同一个地方，原因很简单，从那时到现在，什么都没有改变：仍然只有130个带私人卫生间的房间。94间房需要共用卫生间，另外的431个房间——最便宜的那种，也就是客座编辑住的那种，需要到走廊上去用卫生间。1945年，菲利斯·李·施瓦布在给纳内特·埃默里的信中，将住在这种房间里的日子形容为“如同宿舍般的酒店生活”[46]。

但纽约已经来到了1979年，并未停留在1953年。沃利策觉得这座破败的城市“好像会出现在《神探酷杰克》(*Kojak*)的某一集中”[47]。两年前，“山姆之子”(Son of Sam)在纽约犯下连环杀人案，造成6人死亡，7人受伤，整座城市都笼罩在惊惧与恐慌之中。时报广场是纽约犯罪最猖獗的地区之一，人们去布赖恩公园(Bryant Park)的唯一理由是购买毒品或性服务。[48]纽约的光辉岁月一去不复返，至少在那可怕的十年里的确呈现出如此颓势。似乎是为了配合这座城市的整体气氛，梅格·沃利策和她的客座编辑同事并未认真对待《少女》杂志的任务，而同样的任务曾让西尔维娅·普拉斯、琼·狄迪恩、盖尔·格林等许多人兴奋不已。在露华浓(Revlon)的一次香味研讨会上，她们被要求嗅闻各种香水，并描述从这些香水联想到了什么。一位客座编辑一边装模作样地沉思，一边不假思索地说出露华浓最有竞争力的产品——查理香水(Charlie)的宣传口号：“我想说这闻起来很自由，很‘哇哦’！”[49]她对围在桌边的人们如此宣布。华尔道夫酒店举办的美利肯纺织品(Milliken Textiles)早餐会，女演员金格尔·罗杰斯(Ginger Rogers)是坐着轮椅出席的，她被推出来的时候，客座编辑们都咯咯地窃笑起来。每年的客座编辑都要经历一次化妆大事件，梅格和朋友们“穿着她们最糟糕的、皱巴巴的巴比松式睡衣”，被带到第五大道的萨克斯精品百货店。一位男性客座编辑的胡子被换成了“70年代基佬胡”，倒是挺合适的。而沃利策在改造后大喊：“我怎么成了个妓女样！”最后一晚，所有人都来到巴比松的楼顶，正如西尔维娅·普拉斯在最后一夜所做的那样。大家为她举行了一个即兴的纪念仪式。这是最后一届客座编辑，之后这项竞赛就被取消了。在那之后又过了二十二年，也就是2001年，《少女》停刊了。到那时，这本杂志充其量只能说是过去的空壳。

大家展望着20世纪80年代的纽约，希望到那时这座城市能有偿付能力，而这个愿景让城市的面貌发生了翻天覆地的变化。工薪阶层与富人比邻而居的纽约（1953年，内曼·马库斯百货公司的首席执行官为了带涅瓦看看纽约，还让出租车司机在曼哈顿纵横穿梭）很快将不复存在。新纽约将被拯救，但在这个过程中，老纽约将会失落殆尽。这座城市并没有通过联邦拨款获得拯救，毕竟这是杰拉尔德·福特总统斩钉截铁明确表示过的。[50]纽约通过配合私人开发商与大型企业集团，承诺减免税收、出台激励和优惠政策拯救了自己。这里将成为特朗普家族那类人群的发家之地。20世纪80年代预示着纽约后来所代表的一切：金钱、过剩、诡计与放纵。现在粉墨登场的是中产“雅皮士”与麦当娜，是传奇餐厅奥迪恩（Odeon），是可卡因、“舞蹈室”夜店（Danceteria）

和摇头丸。

巴比松需要改造自己迎合时代，因为纽约将不再以租金管制为中心，而这一制度恰恰曾是工薪阶层与中产阶级得以长期生活在曼哈顿的根本原因。1975 年，大卫·泰特尔鲍姆刚被聘为巴比松顾问时，就发现该酒店有一百多名住客都受到租金控制法条的保护：她们的月租金只能提高极小的数额，她们作为长期租户的权利有很大保障。[51] 1979 年，酒店再度易主，但泰特尔鲍姆还在原位。新业主是一家印度连锁酒店，他们想要的正是纽约开始显露的特性。这意味着要将巴比松变成一家豪华酒店，开门迎接女性住客……以及男性。

“那些女人”没能态度很好地接受这一消息。一位“自称著名戏剧演员”的“珠光宝气”的老年住客声称“很多比较纯良的女人”都反对这个计划，她自己也确信，允许男人住进来会“大大助长卖淫风气”[52]。“那些女人”暂时搁置了其他各种分歧，成立了租户协会，并聘请了成功的租户维权律师伦纳德·勒纳（Leonard Lerner）。[53] 一直坚持在此地参选的民主党人爱丽丝·萨克斯自 1935 年以来就一直住在巴比松，她一点也不想搬家。她和其他住客平均每月支付 275 美元的房费，其中包括每天的打扫服务、一个能帮忙记录来电信息的前台，以及一个极佳的住址。相比之下，上东区小型公寓的月租金已经开始逐渐攀升，最高的达到了 1 000 美元。不管男人住不住进来，她都要原地不动。另一位长期住客爱丽丝·德尔曼（Alice Delman）一想到要看到男人们“穿着不同时段的衣服整夜在大堂里晃荡”，就不太高兴。但巴比松持续亏损，泰特尔鲍姆聘请的酒店经理巴里·曼恩给出了进行这一变革最有说服力的理由：“只能去赚另一个性别的钱了。”

起初，泰特尔鲍姆提出，可偿付 100 万美元请“那些女人”腾出地方。[54] 她们的律师断然拒绝了这一报价，要价 1000 万美元，或者——他（带着并不含蓄的讽刺意味）建议，还可以有另一个选择，就是在曼哈顿找块空地，为 114 名女性建造一栋公寓楼。根据纽约相关的租赁法条，她们的巴比松房间被归类为“SRO”，即群租建筑中共用卫生间的单间分租房屋（Single Room Occupancy），这是动不得的。[55] 由于无法说服“那些女人”搬走，泰特尔鲍姆和新业主别无选择，只能任由她们继续住下去。他们决定为这些女性开辟一个特别侧翼，那里有专供她们居住的翻新房间。这样一来，障碍算是消除了。泰特尔鲍姆大刀阔斧，既为男性进入巴比松的“神圣殿堂”扫清了道路，又维护了年长女住客的权利。

1980 年的巴比松大饭店，辉煌岁月一去不复返，不久后就要变成男女通用的普通酒店了

巴比松大饭店长达五十四年的单一性别接待历史即将敲响闭幕钟，而具体日期被战略性地定在了 1981 年的情人节。（如果不算马拉奇·麦考特和其他少数声称已经进入楼梯间的男人）能成为史上第一个住在巴比松的男人，这样的兴奋刺激让酒店的电话都被打爆了，于是店方决定，在 2 月 12 日

进行一次抽奖，以决定第一个正式穿过大堂来到住宿区的男人——还有第一对情侣。这次抽奖活动自然也进行了大量宣传。最终走大运的男性是一位来自马萨诸塞州剑桥的 39 岁顺势疗法医生，长得很像爱情喜剧连续剧《爱之船》（*The Love Boat*）中的斯塔宾船长。[56] 情人节到来的前两天，大卫·克利夫兰医生（Dr. David Cleveland）接到了通知他中奖的电话，对方说将会有一辆豪华轿车在纽约肯尼迪机场接他，带他去参加盛大的开幕仪式。在这之前的几个星期，这位医生一直想约见哈佛大学附近剑桥鹦鹉咖啡馆（Parrot Cafe）的一位女服务员，甚至买了两张票，打算带对方去库拉索岛（Curaçao）度周末，但被拒绝了。现在他中了巴比松的奖，能享受豪华轿车服务、免费餐饮和观看百老汇演出，这些也没能改变她的决定。因此，逐渐谢顶、头两侧堆了一簇簇白色鬈发的克利夫兰买了一件宽领燕尾服，配上一件褶边衬衫和一个超大的领结，独自前往纽约。

2 月 14 日，星期六，上午 11:30，一面长约 30.5 米、宽约 13.7 米，有十层楼高的情人节竖幅在巴比松大饭店的外墙上飘扬。萨米·卡恩（Sammy Cahn），一系列流行浪漫歌曲的词作者，在大堂中拿着麦克风浅吟低唱着自己最著名的那些歌曲，包括《爱情与婚姻》（*Love and Marriage*）、《很久很久》（*It s Been a Long, Long Time*）和《一路走来》（*All the*

Way）。他甚至把医生的名字写进了一首专为这个场合创作的歌里。摄影师们在现场待命，穿着紧身侍者服装的温迪·泰特尔鲍姆（大卫·泰特尔鲍姆的女儿）亲吻了克利夫兰的脸颊。男女服务员戴着白色安全帽（以配合搭满脚手架的酒店），端着一盘盘香槟走来走去，还从一个完美复刻巴比松外观的巨型蛋糕上切下小块，端给来宾。克利夫兰医生拿出一罐他当作玩笑带来的"催情"熏牡蛎（也许这就是鹦鹉咖啡馆的女服务员不愿跟他约会的原因），对着闪个不停的相机摆好姿势。

来自长岛的威廉·尼古拉斯（William Nicholas），批发面料样品室的经理，和妻子凯瑟琳（Catherine）成为获奖的第一对情侣。[57] 这对夫妇和克利夫兰医生一起被介绍给聚集在酒店的人们。店方将钥匙隆重地交给他们，赢得了热烈的掌声。如此，克利夫兰医生和尼古拉斯先生就成了头两个走入那些"禁室"的男人——反正肯定是头两个以官方正式方式走进去的男人，他们不用想办法贿赂酒店员工，或攀爬消防通道，或乔装改扮成妇科医生。另外还有 70 名男性预订了房间，想来度过这具有历史意义的第一个周末。

这场引人注目的活动起到了很好的宣传效果。酒店长期住客、民主党候选人、"那些女人"的重要成员爱丽丝·萨克斯很看好酒店的前景，她对某电视摄制组说："我很兴奋，也很感兴趣。希望一切顺利。”[58]“那些女人”中的另一位成员则进了一步，她承认“因为我之前并不清楚，所以到今天才认定，这个概念、这个想法的时机已经成熟了”。大卫·泰特尔鲍姆曾试图清除“那些女人”，没能成功，现在却把她们作为酒店神话历史的一部分来大肆宣传。

然而九个月后，泰特尔鲍姆暂时关闭了巴比松，要进行耗资数百万美元的全面翻新。虽然酒店现在是男女皆收，他仍然秉持着对翻新后的酒店的愿景，希望它成为一个即便允许男性进入，也要以女性为中心的空间。[59]他说：“仅仅在房间里放个挂裙子的衣架，没法展现我们满足女性需求的诚意。”虽然酒店经理是男性，泰特尔鲍姆聘请的市场总监、室内设计师、助理设计师和主厨却都是年轻女性。翻修后的酒店将提供完整的水疗体验，大堂和大堂酒吧都拥有粉色大理石墙壁，房间则配备化妆灯、法国加莱（Le Gallet）洗手皂，还有沐浴液和护手霜。

泰特尔鲍姆是一名大学肄业生，在加利福尼亚州的一个椰枣农场长大，是纽约开发商中的异类。他并不喜欢重建，而是热衷于对一个地方进行重装，修复老建筑——不是重回过去的辉煌，而是重新思考其内部空间设计。他曾公开批评同为开发商的唐纳德·特朗普毁掉了邦威特·泰勒百货大楼上装饰风艺术的舞女中楣。特朗普曾一度承诺将这些中楣捐给大都会艺术博物馆（Metropolitan Museum of Art），结果却用手提钻简单粗暴地违背了承诺，毕竟，直接摧毁它们比花费时间和金钱将它们原封不动地移走要简单得多。泰特尔鲍姆与特朗普不同，他希望在恢复盈利的同时，保留纽约的老建筑。他将新巴比松大饭店定位为一家欧式水疗酒店，在视觉感受上向其法国巴比松艺术的根源致敬。但要实现这个愿景需要付出昂贵代价，很快，预算就超出多达数百万美元。他被迫向荷兰皇家航空公司（Royal Dutch Airlines KLM）的郁金香酒店管理部门寻求合作。虽然这笔交易意味着巴比松大饭店将更名为金色郁金香巴比松大饭店（Golden Tulip Barbizon Hotel），但也意味着泰特尔鲍姆计划的翻修可以完成，最终预算为 6 000 万美元。

1984 年，酒店终于得以重生，荷兰皇家郁金香酒店以庆祝荷兰节日的方式庆祝这一盛世，有鲱鱼、郁金香、荷兰杜松子酒，还邀请来了时任纽约市市长埃德·科赫（Ed Koch）。[60] 酒店借着改造之机进行了重大结构重组：之前的巴比松大饭店有近 700 个小房间，现在的金色郁金香巴比松大饭店则有 368 个带独立卫生间的宽敞客房。艺术家理查德·哈斯（Richard Haas）受邀在大堂和夹层上方的嵌入式天花板上画了一幅略显俗气的错视画，画中的树木枝繁叶茂。内墙被漆成粉色，细处加了赭色砂岩，意在呼应巴比松外部摩尔风格砖墙的玫瑰色，也是枫丹白露森林晨光遥远的回响，因为正是那森林，带给法国巴比松画派艺术家们无限灵感。曾经供提心吊胆的年轻女士们窥视约会对象的夹层，变成了一家餐厅。

1985年，琼·狄迪恩1955年时最好的朋友、暑期客座编辑同事佩吉·拉维奥莱特和丈夫唐一同入住金色郁金香巴比松大饭店。他们是来东部过圣诞节的，两人的女儿在*Elle*时尚杂志工作，儿子则效力于《纽约客》。佩吉在《纽约时报》上看到她和琼曾互为邻居的女子酒店巴比松新近被改造成了一家普通酒店，于是满怀念旧之情，订了一个房间。走进酒店时，佩吉因巨大的变化感到震惊。曾经的内部装饰已经被彻底清除，现在的风格充满了20世纪80年代的特色——厚重的帷帘，柔软的沙发，处处都漆成深米色，镶上金边做装饰。位于夹层的巴比松餐吧，菜单上也全是80年代典型的“国际美食”，比如挪威虾馅鳄梨、咖喱芹菜鸡肉沙拉、培根青葱土豆沙拉、巴比松米布丁和冰激凌布朗尼蛋糕。[61] 酒店房间由小房间组建而成，而整整三十年前，她和琼就住在那样的小房间当中。

当天晚上，佩吉走在所住楼层的走廊上，一位老妇人突然与她擦肩而过，急匆匆地走到走廊尽头，停下脚步，拉开了一扇没有标记的门。她转过身看了看佩吉，然后走了进去。在老妇人撑着门那短暂的一刻，佩吉瞥见了再熟悉不过的绿色油漆，以及和她记忆相符的一扇扇门。那些门后面是巴比松小小的房间，每一个都只堪堪容下一张单人床、一个水槽和一套极小的桌椅。老妇人又回头看了一眼佩吉，什么也没说，进去之后关上了门。佩吉仿佛见到鬼魂一般颤抖起来。当然，她遇见的是“那些女人”中的一员。

她回到和唐同住的房间。外面下了整夜的雪，寒风呼啸。房间里开了暖气，热得要命，到最后佩吉和唐都确信室内有快 40℃了。正如 1955 年琼·狄迪恩初到巴比松时饱受空调过冷之苦，今时今日，1985 年入住的佩吉，则在忍受失控的暖气。她和唐努力想掰开窗户，却没能成功。酒店工作人员来了，但他们既关不上暖气，也没能打开窗户。第二天早上吃完早餐，他们以最快的速度把手提箱扔进出租车，扬长而去。那是佩吉最后一次踏进金色郁金香巴比松大饭店。无论泰特尔鲍姆如何展望与承诺，这家酒店仍摆脱不了某些简陋与艰难。

但是，当著名夜总会 54 俱乐部的老板史蒂夫·鲁贝尔（Steve Rubell）和伊恩·施拉格（Ian Schrager）从荷兰皇家航空公司郁金香酒店经营者的手中买下巴比松时，新的希望（夹杂着一些恐惧与不安）出现了。这两个老板是出了名的“顽劣”，曾在夜总会的巅峰时期因偷税漏税而锒铛入狱。被监禁一年出狱后的他们，制订了全新而大胆的计划，要给酒店业来个强烈震荡。他们认为这个行业已经没什么活力了，如今酒店所做的不过就是提供一张过夜的床，可能有些许附加的奢侈享受。他们计划让单调的住店生活变成纵情享乐的体验，于是开始进行与酒店相关的组合投资。1988 年，巴比松也成为这个组合的一部分。但他们运气不佳，20 世纪 80 年代可卡因的肆虐雪上加霜，导致计划无法顺利进行。有人将警察叫到巴比松大饭店的某房间，住客是克雷格·史彭斯（Craig Spence）和另一名男子。[62] 前者曾是电视记者，还在华盛顿做过权大势大的国会游说者。警察赶到时，史彭斯正要冲出房间，尖叫着说另一个男人有枪。警方在房间发现了可卡因和一根吸食烟管。原来，史彭斯是一家同性恋三陪服务公司的大客户，而与他为伍的还有里根（Reagan）和老布什（George H. W. Bush）执政期间政府的多位重要成员。在这之后不久，乔吉特·莫斯巴赫（Georgette Mosbacher）——社会名流，莱珀妮化妆品公司（La Prairie Cosmetics）的老板，布什政府商务部长的妻子，在她巴比松房间门外的走廊里被一个穿着考究、携带乌兹冲锋枪的人抢劫。[63] 莫斯巴赫是公认的老布什政府最有魅力的成员，她成功抗阻了对方要她进入房间的威逼，只是主动卸掉了身上所有的珠宝，如数递了过去。发生了这样的事情，酒店可谓无力回天。客人们都对这里避之唯恐不及。大势所趋，1994 年，伊恩·施拉格（史蒂夫·鲁贝尔在买下巴比松后不久死于肝炎）被迫对酒店进行了止赎。

但施拉格并没打算就这样放弃巴比松。1998 年，他又把这家酒店买了回来（恰如大萧条期间巴比松原业主们的所作所为），回购之后又进行了一次翻新。这一次，为了压缩成本和筹集资金，他把巴比松的游泳池和以前的咖啡馆租给了高端健身连锁品牌“平分点”（Equinox）。[64] 该品牌将租来的空间改造成三层楼的全面健身场所，凡是常住纽约，能支付健身月费的人，都能随意使用。就在瑜伽室的走廊那头，还有一位整形外科医生，每周两天在现场进行肉毒杆菌注射、胶原蛋白注射和化学换肤术。

然而，任他天翻地覆，“那些女人”从未动摇让步。她们在大卫·泰特尔鲍姆和伊恩·施拉格“历朝历代”的花式翻修当中岿然不动。酒店第 4 层到第 11 层这八个楼层，仍能找到那扇暗门：在铺着花卉地毯的走廊尽头，有一扇门，门后有一台“时间机器”，容纳着狭窄的走廊、共用卫生间与逼仄的房间。

不过到 20 世纪 90 年代末，“那些女人”只剩 29 人了。现在的工作人员称她们为“烫发族”。“那些女人”如幽灵一般出没在巴比松，即便对那些在轮班时间负责打开各种门的人来说，她们也是一个谜。服务员知道她们是酒店的住客，会向她们点头致意，但她们总好像是凭空冒出来的似的。然而，“那些女人”并不仅仅如鬼魂般存在于酒店中，她们活生生地提醒着人们 20 世纪 80 年代到 90 年代大刀阔斧的一次次彻底改造之前，巴比松究竟是什么样子，具有怎样的意义。

✦

2001 年 9 月 12 日，世贸中心双子塔（Twin Towers of the World Trade Center）被袭击的第二天，整座城市陷入停滞。从纽约第 14 街往下，都能闻到东西在燃烧的气味。圣文森特医院（St. Vincent’s Hospital）外排满了为伤者献血的人。但根本没什么伤者，只有死者。世贸双塔倒塌时，里面还有将近 3 000 人。

刚刚消失的常态生活还留着无处不在的残迹：报摊上摆的还是杂志秋季时尚特刊，但此刻一想到竟然还有人关心这一季的“天选外套”究竟是哪件，就让人觉得反胃。纽约似乎再次迷失了。在那时那刻，没有人能预料到，这反而是纽约终极中产化和公司化的开始。时报广场被逐渐改造成购物中心，处处是穿着“我爱纽约”T 恤的游客，犯罪率低得惊人，全世界的超级富豪买下无人居住的巨型公寓，只为“纳”税，不容他物。

世贸双塔倒塌前不久，有意打造高端酒店连锁品牌的费城伯温德地产集团（Berwind Property Group）以大约 6 900 万美元的价格买下了巴比松大饭店，将其更名为“巴比松梅尔罗斯酒店”（Melrose Hotel at the Barbizon）。[65] 就这样，伯温德成了“那些女人”的新守卫，该公司的 CEO 偶尔会带家中自制的饼干送给她们。“那些女人”始终坚守着自己的房间，但曾经构成巴比松女子酒店的其他一切都慢慢消失了：音乐室、图书馆和室外露台［现在附属于 1200 美元一晚的套房，说唱歌手兼音乐制作人“吹牛老爹”（P. Diddy）就喜欢预订这种套房］都一去不返。以高端人群为目标的梅尔罗斯酒店还设有地标餐厅（Landmark Restaurant）和大堂图书馆酒吧。每天都有一位老妇人走进来坐下，点一杯茶和一杯 375 美元的有二百二十年历史的路易十三干邑白兰地。

一年后的 2002 年，一头黑发的托尼·摩纳哥（Tony Monaco）来到梅尔罗斯，担任总经理助理。建筑的后部，即“那些女人”关起暗门来生活的地方，基本还没动过。仍有 21 位年长女士散居于那里，整个酒店也只有这个部分，仍然保留着原汁原味，第 4 层、第 7 层、第 8 层、第 9 层和第 11 层，都有这样的所在。平分点健身房又在酒店增加了第 4 层，托尼目睹他们将巴比松原来的游泳池拆掉，将曾经供年轻女士们俯瞰大厅的著名夹层浇上混凝土，接着，电锯疯转，音乐室的管风琴也被拆下。曾经，每天下午 5 点到 6 点的茶歇时间，戴着珍珠项链和圆顶礼帽的安妮·吉伦夫人都会在这里弹奏表演。

为了“那些女人”而存在的一切还将继续改变。“9·11”事件后，在某种程度上响应纽约市市长鲁迪·朱利安尼（Rudy Giuliani）的爱国主义呼吁和邀请，大量游客涌入纽约，他们并不想每晚花几百美元住个房间。他们想住便宜的酒店，而梅尔罗斯不是那样的地方。因此，伯温德进行了商业转向。2005年，该公司宣布要将巴比松大饭店变成共管公寓。纽约的房地产市场正在蓬勃发展，上城区、下城区、东区和西区的酒店都在拼命赶这一波风口，著名的广场酒店也在这一年宣布了同样的决策。兑现完最后一位酒店客人的客房预订，巴比松的住客就只剩下托尼·摩纳哥和“那些女人”了。巴比松化为共管公寓楼的最后一次“转世重生”，即将开始。

伯温德将托尼和“那些女人”暂时安置在附近的阿芬尼亚花园套房酒店（Affenia Garden Suites Hotel），该酒店位于第二大道和第三大道之间的第63街，但更多时候，托尼会在巴比松酒店过夜，他是此次全面装修的监工。即便之前进行了多次翻新，即便经历了重新定位、重新修缮、全面修葺……当时，酒店的样子看上去也已经过时了，黄铜上面有坑洼的凹痕，家具表面的衬垫也污迹斑斑。如果巴比松曾经的前台梅·西布莉夫人来给它打分，只能得到一个“C”。怀着某种“保育主义”思想，托尼·摩纳哥抢救出了还挂在第63街前门入口一侧的写着“巴比松”金字的金属小招牌。后来，托尼做了新公寓的经理，这块牌子便装饰了他那杂乱无章的办公室。

巴比松从酒店变身为豪华公寓的改造是全方位的。大楼内部改动极大，所有的地板都被拆掉。三层被改造成大楼新租户的公共空间，包括一间休息室、一间放映室和一间餐饮厨房。这个公寓项目面临的挑战，是要从一副天花板低矮的前女子酒店骨架之中创造出豪华奢侈富丽堂皇。[66]理论上，这家酒店是位于上东区的，但如今这个位置是“交通拥挤的十字路口，在中心区的边缘”。建筑外部铺满了脚手架，原来的窗户被换成将近两米高的落地窗。休息室、长廊和双开玻璃门被整合到70套公寓中，给人以挑高、采光好和宏伟的感觉。细部的装饰是精心挑选的，从花梨木镶嵌的地板，到石灰岩厨房地面，到卫生间大理石地板，还有精细的触摸板来控制热量、光线和声音。公寓的名字将是“巴比松/63”。

最早在巴比松/63置业的客户中，有一家是来自著名意大利珠宝公司的尼古拉·宝格丽（Nicola Bulgari），他豪斥1275万美元，买下了位于第17层和第18层的顶层复式公寓。[67]英国演员兼喜剧表演者瑞奇·热维斯起初在第9层买了一套比较简陋的一居室，三年后的2011年又在第12层买了第二套更大的公寓，带两个阳台。这位妙美客猫粮（Meow Mix）的前董事长，为他的孩子们买了三套独立的两居室，总价为 1 200 万美元。他的妻子只花了不到 10 分钟，就从在售公寓的户型图中选出了三套。[68] 现在，大楼的新住客与最初的住客可谓有着天壤之别。曾经，这里是年轻女性抵达纽约后的第一个“软着陆”点，她们之前只在杂志上看到过这家酒店，便把地址仔细地写在了一张纸上。

巴比松 / 63 的翻修并没有遗漏“那些女人”，从法律角度就不允许。伯温德决定将第 4 层变成她们的专属楼层。有些人被说服了，搬到了那一层，拥有了一居室和较大的单人公寓。但也有些“钉子户”，比如雷吉纳·雷诺兹，她于 1936 年来到这里，住在第 11 层，也就是“泰坦尼克号”的幸存者莫莉·布朗所住的那一层。还有其他几位女士也坚决不搬，坚持住在法律上属于她们、受租金管制法条保护的单间居住单元。但她们也得到了翻修服务，即便此举只是为了让“那些女人”不再碍着即将入住的富贾名流们的眼。

“那些女人”居住的巴比松 / 63 第 4 层看起来和一家豪华酒店没什么区别，走廊上贴着乳白色的壁纸，白色的房间门很高大，走廊上铺着柔软的地毯，线条流畅的壁灯铺洒着明亮的光线。墙上挂着的相框里都是些黑白艺术照片，照片里的曼哈顿，是“那些女人”记忆中的老城。这一层还有一个带铁艺家具的砖砌大露台，这种户外空间让住在狭小公寓的普通纽约人羡慕到眼馋。托尼说，如果你走到这个露台上，转身面对巴比松，向后仰头，尽可能地往上看，就会看到令人眼花缭乱、光彩夺目的艺术装饰，一层又一层的玫瑰色砖块和它们交错的边缘，似乎要通向高远的天空。除了托尼，

巴比松/63第4层的宽敞户外露台，专供“那些女人”使用，但她们几乎不用

没有人到过那个露台。

如今，“那些女人”只剩下五个了。她们没有像人们想象中那样紧密抱团，在日常的下午茶与怀念旧时光中一起变老。她们相互之间很少打招呼，即便有，也只是对托尼，因为她们觉得此人值得交往。“她们都很爱囤，不仅是囤东西，也囤信息、囤回忆。”按照法律规定，大楼给她们配备了一个管家，从周一到周五，每天都来。她们支付的月费水平，还停留在最初入住的时候。爱丽丝·德尔曼是按照 20 世纪 50 年代的标准缴纳的。她是这些女人中最爱“囤信息”的，她正在撰写自己的回忆录。可以想象，她在家里的某个地方放了个箱子，里面装满了旧的小册子、剪报和当时写下的私人笔记，记录着那些在酒店管理层的严格控制下走漏与没有走漏的丑闻。

2011 年，“上东区历史街区之友”（the Friends of the Upper East Side Historic Districts）为巴比松 / 63，即前巴比松女子俱乐部公寓申请了地标身份。[69] 即便在上东区历史街区的边界扩展之后，该建筑的所在地也在边界之外。但该组织认为，就巴比松而言，这不是地理问题，而是遗产问题：由于其社会影响力，该建筑必须成为地标。同时，将其内部全部拆掉翻新，外部却基本保留未动的伯温德公司很懂得如何利用巴比松的社会意义来变现。即便纽约很多房产经纪人都对这栋房子挑眉搭眼，冷嘲热讽其低矮的天花板和非常一般的位置，翻新后的公寓还是卖得非常好。巴比松 /63 公寓的广告重点宣传该建筑的辉煌历史和曾经出入其中的著名女性。第 3 层共享空间的墙壁上挂着很多黑白照片，照片里都是曾经的住客，那些迷人的电影明星和模特。

但曾经出入其中的，还有成千上万寂寂无闻的“她们”：年轻、雄心勃勃、充满期待，品尝着人生初次的自由。她们可能没有像自己热切希望的那样成名成家，但所有人都很有勇气——就连盖尔・格林所写的“孤独女人”也是如此。她们都充满抱负，无论是演员、舞者、时装模特、夜总会歌手、女裁缝，接受专业培训的秘书、护士，还是企业家，她们都体现了 20 世纪呈现在美国女性面前的可能性与矛盾挣扎。20 世纪 20 年代，她们通过第一次世界大战和妇女投票权摆脱了 19 世纪的种种束缚，以“新女性”的身份，前往曼哈顿的摩天大楼工作。当时最年轻的那些女性，涂抹着鲜艳的口红，剪了短发，穿时髦的短裙，戴着长长的珍珠项链，到地下酒馆畅饮马提尼酒，以此来表达刚刚获得的女性自由。20 世纪 30 年代，大萧条来袭，职业女性横遭非难，但这没能阻止她们。那时，很多女性都出来工作以维持生计，还有很多是为了赚钱寄回遥远的家乡，好让那里的家人们能无债一身轻。巴比松的年轻女性们首选打字员与模特的工作，因为这是专属于女性的职业，不会有人指责她们抢走了男人的工作。但也是在这十年中，诞生了第一批问鼎职场权力的职业女性，比如《少女》杂志的主编贝茜·塔尔伯特·布莱克维尔。她为和自己一样充满天赋和雄心的年轻女性创建了一个项目，即便越来越多的人在告诉她们（尤其在“二战”以后），应该一心一意去做妻子和母亲，不做他想。对客座编辑们来说，巴比松的6月既是一个机会，也是某种程度的“清算”，要么托举你在未来岁月扬帆远航，要么送你更深地滑向抑郁的深渊。到了20世纪60年代和70年代，即便有些女性认为自己不再需要巴比松那鲑鱼红墙壁的保护，仍有一些人明白，她们从美国小镇逃离后亟须一次软着陆，而这次软着陆会帮助她们鼓起逃离的勇气。

在20世纪的大部分时间里，巴比松大饭店一直是个赋予女性安全感的所在，在那里，她们拥有一个自己的房间，能对余生进行规划和畅想。这家酒店给了她们自由，释放了她们的雄心，挖掘出她们的种种欲望。这些欲望在其他地方会被禁止，但在这座“梦想之城”，却可以想象，可以实现，可以做到。

致 谢

2014 年 11 月，在圣安东尼奥（San Antonio）一家万豪会议型酒店（Marriott conference hotel）的大堂酒吧，我与牛津大学出版社编辑苏珊·费伯（Susan Ferber）一起规划了本书的雏形。感谢她送我走上这条路，也感谢历史学家同行马西·肖尔（Marci Shore）帮我与吉利安·麦肯齐（Gillian MacKenzie）取得联系，后者成为我的经纪人，且表现很出色。研究展开一年之后，我巧遇了苏珊·坎普（Susan Camp），她年轻时对模特们很感兴趣，后来就专门从事相关研究，还归档了系列资料。苏珊总是很慷慨，她既为我加油鼓劲，又提供了重要的资料来源。

一路走来，我采访了无数女性（和少量男性）。我想感谢你们所有人，即便书里面可能没写到你们的故事（特别向 1968 届的《少女》客座编辑们致歉！）。我从你们每个人身上都学到了东西，所有人都给了我启发。一些人的故事成为这本书的重要内容，我要在此感谢你们的坦诚。涅瓦·纳尔逊，她为重聚 1953 年的《少女》客座编辑做出了巨大努力，还因此充当了档案保管员，讲述了很多真实的故事。佩吉·拉维奥莱特·鲍威尔，我们只通过电话，但聊过很多次，她特别有趣，记忆力让我们都相形见绌。我飞到加州去见《少女》前主编——如今已故，当时97岁的伊迪·雷蒙德·洛克，与她和她的丈夫度过了两个愉快的下午。菲利斯·李·莱文在九十多岁高龄仍在出版书籍，与她的谈话让我觉得十分珍贵。马拉奇·迈考特，爱尔兰作家兼享乐主义者，我们在上西区的餐厅见面，他和我预想中一样迷人，但我也要感谢他的真诚与洞见。芭芭拉·蔡斯-吕布从她在米兰和巴黎的大本营与工作室来访纽约耶鲁俱乐部，同意抽空见面。她早已取得非凡成就，也仍然令人激动不已。巴比松前经理托尼·摩纳哥对酒店历史的深入领会促成了我们愉快的交谈。我还想感谢其他花时间与我分享回忆的人：盖尔·贝泽（Gayle Baizer）、兰妮·伯恩哈德（Lanie Bernhard）、琼·盖奇、盖尔·格林、艾米·格罗斯、格洛丽亚·巴恩斯·哈珀（已故）、戴安·约翰逊、洛林·戴维斯·克诺夫、劳里·格拉泽·利维、艾丽·麦古奥、德洛丽丝·菲尔普斯、简·菲普斯（Jane Phipps）、珍妮特·瓦格纳·拉弗蒂［和她的女儿克里斯蒂娜·西卡马斯（Christina Sciammas）］、菲利西亚·拉沙德、苏·安·罗宾逊（Sue Ann Robinson）、帕蒂·斯库拉（Patty Sicular）、杰奎琳·史密斯、尼娜·瑟曼（Nena Thurman）和朱迪·瓦克斯（Judi Wax）。

在为本书做研究的过程中，我也再次确信了那些从事教学、写作和创作的人都有着慷慨的盛情。作家兼教授珍妮特·伯罗薇分享了1955年6月起她的个人家信，这真是了不起的收藏。在我开始研究的前一年，梅洛迪·布莱恩特（Melodie Bryant）打算着手拍摄一部关于巴比松的纪录片，她做了大量工作，最终放弃了，但与我分享了她的采访录像。其他人也以同样的慷慨盛情回应了我的询问：希瑟·克拉克（Heather Clark）、米里亚姆·科恩（Miriam Cohen）、特雷西·道格蒂（Tracy Daugherty）、罗丝·A.道格蒂（Rose A. Doherty）、尼娜·贾尔斯（Nyna Giles）、特雷莎·格里菲斯（Teresa Griffiths）、哈雷·K.哈里斯伯格（Halley K. Harrisburg）、克里斯汀·艾弗森（Kristen Iversen）、马克·韦斯顿（Mark Weston）和蒂莫西·怀特（Timothy White）。在档案查阅方面，我要感谢拉勒米市（Laramie）怀俄明大学（University of Wyoming）的美国遗产中心（American Heritage Center），以及纽约历史学会档案馆和康泰纳仕档案馆（Condé Nast Archives）。感谢怀俄明大学的学生斯凯·特拉·柯兰尼（Skye Terra Cranney）和贝莉·施陶芬比尔（Baylee Staufenbiel）帮助我拍摄了大量的《少女》备忘录，也感谢负责处理尾注的瓦萨学院毕业生莉亚·凯茨（Leah Cates）。对于瓦萨学院艾米莉·弗洛伊德基金（Emily Floyd Fund）和露西·梅纳德·萨尔蒙研究基金（Lucy Maynard Salmon Research Fund）提供的资助，我深表感激。除了资金支持，瓦萨学院的同事和朋友还自始至终都在为我加油打气。

能拥有艾米莉·格拉夫（Emily Graff）这样的编辑，我深觉幸运。她有一种罕见的天赋，在一本书还没有完成之前就能预见它的全貌。她在编辑方面的智慧也在整个过程中鞭策我前进。我还要感谢最有耐心的制作编辑摩根·哈特（Morgan Hart），以及编辑助理拉散达·阿纳克瓦（Lashanda Anakwah）。衷心感谢那些遍布各处的学术界朋友，他们持续为我提供智识上的支持。感谢韦尔斯利学院亲爱的朋友们，无论是平淡无奇的事情还是里程碑式的大事件，我都能与他们一起庆祝［尤其感谢安妮·德纳姆（Anne Dunham）、薇薇安·特拉金斯基（Vivian Trakinski）和艾德里安·菲茨杰拉德（Adrienne FitzGerald），她们在不同时期给予了帮助］。感谢我遍布各地各国的朋友，我总能约他们一起吃个晚餐。感谢小说家达芙妮·乌维勒（Daphne Uviller），她是我在咖啡馆的写作同伴。特别感谢我在纽约的父母、旧金山的姐姐及其家人，以及匈牙利的公公婆婆，谢谢你们给予的爱和支持。本书献给我可爱的丈夫佐尔坦和我们的女儿若菲。

参考文献

引　言

1. Ali MacGraw, telephone interview with the author, April 5, 2016.

第一章

1. Kristen Iversen, *Molly Brown: Unraveling the Myth* (Boulder, CO: Johnson Books, 2010), 13–29, 169.
2. "Mrs Margaret Brown," Encyclopedia Titanic, updated August 22, 2017, https://www.encyclopedia-titanica.org/titanic-survivor/molly-brown.html.
3. Iversen, *Molly Brown*, 233.
4. Iversen, *Molly Brown*, 236.
5. Letters between Margaret Tobin Brown and Estelle Ballow, 1931, Molly Brown Collection, Denver Public Library Digital Collection.
6. "Books and Authors," *New York Times*, March 5, 1933.
7. Gale Harris, "Barbizon Hotel for Women," Landmarks Preservation Commission, Designation List 454 LP-2495, April 17, 2012, 4, http://npclibrary.org/db/bb_files/2012-BarbizonHotelforWomen.pdf.
8. "Color Splashes in the City's Drabness," *New York Times*, October 9, 1927.
9. "Temple Rodeph Sholom Sells 63d St. Site," *New York Times*, January 31, 1926.
10. "Prepares to Quit Temple," *New York Times*, September 26, 1926.
11. Sara M. Evans, *Born for Liberty: A History of Women in America* (New York: Free Press, 1997), 183.
12. "New Club for Women Rivals Any for Men," *New York Times*, February 24, 1929.
13. Laura Pedersen, "Home Sweet Hotel," *New York Times*, August 6, 2000.
14. Walter Rendell Storey, "Making the Hotel Room More Homelike," *New York Times*, December 14, 1930.
15. Paul Groth, Living Downtown: *The History of Residential Hotels in the United States* (Berkeley: University of California, 1999), 20.
16. Nikki Mandell, "A Hotel of Her Own: Building by and for the New Woman, 1900–1930," *Journal of Urban History* 45, no. 3 (March 19, 2018): 521, https://journals.sagepub.com/doi/abs/10.1177/0096144218762631.

17. Mandell, "A Hotel of Her Own," 519.
18. "New Club for Women," *New York Times*.
19. "New Club for Women," *New York Times*.
20. Christopher Gray, "For Career Women, a Hassle-Free Haven," *New York Times*, July 1, 2012.
21. Virginia Kurshan, "Martha Washington Hotel," Landmarks Preservation Commission, Designation List 456a LP-2428, amended June 19, 2012, 4, http://s-media.nyc.gov/agencies/lpc/lp/2428.pdf.
22. Kurshan, "Martha Washington Hotel," 4.
23. Mandell, "A Hotel of Her Own," 526.
24. Mandell, "A Hotel of Her Own," 531.
25. Christopher Gray, "It Looks as if It's One Building but It's Really Two," *New York Times*, December 8, 2002.
26. "New Club for Women," *New York Times*.
27. Mandell, "A Hotel of Her Own," 526.
28. Mandell, "A Hotel of Her Own," 532.
29. "New Club for Women," *New York Times*.
30. "Reflects Modern Woman," *New York Times*, September 25, 1927. No original documents from the Barbizon exist today and therefore the number of rooms I cite are always based on articles written at various points in the hotel's history. In this case here, the architect planned on 720 rooms. Later, it seems the number of rooms dipped under 700, presumably because some rooms were reconfigured.
31. Advertisement, *New York Times*, September 11, 1927.
32. Many thanks to architectural historians Diane Al Shihabi and Kimberly Elman Zarecor for their input and expertise.
33. Matlack Price, "The Barbizon," *Architectural Forum* 48 (May 1928), http://s-media.nyc.gov/agencies/lpc/lp/2495.pdf.
34. "Fontainebleau Forest," *Los Angeles Times*, May 31, 2009, https://www.latimes.com/archives/la-xpm-2009-may-31-tr-barbizon31-story.html.
35. "City's First Club Home for Women to Open in Fall," *Daily Star* (Queens Borough), June 25, 1927.
36. Harris, "Barbizon Hotel for Women," 4.
37. Harris, "Barbizon Hotel for Women," 3.
38. "New Club for Women," *New York Times*.
39. Iversen, *Molly Brown*, 237.
40. Evans, *Born for Liberty*, 176.
41. Louis Sobol, "Speakeasy" (Part 3), *Hearst's International—Cosmopolitan*, May 1934.

42. "Belle Livingstone, 'Salon' Hostess of Prohibition Era, Is Dead Here," *New York Times*, February 8, 1957.
43. Louis Sobol, "Speakeasy" (Part 2), *Hearst's International—Cosmopolitan*, April 1934.
44. Sobol, "Speakeasy" (Part 3).
45. Sobol, "Speakeasy" (Part 3).
46. Sobol, "Speakeasy" (Part 2).
47. Sobol, "Speakeasy" (Part 2).
48. Louis Sobol, "Speakeasy" (Part 1), *Hearst's International—Cosmopolitan*, March 1934.
49. Eric Garber, "A Spectacle in Color: The Lesbian and Gay Subculture of Jazz Age Harlem," http://xroads.virginia.edu/~ug97/blues/garber.html. I would like to thank my Vassar College colleagues Professors Hiram Perez and Quincy Mills for their input here.
50. Sobol, "Speakeasy" (Part 2).
51. Sobol, "Speakeasy" (Part 1).
52. Joshua Zeitz, *Flapper: A Madcap Story of Sex, Style, Celebrity, and the Women Who Made America Modern* (New York: Broadway Books, 2006), 6.
53. "Plays Cinderella with a Check Book," *New York Times*, January 18, 1926.
54. "Frenchman Calls Our Girls 'a Bit Fast'," *New York Times*, January 11, 1926.
55. Zeitz, *Flapper*, 21.
56. "Criticizes Modern Woman," *New York Times*, April 19, 1926.
57. "Warns of Chewing Gum," *New York Times*, July 31, 1926.
58. "Sizes Askew on Women's Clothing," *New York Times*, January 17, 1926.
59. "Woman's Dainty Footprint Has Grown Larger," *New York Times*, February 21, 1926.
60. "Lady Astor Here; Lauds Modern Girl, Chides Mothers," *New York Times*, August 3, 1926.
61. "Lady Astor Flashes Wit in Speech Here," *New York Times*, September 10, 1926.
62. Helen Appleton Read, "Features: Opposite Aspects of Twentieth-Century Decoration," *Vogue* 72, no. 13 (December 22, 1928).
63. "Wellesley Club Rooms: New York Members Take Floor in the Barbizon," *New York Times*, August 7, 1927.
64. Advertisement, *New Yorker*, October 4, 1930.
65. *Junior League Magazine*, January 1928: 9.
66. Qianye Yu, "A Room of Her Own. Housing for New York's Working Women, 1875–1930" (M.A. thesis, Graduate School of Architecture, Planning and Preservation, Columbia University, May 2019), 77, https://academiccommons.

columbia.edu/doi/10.7916/d8-c1qq-em47.
67. Evans, *Born for Liberty*, 176.
68. "Has the Flapper Disappeared?" *Junior League Magazine*, January 1928: 16–17.
69. "Home Sweet Hotel," *New York Times*, August 6, 2000.

第二章

1. Rose A. Doherty, *Katharine Gibbs: Beyond White Gloves* (self-pub., CreateSpace, 2014), 24.
2. Doherty, *Katharine Gibbs*, 34–35.
3. Doherty, *Katharine Gibbs*, 26.
4. Doherty, *Katharine Gibbs*, 36.
5. Doherty, *Katharine Gibbs*, 39.
6. Doherty, *Katharine Gibbs*, 63.
7. James A. Welu, "Obituaries: Helen Estabrook Stoddard," American Antiquarian Society, https://www.americanantiquarian.org/proceedings/44525161.pdf.
8. Doherty, *Katharine Gibbs*, 49.
9. Bennett Lowenthal, "The Jumpers of '29," *Washington Post*, October 25, 1987.
10. Louis Sobol, "Speakeasy" (Part 1), *Hearst's International—Cosmopolitan*, March 1934.
11. "New York. The Wonder City. Intimate Inside Life in the Year 1932," Hotel Files: Barbizon, New-York Historical Society Archives, New York, New York [hereafter cited as N-YHS].
12. "Barbizon Default," *New York Sun*, April 20, 1931.
13. "Takes Over the Barbizon," *New York Times*, April 18, 1931.
14. Untitled short report, *Sun*, June 2, 1932, Hotel Files: Barbizon, N-YHS.
15. "Bondholders Buy Barbizon Hotel," *Sun*, July 5, 1932, Hotel Files: Barbizon, N-YHS.
16. "Recorded Mortgages," *Sun*, July 28, 1932, Hotel Files: Barbizon, N-YHS.
17. Sara M. Evans, *Born for Liberty: A History of Women in America* (New York: Free Press, 1997), 203.
18. Evans, *Born for Liberty*, 215.
19. Evans, *Born for Liberty*, 202.
20. Nancy Woloch, *Women and the American Experience*, 3rd ed. (New York: McGraw-Hill, 2000), 457.
21. Advertisement, *New Yorker*, September 24, 1932, 58.
22. Advertisement, *New Yorker*, October 21, 1933, 91.
23. Advertisement, *New Yorker*, September 15, 1934, 106.
24. Betsy Israel, *Bachelor Girl: The Secret History of Single Women in the Twenti-*

eth Century (New York: William Morrow, 2002), 150.
25. Woloch, *Women and the American Experience*, 438–39.
26. Woloch, *Women and the American Experience*, 439.
27. Israel, *Bachelor Girl*, 152.
28. 1937 Katharine Gibbs Manual of Style. From the personal archives of Susan Camp [hereafter cited as SC], generously shared with the author.
29. Doherty, *Katharine Gibbs*, 70.
30. Katharine Gibbs New York Catalog, 1939–40, 21, SC.
31. Katharine Gibbs New York Catalog, 1939–40, 21–22, SC.
32. Nan Robertson, "Where the Boys Are Not," *Saturday Evening Post*, October 19, 1963, 29.
33. 1943 *Platen*, Gibbs School Yearbook, SC.
34. Doherty, *Katharine Gibbs*, 76–77.
35. Doherty, *Katharine Gibbs*, 86.
36. "Woman's Work to Be Discussed," *New York Times*, January 6, 1935.
37. Woloch, *Women and the American Experience*, 468.
38. Israel, *Bachelor Girl*, 153.
39. "Girls Capable of Better Work in Offices or Professions If They Leave Family Home," *Washington Post*, December 7, 1935.
40. John Robert Powers, *The Powers Girls* (New York: E. P. Dutton, 1941).
41. Powers, *Powers Girls*.
42. E. J. Kahn, "Profiles: Powers Model," *New Yorker*, September 14, 1940, 24.
43. Nicole Levy, "This NYC Modeling Agency Shaped the Fashion World as We Know It," *This Is New York: A Blog About New York Neighborhoods*, September 7, 2016.
44. Evelyn B. Echols, *They Said I Couldn't Do It, but I Did!* (Chicago: Ampersand, Inc., 2008), 29.
45. Echols, *They Said I Couldn't Do It, but I Did!*, 29.
46. Echols, *They Said I Couldn't Do It, but I Did!*, 29–30.
47. Kahn, "Profiles: Powers Model."
48. Alice Hughes, "A Woman's New York: Hollywood Is Making Movie on New York's 'Women-Only' Hotel," *Washington Post*, July 12, 1939.
49. Frank S. Nugent, "THE SCREEN; A True-Confessional Romance," *New York Times*, August 26, 1939.
50. Marcia Bromely: Nugent, "THE SCREEN."
51. St. Clair McKelway to Bruno R. Wiedermann, September 28, 1939, accessed November 20, 2018, https://microship.com/st-clair-mckelway-recommends-phyllis-mccarthy-to-barbizon/. Blog by Ms. McCarthy's son, Steve K. Roberts, based on the letter and newspaper clipping he found; excerpted on NPR's All Things Considered on October 21, 2014. I would like to thank Mr.

Roberts for generously sharing this memorabilia.

52. George I. Bushfield, "Just for the fun of it!" accessed November 20, 2018, https://microship.com/st-clair-mckelway-recommends-phyllis-mccarthy-to-barbizon/.
53. William Norwich, "The Trailblazer," *Vogue*, August 2006.
54. "New Plan in Effect on the Ritz Tower; Mortgage Is Paid Off on Barbizon Hotel," *New York Times*, February 2, 1940.
55. "New Marquee Erected at the Hotel Barbizon," *Gazette*, June 1, 1940.
56. Echols, *They Said I Couldn't Do It, but I Did!*, 35.
57. Doherty, *Katharine Gibbs*, 82.

第三章

1. Angela Taylor, "At *Mademoiselle*, Changing of the Guard," *New York Times*, April 4, 1971.
2. Betsy Talbot Blackwell to Dr. Susan Spencer, December 2, 1965, box 7 correspondence, 1965, the Betsy Talbot Blackwell Collection, American Heritage Center, University of Wyoming, Laramie [hereafter cited as BTBC].
3. As quoted in Cathy Ciccolella's college essay, November 11, 1963, box 7 correspondence, 1963, BTBC.
4. Taylor, "At *Mademoiselle*." *Charm* magazine of the 1920s was different from the one started in the 1940s.
5. "Memo from the Editor" (column), box 7 correspondence, 1965, BTBC.
6. "Memo from the Editor," BTBC.
7. "Memo from the Editor," BTBC.
8. "A Short History of *Mademoiselle*," 1945, online, BTBC.
9. "A Short History of *Mademoiselle*," 1965, draft version, online, BTBC.
10. Neva Nelson's recollection. As quoted in Elizabeth Winder, *Pain, Parties, Work: Sylvia Plath in New York, Summer 1953* (New York: HarperCollins, 2013), 34.
11. Taylor, "At *Mademoiselle*."
12. "Betsy Talbot Blackwell. Editor-in-Chief of Mademoiselle," box 7 correspondence, 1965, BTBC.
13. The Writers' Institute: A Monthly Special Report for Writers, Literary Agents, Publicists, Artists, Cartoonists and Photographers: "*Mademoiselle*: A Publication Portrait" (no date)—online, BTBC.
14. "Memo from the Editor," BTBC.
15. "Betsy Blackwell, Former Magazine Editor, Dies," *Los Angeles Times*, February 18, 1985.
16. "Memo from the Editor," BTBC.
17. Julia Keller, "To a Generation, *Mademoiselle* Was Stuff of Literary Dreams," *Chicago Tribune*, October 5, 2001.

18. Meg Wolitzer, "My *Mademoiselle* Summer," *New York Times*, July 19, 2013.
19. Taylor, "At *Mademoiselle*."
20. Writers' Institute, "*Mademoiselle*: A Publication Portrait," BTBC.
21. "A Short History of *Mademoiselle*," 1965, BTBC.
22. From the personal archive of Phyllis Lee Levin, generously shared with the author.
23. Phyllis Lee Levin, *The Wheels of Fashion* (New York: Doubleday, 1965), xvi.
24. BTB, "The Dollars and Cents of Fashion Magazines," speech to the Chicago Fashion Group, September 26, 1951, BTBC.
25. BTB, "Dollars and Cents."
26. Telegram to Nanette Emery, May 8, 1945. All of the following references to Nanette Emery, unless otherwise noted, are from her diary and memorabilia, courtesy of the Nanette Emery Mason Private Collection.
27. Lanie Bernhard, telephone interview with the author, April 12, 2016.
28. Gale Harris, "Barbizon Hotel for Women," Landmarks Preservation Commission, Designation List 454 LP-2495, April 17, 2012, 7, http://npclibrary.org/db/bb_files/2012-BarbizonHotelforWomen.pdf.
29. Michael Callahan, "Sorority on E. 63rd St.," *Vanity Fair*, April 2010, 169.
30. "McCardell 'Newies'," courtesy of the Nanette Emery Mason Private Collection.
31. Sara M. Evans, *Born for Liberty: A History of Women in America* (New York: Free Press, 1997), 243.
32. Diane Johnson, "Nostalgia," *Vogue*, September 2003, 208.
33. Marybeth Little, College Board editor, memo to BTB, November 16, 1953, box 3 correspondence, 1946–1955, BTBC.
34. Harmon and Elsie Tupper, "The Barbizon—For Women Only," *Collier's*, December 25, 1948, 21.
35. Nan Robertson, "Where the Boys Are Not," *Saturday Evening Post*, October 19, 1963, 29.
36. Tupper, "The Barbizon," 21.
37. Taylor, "At *Mademoiselle*."
38. Jan Whitaker, "When Ladies Lunched: Schrafft's," *Restaurant-ing Through History*, August 27, 2008, https://restaurant-ingthroughhistory.com/2008/08/27/when-ladies-lunched-schraffts/.
39. "Memo from the Guest Editor," *Mademoiselle*, College Issue, August 1945, 10–11.
40. *Mademoiselle* College Board to Nanette Emery, April 10, 1945, courtesy of the Nanette Emery Mason Private Collection.
41. Nanette Emery and Bernice Peck, "Young Fat," *Mademoiselle*, August 1945, 213.

42. John Cheever, "Preface," in *The Stories of John Cheever* (New York: Vintage, 2000).
43. Levin, *Wheels of Fashion*, xvii.
44. Phyllis Lee Levin, interview with the author, New York City, August 17, 2016.
45. Rachel Shteir, "Everybody Slept Here," *New York Times*, November 10, 1996.
46. Edie Raymond Locke, interview with the author, Thousand Oaks, CA, October 25–26, 2018.
47. Elizabeth Moulton, "Remembering George Davis," *VQR Online: A National Journal of Literature & Discussion* 55, no. 2 (Spring 1979).
48. Richard Wright review of Carson McCullers's *The Heart Is a Lonely Hunter* in the *New Republic*, August 5, 1940, 195.
49. Mary Cantwell, "Manhattan, When I Was Young," in *Manhattan Memoir* (New York: Penguin, 2000), 159.
50. George Davis to BTB, November 13, 1948, box 5 correspondence, 1942–1953, BTBC.
51. Davis to BTB, November 13, 1948.
52. George Davis to BTB, January 14, 1949, box 5 correspondence, 1942–1953, BTBC.
53. George Davis to BTB, January 14, 1949.
54. Locke, interview.
55. Evans, *Born for Liberty*, 244.
56. The Newsletter of Facts on Communism: Counterattack, Letter No. 118, August 26, 1949, box 3 correspondence, 1949, BTBC.
57. "'Mademoiselle' Forum Found Red," *The Tablet*, September 1949, box 3 correspondence, 1949, BTBC.
58. Moulton, "Remembering George Davis."
59. Moulton, "Remembering George Davis."
60. George Davis to BTB, July 14, 1953, box 5 correspondence, 1942–1953, BTBC.
61. Street & Smith to BTB, July 30, 1953, box 5 correspondence, 1942–1957, BTBC.
62. "A Short History of *Mademoiselle*," 1965, BTBC.
63. BTB to Gerald Smith of Smith & Street, March 17, 1952, box 3 correspondence, 1946–1955, BTBC.

第四章

1. Laura Brown, "Barbizon Hotel," *New York Sunday News*, March 5, 1950.
2. Buddy Basch, "Courage Brings Actress Success in New Field," *Tarrytown Daily News* (New York), January 25, 1978.

3. Joyce Haber, "Shirley Jones Find Success, As Usual, with the Partridges," *Los Angeles Times*, November 29, 1970.
4. Basch, "Courage Brings Actress Success."
5. Philip Marchand, "Open Book: *Salinger*, by David Shields and Shane Salerno," *National Post*, September 6, 2013.
6. Harmon and Elsie Tupper, "The Barbizon—For Women Only," *Collier's*, December 25, 1948, 82.
7. Nyna Giles and Eve Claxton, *The Bridesmaid's Daughter: From Grace Kelly's Wedding to a Women's Shelter—Searching for the Truth About My Mother* (New York: St. Martin's, 2018), 9–12.
8. Lorraine Davies to family, letters from the personal archives of Lorraine Davies Knopf, generously shared with the author.
9. Nan Robertson, "Where the Boys Are Not," *Saturday Evening Post*, October 19, 1963, 29.
10. Tupper, "The Barbizon—For Women Only," 82.
11. Robertson, "Where the Boys Are Not," 29.
12. Giles and Claxton, *Bridesmaid's Daughter*, 14.
13. "About Little Edie," Grey Gardens Online, accessed May 30, 2017, http://greygardensonline.com/about-little-edie/.
14. Walter Newkirk, *Letters of Little Edie Beale: Grey Gardens and Beyond* (Bloomington, IN: AuthorHouse, 2009), 52.
15. Giles and Claxton, *Bridesmaid's Daughter*, 16.
16. "Harry S. Conover, 53, Is Dead; Ran Model Agency 20 Years," *New York Times*, July 25, 1965.
17. Giles and Claxton, *Bridesmaid's Daughter*, 23.
18. Giles and Claxton, *Bridesmaid's Daughter*, 32.
19. Tupper, "The Barbizon—For Women Only," 82.
20. Tupper, "The Barbizon—For Women Only," 82.
21. Tupper, "The Barbizon—For Women Only," 20.
22. Tupper, "The Barbizon—For Women Only," 82.
23. Robert Lacey, *Model Woman: Eileen Ford and the Business of Beauty* (New York: Harper, 2015), 84.
24. Lacey, *Model Woman*, 83–84.
25. Lacey, *Model Woman*, 105.
26. Giles and Claxton, *Bridesmaid's Daughter*, 46–48.
27. Suzanna Andrews, "Hostage to Fortune," *Vanity Fair*, December 2004.
28. Lacey, *Model Woman*, 109.
29. Phyllis Lee Levin, "A Fashion Model's Face Is Still Her Fortune," *New York Times*, February 10, 1958.

30. Janet Wagner Rafferty, *A Model Life: Life Stories from My Youth* (self-pub., CreateSpace, 2009), 50–55.
31. Neva Nelson, interview with the author, Cape May, NJ, May 21, 2016.
32. Janet Wagner Rafferty, video interview with Melodie Bryant, October 14, 2012, generously shared with the author.
33. Lorraine Davies Knopf, telephone interview with the author, March 3, 2016.
34. Giles and Claxton, *Bridesmaid's Daughter*, 51.
35. Lacey, *Model Woman*, 106.
36. Giles and Claxton, *Bridesmaid's Daughter*, 52.
37. Dolores Phelps, telephone interview with the author, March 22, 2019.
38. Douglas Martin, "Lily Carlson Is Dead at 85; One of First Models for Ford," *New York Times*, December 24, 2000.
39. Janet Wagner Rafferty, telephone interview with the author, April 6, 2016.
40. Michael Kilian, "Grace: The Steamy Sex Life of the 'Ice Princess,'" *Sun-Sentinel* (Fort Lauderdale, FL), May 11, 1987.
41. Malachy McCourt, interview with the author, New York City, April 15, 2016.
42. Malachy McCourt, *A Monk Swimming: A Memoir* (Rockland, MA: Wheeler, 1998), 76.
43. McCourt, *Monk Swimming*, 75.
44. Malachy McCourt, video interview with Melodie Bryant, June 15, 2012, generously shared with the author.
45. McCourt, interview with the author.
46. McCourt, video interview with Bryant.
47. McCourt, video interview with Bryant.
48. McCourt, interview with the author.
49. Callahan, "Sorority on E. 63rd St.," 172.
50. Callahan, "Sorority on E. 63rd St.," 172.
51. Colette Hoppman, "Who's Game?" *Mademoiselle*, College Issue, August 1958.
52. Lisa Anderson, "In Happily Ever After? It Never Happened, Says a Bridesmaid of Princess Grace," *Chicago Tribune*, June 15, 1989.
53. Lorraine Davies Knopf, *A Good Name* (self-pub., CreateSpace, 2014).

第五章

1. Sylvia Plath, *The Bell Jar* (New York: Harper Perennial, 2005), 85.
2. Sylvia Plath to Aurelia Schober Plath, April 24, 1953, in *The Letters of Sylvia Plath, Volume I, 1940–56*, eds. Peter K. Steinberg and Karen V. Kukil (New York: HarperCollins, 2017), 596.
3. Sylvia Plath to Aurelia Schober Plath, April 30 to May 1, 1953, in *Letters of Sylvia Plath*, 606.

4. Sylvia Plath to Aurelia Schober Plath, May 5, 1953, in *Letters of Sylvia Plath*, 609.
5. Sylvia Plath to Aurelia Schober Plath, May 8, 1953, in *Letters of Sylvia Plath*, 613.
6. Marybeth Little to Neva Nelson, May 5, 1953. From the personal archives of Neva Nelson [hereafter cited as NN], generously shared with the author.
7. Elizabeth Winder, *Pain, Parties, Work: Sylvia Plath in New York, Summer 1953* (New York: Harper, 2013), 81.
8. Sylvia Plath to Aurelia Schober Plath, May 13, 1953, in *Letters of Sylvia Plath*, 617.
9. Sylvia Plath to Warren Plath, May 13, 1953, in *Letters of Sylvia Plath*, 621.
10. Sylvia Plath to Aurelia Schober Plath, June 3, 1953, in *Letters of Sylvia Plath*, 630.
11. Sylvia Plath to Aurelia Schober Plath, June 3, 1953, in *Letters of Sylvia Plath*, 630.
12. Neva Nelson, letter and sketched plan, May 24, 2016, NN.
13. Diane Johnson, telephone interview with the author, November 27, 2018.
14. Nan Robertson, "Where the Boys Are Not," *Saturday Evening Post*, October 19, 1963, 30.
15. Neva Nelson, interview with the author, Cape May, NJ, May 21, 2016.
16. Plath, *Bell Jar*, 6.
17. Laurie Levy, "Outside the Bell Jar," in *Sylvia Plath: The Woman & the Work*, ed. Edward Butscher (New York: Dodd, Mead & Company, 1985), 43.
18. Levy, "Outside the *Bell Jar*," 43.
19. Nelson, interview with the author.
20. Nelson, interview with the author.
21. Plath, Bell Jar, 102.
22. Polly Weaver to guest editors, May 1, 1953, NN.
23. Andrew Wilson, *Mad Girl's Love Song: Sylvia Plath and Life Before Ted* (New York: Scribner, 2013), 200.
24. Plath, *Bell Jar*, 27.
25. Neva Nelson, email to Heather Clark, November 13, 2014, NN.
26. Johnson, telephone interview.
27. Levy, "Outside the Bell Jar," 43.
28. Winder, *Pain, Parties, Work*, 98.
29. Sylvia Plath to Aurelia Schober Plath, June 3, 1953, in *Letters of Sylvia Plath*, 632.
30. Levy, "Outside the Bell Jar," 44.
31. Winder, *Pain, Parties, Work*, 51.
32. Winder, *Pain, Parties, Work*, 85.
33. Sylvia Plath to Aurelia Schober Plath, June 13, 1953, in *Letters of Sylvia Plath*, 637.

34. Plath, *Bell Jar*, 5–6.
35. Winder, *Pain, Parties, Work*, 86.
36. Plath, *Bell Jar*, 4.
37. Winder, *Pain, Parties, Work*, 113.
38. Winder, *Pain, Parties, Work*, 114.
39. Sylvia Plath to Aurelia Schober Plath, June 8, 1953, in *Letters of Sylvia Plath*, 633–34.
40. Anne Shawber to Neva Nelson, 1980, NN.
41. Plath, *Bell Jar*, 2.
42. Sylvia Plath to Aurelia Schober Plath, June 13, 1953, in *Letters of Sylvia Plath*, 635.
43. Winder, *Pain, Parties, Work*, 117–19.
44. Winder, *Pain, Parties, Work*, 123.
45. Winder, *Pain, Parties, Work*, 124–25.
46. Sylvia Plath to Aurelia Schober Plath, June 13, 1953, in *Letters of Sylvia Plath*, 635.
47. Plath, *Bell Jar*, 9.
48. "Appendix 4: Journal Fragment 19 June 1953," in *The Unabridged Journals of Sylvia Plath 1950–1962*, ed. Karen V. Kukil (New York: Anchor Books, 2000), 541–42.
49. Nelson, interview, and Winder, *Pain, Parties, Work*, 146.
50. Plath, *Bell Jar*, 1.
51. Plath, *Bell Jar*, 3.
52. Sylvia Plath to Aurelia Schober Plath, June 8, 1953, in *Letters of Sylvia Plath*, 633.
53. Sylvia Plath to Aurelia Schober Plath, June 8, 1953, in *Letters of Sylvia Plath*, 634.
54. Plath, *Bell Jar*, 2.
55. Sylvia Plath to Warren Plath, June 21, 1953, in *Letters of Sylvia Plath*, 641.
56. Wilson, *Mad Girl's Love Song*, 208.
57. Winder, *Pain, Parties, Work*, 176–78. Yet the veracity of this account is questionable for various reasons.
58. Sylvia Plath to Warren Plath, June 21, 1953, in *Letters of Sylvia Plath*, 642.
59. Winder, *Pain, Parties, Work*, 200.
60. Winder, *Pain, Parties, Work*, 204.
61. Sylvia Plath to Aurelia Schober Plath, May 18, 1953, in *Letters of Sylvia Plath*, 628.
62. Wilson, *Mad Girl's Love Song*, 214.
63. Johnson, telephone interview.

第六章
1. Peggy LaViolette Powell, correspondence with author, 2016.
2. Joan Didion, "California Notes," *New York Review of Books*, May 26, 2016.
3. Peggy LaViolette Powell, correspondence with author, 2018.
4. Elizabeth Rainey, "Education of Joan Didion: Her Uncollected Works and What They Tell Us," Charlene Conrad Liebau Library Prize for Undergraduate Research, Spring 2010, 16. And Powell, correspondence, 2018.
5. Joan Didion to Peggy LaViolette, July 1955, Joan Didion Letters, BANC MSS 84/180 c v. 1, Bancroft Library, University of California, Berkeley [hereafter cited as BLUC].
6. Rainey, "Education of Joan Didion," 10.
7. Powell, correspondence, 2016.
8. Powell, correspondence, 2016. Joan Didion would write to Peggy a couple of months later, congratulating her on having purchased an Olivetti: "Glad you're getting an Olivetti—you'll love it. (As the girl who owns one-) Even after 2 years, I still feel kind of good everytime I look at mine." (Letter from Joan Didion to Peggy LaViolette, August 9, 1955.)
9. Sara M. Evans, *Born for Liberty: A History of Women in America* (New York: Free Press, 1997), 237.
10. Powell, correspondence, 2018.
11. Joan Didion, "Goodbye to All That," in *Slouching Towards Bethlehem: Essays* (New York: Farrar, Straus and Giroux, 2008).
12. Didion, "Goodbye to All That," 226.
13. Didion, "Goodbye to All That," 229.
14. Didion, "Goodbye to All That," 226–27.
15. Joan Didion to Peggy LaViolette Powell, 1955–2004 (bulk 1955–1960), BLUC. And "To Peggy from Joan," *Vogue*, November 9, 1958.
16. Frank Tempone, "Janet Burroway Carries On, Reinvents Self," *Chicago Tribune*, March 21, 2014.
17. Janet Burroway's letters home, letter from May 31, 1955, from the personal archive of Janet Burroway [hereafter cited as JB], generously shared with the author.
18. Janet Burroway, video interview with Melodie Bryant, May 30, 2013, generously shared with the author.
19. Janet Burroway's letters home, letter, no date, 3, JB.
20. Janet Burroway's letters home, postcard, no date, JB.
21. Janet Burroway's letters home, letter from May 30, 1955, 1, JB.
22. Burroway, video interview with Bryant.
23. Janet Burroway's letters home, letter from May 30, 1955, 1, JB.

24. Peggy LaViolette Powell, telephone interview with the author, October 16, 2018.
25. Janet Burroway's letters home, letter from May 31, 1955, 2, JB.
26. Gael Greene, "Aimez-Vous Trilobites?" in *Don't Come Back Without It* (New York: Simon & Schuster, 1960), 50.
27. Gael Greene, interview with the author, New York City, April 15, 2016.
28. Greene, interview.
29. Jan Truslow, "Memo from the Guest Editor," *Mademoiselle*, August 1955, 238–40.
30. Greene, "Aimez-Vous Trilobites?," 52–53.
31. Greene, "Aimez-Vous Trilobites?," 54.
32. Greene, "Aimez-Vous Trilobites?," 53.
33. Janet Burroway, "I Didn't Know Sylvia Plath," in *Embalming Mom: Essays in Life* (Iowa City: University of Iowa Press, 2004), 3.
34. Nina Renata Aron, "A women's magazine that treated its readers like they had brains, hearts, and style? *Mademoiselle* was it," *Timeline*, https://timeline.com/mademoiselle-smart-women-magazine-1870bf328ba1.
35. Burroway, "I Didn't Know Sylvia Plath," 3.
36. Burroway, video interview with Bryant.
37. Powell, telephone interview, October 16, 2018.
38. Janet Burroway's letters home, letter from May 31, 1955, 1, JB.
39. Janet Burroway's letters home, letter from June 5, 1955, 1, JB.
40. Janet Burroway's letters home, letter from May 31, 1955, 2, JB.
41. Janet Burroway's letters home, letter from June 5, 1955, 2, JB.
42. "Owner of the Tailored Woman Looks Back on Store's 45 Years," *New York Times*, September 29, 1964.
43. Peggy LaViolette Powell, telephone interview with the author, November 1, 2018.
44. Janet Burroway's letters home, letter from June 7, 1955, 1, JB.
45. Powell, correspondence, 2016.
46. Didion, "Goodbye to All That," 228.
47. Janet Burroway's letters home, letter postmarked June 16, 1955, JB.
48. Janet Burroway's letters home, letter from June 9, 1955, 2–3, JB.
49. Janet Burroway's letters home, letter from "Sat nite" (June 14?), 1955, JB.
50. Powell, telephone interview, October 16, 2018.
51. Powell, telephone interview, October 16, 2018.
52. Powell, correspondence, 2018. While Janet Burroway does not recall Plath visiting (and makes no mention of it in her letters home), in a letter to Lynne Lawner on June 8, 1955, Sylvia Plath writes that she was in New York and

"lunched with cyrilly abels of *mlle*."

53. Burroway, video interview with Bryant.
54. Greene, "Aimez-Vous Trilobites?," 55.
55. Tracy Daugherty, *The Last Love Song: A Biography of Joan Didion* (New York: St. Martin's Griffin, 2016), 72.
56. Janet Burroway's letters home, letter from June 7, 1955, 3, JB.
57. Powell, telephone interview, October 16, 2018.
58. Burroway, video interview with Bryant.
59. Powell, telephone interview, October 16, 2018.
60. Janet Burroway's letters home, letter from June 27, 1955, 3, JB.
61. Greene, "Aimez-Vous Trilobites?," 56–57.
62. Powell, telephone interview, October 16, 2018.
63. Greene, "Aimez-Vous Trilobites?," 58–59.
64. Burroway, "I Didn't Know Sylvia Plath," 4.
65. Janet Burroway's letters home, letter from June 11, 1955, 3, JB.
66. Janet Burroway's letters home, letter from June 16, 1955, 2, JB.
67. Michael Callahan, "Sorority on E. 63rd St.," *Vanity Fair*, April 2010, 172.
68. "Memo from the Guest Editor," *Mademoiselle*, College Issue, August 1955, 242.
69. Rainey, "The Education of Joan Didion," 10.
70. Janet Burroway's letters home, letter from May 30, 1955, 2, JB.
71. Janet Burroway's letters home, letter from June 13, 1955, 1, JB.
72. Janet Burroway's letters home, letter from June 7, 1955, 3–4, JB.
73. Joan Didion to Peggy LaViolette, postmark July 17, 1955, Joan Didion Letters, BANC MSS 84/180 c v. 1, BLUC.
74. "To Peggy from Joan," July 5, 1955, BLUC.
75. "Meet Mlle's Winning Team!," *Mademoiselle*, August 1955, 249.
76. Powell, telephone interview, November 1, 2018.
77. "Meet Mlle's Winning Team!," *Mademoiselle*.
78. "To Peggy from Joan, Sacramento, CA," July 1955, BLUC.
79. While at *Mademoiselle*, Janet Burroway interviewed with admissions at Barnard and received a scholarship to continue her studies there, thereby leaving the University of Arizona.
80. "To Peggy from Joan," November 9, 1958, BLUC.
81. "To Peggy from Joan," BLUC.
82. Janet Burroway's letters home, letter from June 25, 1955, 1–2, JB.
83. Janet Burroway's letters home, letter from June 25, 1955, 3, JB.
84. Random excerpt from a draft of a speech—online, BTBC.
85. Chris Ladd, "The Last Jim Crow Generation," *Forbes*, September 27, 2016.
86. Tempone, "Janet Burroway Carries On."

第七章

1. Malachy McCourt, *A Monk Swimming: A Memoir* (Rockland, MA: Wheeler, 1998), 79.
2. Tim Donnelly, "The Lady Is a Vamp," *New York Post*, April 7, 2013.
3. "Added Attractions," *Mademoiselle*, August 1940.
4. "New York," *Mademoiselle*, July 1957.
5. Gael Greene, "Lone Women," Series, *New York Post*, November 25, 1957. I would like to thank Gael Greene for allowing me to photograph these articles from her own private archive.
6. Greene, "Lone Women," November 18, 1957.
7. Greene, "Lone Women," November 18, 1957.
8. Greene, "Lone Women," November 19, 1957.
9. Greene, "Lone Women," November 20, 1957.
10. Greene, "Lone Women," November 21, 1957.
11. Greene, "Lone Women," November 22, 1957.
12. Greene, "Lone Women," November 24, 1957.
13. Greene, "Lone Women," November 25, 1957.
14. Greene, "Lone Women," November 25, 1957.
15. "Wife of Merchant Plunges to Death," *New York Times*, March 2, 1934.
16. "Chicago Girl a Suicide," *Chicago Daily Tribune*, April 3, 1935.
17. "Girl Ends Her Life in Hotel Room Here," *New York Times*, July 9, 1939. And "Ends Life in New York," *Chicago Daily Tribune*, July 9, 1939.
18. Malachy McCourt, interview with the author, New York City, April 15, 2016.
19. Gloria Barnes Harper, interview with the author, New York City, April 16, 2015.
20. McCourt, interview.
21. McCourt, interview with the author.
22. McCourt, *A Monk Swimming*, 33.
23. Sylvia Plath, *The Bell Jar* (New York: Harper Perennial, 2005), 72.
24. Edward M. McGlynn, memo to BTB, May 28, 1956, box 2 correspondence, 1948–1961, BTBC.
25. WAT, confidential memo to BTB, April 13, 1956, box 3 correspondence, 1951–1964, BTBC.
26. McGlynn, memo to BTB.
27. Barbara Chase-Riboud, interview with the author, New York City, November 13, 2018.
28. Johnnie Johnstone, "Memo from the Guest Editor," *Mademoiselle*, August 1956, College Issue, 254.
29. Chase-Riboud, interview.
30. Edie Raymond Locke, interview with the author, Thousand Oaks, CA, October

25–26, 2018.
31. Virginia Voss, "University of Alabama," *Mademoiselle*, August 1956, College Issue, 310.
32. Emilie Griffin, "The Lure of Fame: The Yearning, the Drive, the Question Mark," in *Ambition: Essays by Members of the Chrysostom Society*, eds. Luci Shaw and Jeanne Murray Walker (Eugene, OR: Cascade Books, 2016), 37–38.
33. Chase-Riboud, interview.
34. Johnnie Johnstone, "Memo from the Guest Editor," 202.
35. Cody Bay, "Willette Murphy Made History as a Black Woman in 1961. But It's No Big Deal: She's Used to That," *On This Day in Fashion*, July 27, 2010.
36. "We Hitch Our Wagons," *Mademoiselle*, August 1956, College Issue, 257.
37. From Barbara Chase-Riboud's unpublished manuscript about her travels through Europe told through her letters home: "I Always Knew," 14, generously shared with the author.

第八章

1. Andrew Wilson, *Mad Girl's Love Song: Sylvia Plath and Life Before Ted* (New York: Scribner, 2013), 197.
2. Neva Nelson, interview with the author, Cape May, NJ, May 21, 2016.
3. Mary Cantwell, "Manhattan, When I Was Young," in *Manhattan Memoir* (New York: Penguin, 2000), 151.
4. Cantwell, "Manhattan," 155.
5. Cantwell, "Manhattan," 156.
6. Cantwell, "Manhattan," 153.
7. Cantwell, "Manhattan," 161.
8. Cantwell, "Manhattan," 161.
9. Cantwell, "Manhattan," 161.
10. Cantwell, "Manhattan," 158.
11. Cantwell, "Manhattan," 164.
12. Cantwell, "Manhattan," 161–62.
13. Elizabeth Winder, *Pain, Parties, Work: Sylvia Plath in New York, Summer 1953* (New York: Harper, 2013), 102.
14. Sylvia Plath, *The Bell Jar* (New York: Harper Perennial, 2005), 77–78.
15. Petition November 30, 1951, box 4 correspondence, 1945–1965, BTBC.
16. Cantwell, "Manhattan," 152.
17. Cantwell, "Manhattan," 153.
18. Edie Raymond Locke, telephone interview with the author, April 12, 2016.
19. Cantwell, "Manhattan," 153.
20. Winder, *Pain, Parties, Work*, 169.

21. Winder, *Pain, Parties, Work*, 128.
22. Nancy Lynch, memo to Cyrilly Abels [hereafter cited as CA], June 17, 1953, box 6 correspondence, 1953, BTBC.
23. MW, memo to CA, June 17, 1953, box 6 correspondence, 1953, BTBC.
24. JBM, memo to CA, June 17, 1953, box 6 correspondence, 1953, BTBC.
25. Leslie Felker, memo to CA, June 17, 1953, box 6 correspondence, 1953, BTBC.
26. Memo: REPORT ON KINSEY REPORT (confidential), June 19, 1953, box 6 correspondence, 1953, BTBC.
27. Neva Nelson, 1955, San Jose State, memo to CA re: Kinsey Report, June 19, 1953, box 6 correspondence, 1953, BTBC.
28. Janet Wagner, 1954, Knox College, memo to CA re: Kinsey Report, June 19, 1953, box 6 correspondence, 1953, BTBC.
29. Laurie Glazer, 1953, University of Michigan, memo to CA re: Kinsey Report, June 19, 1953, box 6 correspondence, 1953, BTBC.
30. Carol LeVarn, 1953, Sweet Briar College, memo to CA re: Kinsey Report, June 19, 1953, box 6 correspondence, 1953, BTBC.
31. Sylvia Plath, 1954, Smith, memo to CA re: Kinsey Report, June 19, 1953, box 6 correspondence, 1953, BTBC.
32. Plath, *Bell Jar*, 81.
33. BTB, memo to Gerald Smith, June 18, 1953, box 6 correspondence, 1953, BTBC.
34. Bob Park, memo to BTB, June 19, 1953, box 6 correspondence, 1953, BTBC.
35. Diane Johnson, "Nostalgia," *Vogue*, September 2003, 208.
36. Winder, *Pain, Parties, Work*, 154.
37. Winder, *Pain, Parties, Work*, 155.
38. Neva Nelson, interview with the author, Cape May, NJ, May 21, 2016. With follow-up correspondence in June 2020.
39. Laurie Levy, "Outside the Bell Jar," in *Sylvia Plath: The Woman & the Work*, ed. Edward Butscher (New York: Dodd, Mead & Company, 1985), 46.
40. Plath, *Bell Jar*, 85.
41. Diane Johnson, telephone interview with the author, November 27, 2018.
42. Nelson, interview.
43. Nelson, interview.
44. BTB, "Suburbia. The New Challenge," speech given to the Fashion Group, Washington, May 1955, box 20, BTBC.
45. Betty Friedan, *The Feminine Mystique* (New York: Dell Books, 1974), 20.
46. Friedan, *Feminine Mystique*, 12–13.
47. Phyllis Lee Levin, "Road from Sophocles to Spock Is Often a Bumpy One," *New York Times*, June 28, 1960.

48. Janet Burroway, "I Didn't Know Sylvia Plath," in *Embalming Mom: Essays in Life* (Iowa City: University of Iowa Press, 2004), 6.
49. Burroway, "I Didn't Know Sylvia Plath," 15.
50. Burroway, "I Didn't Know Sylvia Plath," 16.
51. Burroway, "I Didn't Know Sylvia Plath," 7–8.
52. Patricia Rice, *St. Louis Post-Dispatch*, August 2, 1989, E1.
53. Levy, "Outside the Bell Jar," 46.
54. Levy, "Outside the Bell Jar," 43.
55. Levy, "Outside the Bell Jar," 47.
56. Carol McCabe, email to Neva Nelson, May 22, 2010, NN.
57. Burroway, "I Didn't Know Sylvia Plath," 18.
58. Laurie Glazer Levy to Neva Nelson, May 8, 1973, NN.
59. Neva Nelson, correspondence with the author, 2016.
60. Edie Raymond Locke, interview with the author, Thousand Oaks, CA, October 25–26, 2018.
61. Angela Taylor, "Until Now, These Jobs Were Strictly for Coeds," *New York Times*, June 14, 1972.
62. "GE Journal: Notes on 30 Hectic Days and Nights in New York," *Mademoiselle*, College Issue, August 1977, 101–3.
63. Neva Nelson, newsletter to the 1953 GEs, December 1977, NN.
64. Ann Burnside Love, "The Legend of Plath, the Scent of Roses," *Washington Post*, April 29, 1979. Ann Burnside Love was one of the 1953 GEs.
65. Burnside Love, "The Legend of Plath."
66. Winder, *Pain, Parties, Work*, 89. And Nelson, interview.
67. Alex Witchel, "After 'The Bell Jar,' Life Went On," *New York Times*, June 22, 2003. Laurie Glazer Levy recently published a novel—The Stendhal Summer—and is working on another.
68. As quoted in a letter from Neva Nelson to her fellow guest editors, February 4, 2011, NN.
69. Diane Johnson, "Novelist Remembers Sylvia Plath," *New York Magazine*, May 26, 1979, 7.

第九章

1. Eve Auchincloss to Allen Ginsberg, September 23, 1959, box 4 correspondence; 1959–1960, BTBC.
2. Tracy Daugherty, *The Last Love Song: A Biography of Joan Didion* (New York: St. Martin's Griffin, 2016), 102.
3. Judith Innes, video interview with Melodie Bryant, October 16, 2012, generously shared with the author.

4. Donal Lynch, "Tippi Hedren: Why I Love Being Free as a Bird," *Belfast Telegraph*, June 12, 2012.
5. Joan Gage, "Those Fabulous Magazine Divas—A Memoir," *Rolling Crone*, November 5, 2009
6. Joan Gage, interview with the author, New York City, May 3, 2015.
7. Helen Gurley Brown, *Sex and the Single Girl* (Fort Lee, NJ: Barricade Books, 1962; 2003), 4–5.
8. Judith Thurman, "Helenism: The Birth of the Cosmo Girl," *New Yorker*, May 11, 2009.
9. As quoted in Joan Didion, "Bosses Make Lousy Lovers," *Saturday Evening Post*, January 30, 1965.
10. Didion, "Bosses Make Lousy Lovers."
11. BTB, "Changing Women—And the Need to Grow with Them," speech draft, 1956?—online, BTBC.
12. Friedan, *Feminine Mystique*, 11.
13. Jaclyn Smith, telephone interview with the author, April 8, 2016.
14. Nan Robertson, "Where the Boys Are Not," *Saturday Evening Post*, October 19, 1963, 28.
15. Paul Rosenfield, "Betty Buckley Getting Her Acts Together," *Los Angeles Times*, June 30, 1983.
16. "Lorna Yearns for Her Own Fame," *Atlanta Constitution*, September 27, 1975.
17. Robertson, "Where the Boys Are Not," 28.
18. Princeton Review, "Exclusive Interview with Betsey Johnson," in *The Internship Bible*, 10th ed. (New York: Princeton Review, 2005).
19. Amy Gross, interview with the author, New York City, November 29, 2018.
20. Melodee K. Currier, "Boy Crazy Adventures in New York City," IdeaGems 6, no. 1: 13, http://www.melodeecurrier.com/published-articles.html.
21. Melodee K. Currier, "First Person: 'Mad Men' Sexier than Ad Agencies of Real '60s," *Columbus Dispatch* (Ohio), September 24, 2011.
22. Phylicia Rashad, telephone interview with the author, April 19, 2016.
23. Anna Gedal, "Behind the Scenes: The 1970 Women's March for Equality in NYC," *New-York Historical Society*, March 10, 2015.
24. Linda Charlton, "Women March Down Fifth in Equality Drive," *New York Times*, August 27, 1970.
25. Angela Taylor, "At *Mademoiselle*, Changing of the Guard," *New York Times*, April 4, 1971.
26. BTB, "Memo from the Editor," *Mademoiselle*, June 1971, 88.
27. Robertson, "Where the Boys Are Not," 30.
28. Robertson, "Where the Boys Are Not," 30.

29. Lacey Fosburgh, "City Rights Unit Ponders Sex Law," *New York Times*, January 15, 1971.
30. Kevin Baker, "'Welcome to Fear City'—The Inside Story of New York's Civil War, 40 Years On," *Guardian*, May 18, 2015.
31. Terry Trucco, "Grace Kelly Slept Here: The Barbizon Hotel for Women Flirts with Landmark Status 30 Years After Its Demise," *Overnight New York*, August 11, 2011, https://overnightnewyork.com/hotels-in-the-news/in-the-news-the-barbizon-hotel-for-women/.
32. George Goodman, "Woman, 79, Found Slain in Room at the Barbizon," *New York Times*, August 18, 1975.
33. "Follow-Up News," *New York Times*, August 22, 1976.
34. Didi Moore, "The Developer as Hero," *Metropolitan Home*, October 1982.
35. Lori Nathanson, email correspondence with the author, December 29, 2015.
36. Vivian Brown, "Refurbishing the Barbizon," *Washington Post*, August 27, 1977.
37. Interview with Kitty Yerkes, May 1, 2009, UNCW Archives and Special Collections; Randall Library Oral History Collection, 1990–Present; Series 2: Southeast North Carolina; Subseries 2.3: Notables; Item 108.
38. Connie Lauerman, "Barbizon Hotel: Still Home Away from Home for Women," *Chicago Tribune*, December 28, 1977.
39. "Home Style: Beautifying the Barbizon," *New York Times*, October 10, 1976.
40. Lauerman, "Barbizon Hotel."
41. Judy Klemesrud, "Barbizon Hotel Celebrates Half Century of Service to Women," *New York Times*, October 31, 1977.
42. Ellan Cates, "Barbizon Hotel for Women Goes Coed," *Journal-Register* (Medina, NY), February 10, 1981.
43. Klemesrud, "Barbizon Hotel Celebrates."
44. Dee Wedemeyer, "Barbizon, at 49: A Tradition Survives," *New York Times*, March 13, 1977.
45. Meg Wolitzer, "My *Mademoiselle* Summer," *New York Times*, July 21, 2013.
46. Alan S. Oser, "Barbizon Hotel, Long an Anachronism, Begins a New Life," *New York Times*, February 27, 1981.
47. Wolitzer, "My *Mademoiselle* Summer."
48. Angela Derouin, email correspondence with author, January 17, 2016.
49. Wolitzer, "My *Mademoiselle* Summer."
50. Frank Bruni, "Why Early '80s New York Matters Today," *New York Times Style Magazine*, April 17, 2018.
51. Wedemeyer, "Barbizon, at 49."
52. Ellan Cates, "End of an Era: Barbizon Hotel for Women," UPI Archives, March

1, 1981.

53. Paul Blustein, "New Owners May Mix Things Up at Women-Only Barbizon Hotel," *Wall Street Journal*, November 13, 1980.
54. Edward A. Gargan, "For 114 Women at the Barbizon, a Grim Uncertainty," *New York Times*, December 29, 1980.
55. Blustein, "New Owners May Mix Things Up."
56. Luce Press Clippings (Television News Transcripts), February 15, 1981, 7:00 a.m., accessed June 4, 2019.
57. "Sammy Cahn Sings 'It's Been a Long, Long Time' to First Male Guests at the Barbizon; Ten-Story Heart Unfurled to Mark Occasion," press release, copy accessed June 4, 2019.
58. Luce Press Clippings (Television News Transcripts), February 14, 1981, 10:30 p.m., accessed June 4, 2019.
59. Horace Sutton, "New York's Barbizon Hotel Is Finally Going Coed," *Chicago Tribune*, June 20, 1982.
60. "New York Day by Day: Festival at the Barbizon," *New York Times*, April 20, 1984.
61. 1987 menu for the Café Barbizon, SC.
62. Marianne Yen and Bill Dedman, "Spence Faces Drug, Weapon Charges After Being Found in New York Hotel," *Washington Post*, August 9, 1989.
63. "Uzi-Toting Thief Robs Georgette Mosbacher," *Los Angeles Times*, June 13, 1990.
64. Linda Dyett, "The Medical-Beauty Convergence," *American Spa*, September/October 2000, 50.
65. "Barbizon Moves Ahead and Its Great Ladies Remember," *New York Post*, October 28, 1997.
66. Josh Barbanel, "A New Chapter for the Barbizon," *New York Times*, March 19, 2006.
67. Josh Barbanel, "The New 30 Is Now 50," *New York Times*, August 19, 2007.
68. Christine Haughney, "$6 Million for the Co-op, Then Start to Renovate," *New York Times*, October 6, 2007.
69. Sarah Kershaw, "Still Waiting in the Wings," *New York Times*, July 24, 2011.

图片来源

P1 Photo by Philippe Halsman © Halsman Archive
P11 SARA KRULWICH/*The New York Times*/Redux
P13 Denver Public Library, Western History; Photographic Collections
P21 Samuel H. (Samuel Herman) Gottscho (1875-1971) / Museum of the City of New York
P61 Courtesy of the Susan Camp Private Collection (1936-7 Katharine Gibbs Catalogue, 40)
P99 Courtesy of the New York Public Library Digital Collection
P103 USC Digital Library. *Los Angeles Examiner* Photographs Collection
P128 Courtesy of the Susan Camp Private Collection (*Collier's*, December 25, 1948. 21)
P130 Courtesy of the Nanette Emery Mason Private Collection
P155 "Grace Kelly in The Country Girl": The LIFE Picture Collection/Getty Images. Photographer: Ed Clark
P159 Courtesy of the Susan Camp Private Collection (*New York Sunday News*, March 5, 1950: 7) Photographers: Bill Klein and Daniel Jacino
P171 Courtesy of Pamela Barkentin. Photographer: George Barkentin
P197 LANDSHOFF HERMAN, *Mademoiselle* © Conde Nast
P209 Courtesy of Neva Nelson
P235 Courtesy of Conde Nast. SHORR RAY, *Mademoiselle*
P281 Courtesy of the Susan Camp Private Collection (*Collier's*, December 25, 1948: 21) Photographer: Sharland
P313 LANDSHOFF HERMAN, *Mademoiselle* © Conde Nast
P317 LANDSHOFF HERMAN, *Mademoiselle* © Conde Nast
P347 Estate of Evelyn Hofer. Photographer: Evelyn Hofer
P379 Courtesy of the Susan Camp Private Collection (September 25, 1980, Press Photo)
P393 Paulina Bren